投资新型储能产业

——把握中国新型储能赛道早期投资机遇

胡宇晨　龚芷以　等　编著

经济管理出版社

图书在版编目（CIP）数据

投资新型储能产业：把握中国新型储能赛道早期投资机遇/胡宇晨等编著．—北京：经济
管理出版社，2022.11（2023.8重印）

ISBN 978-7-5096-8813-7

Ⅰ．①投…　Ⅱ．①胡…　Ⅲ．①储能—产业发展—研究—中国　Ⅳ．①F426.2

中国版本图书馆 CIP 数据核字（2022）第 215052 号

责任编辑：胡　茜
助理编辑：詹　静
责任印制：黄章平
责任校对：董杉珊

出版发行：经济管理出版社
　　　　　（北京市海淀区北蜂窝 8 号中雅大厦 A 座 11 层　100038）
网　　址：www.E-mp.com.cn
电　　话：（010）51915602
印　　刷：北京晨旭印刷厂
经　　销：新华书店
开　　本：720mm×1000mm/16
印　　张：16.75
字　　数：291 千字
版　　次：2023 年 1 月第 1 版　2023 年 8 月第 2 次印刷
书　　号：ISBN 978-7-5096-8813-7
定　　价：98.00 元

前　言

当今，"低碳"已经成为全球共识，"储能"成为全球热议话题。中国受"双碳"目标和新能源政策驱动，储能产业赛道增长性确定，新型储能产业开始快速爆发。新型储能产业是指除抽水蓄能之外的储能装备生产制造和储能技术应用产业，目前正在成为电气化和低碳电力的关键产业。各种储能技术路线竞争和国家间新型储能产业竞争日益激烈，其中锂电池从众多新型储能技术中脱颖而出，成为当前市场规模较大的新型储能产业。面对世界各国的储能产业竞争，我国不仅具备完备的产业体系，而且商业模式日益成熟，具有显著的竞争优势，未来市场成长空间巨大。

新型储能赛道的快速增长给产业和投资者带来了结构性的增长机遇，但其仍有诸多疑问困扰着各方：中国究竟为什么需要储能？投资什么储能技术合适？投资产业链的哪一端合适？什么样的企业才能在万亿赛道的"马拉松长跑"中一骑绝尘？

对储能以及新能源赛道的研究，离不开对国家意志、产业终局、发展时机的理解与探索。投资的本质是基于信息差和产业认知对时空的套利。因此，对新能源赛道的思考，既要融合借鉴海外新能源的发展路径，又要深刻考虑中国能源结构和电力系统的特殊性，并理解各种技术在时间线上的彼此博弈。

本书以早期投资视角，通过对全球各主要国家（地区）政策、储能全产业链、多种技术路径、国内外储能市场发展趋势等进行全面分析，为投资者从多层次、多方面描绘中国新型储能投资赛道，如投资机会有哪些、投资标的和投资重点领域怎么选、新型储能技术发展的方向在哪里、投资要避开哪些陷阱，以及投资相关的政策与法律法规等，以期能够为投资者把握中国新型储能的早期投资机遇提供专业支撑。

　　本书作者是长期投资新能源产业的清新资本原始创始人,在新能源和新型储能投资领域有着丰富的经验,以及捕捉投资机遇的敏锐洞察力。读完本书,相信读者一定有所收获。

　　本书将为读者开启中国新型储能赛道的投资大门!

目　录

第一章　储能的价值及其对应的潜在市场容量

第一节　中国需要发展储能的原因

一、储能发展的时代背景

（一）碳中和成为全球共识，储能面临新的发展契机

2008 年，英国《气候变化法案》正式生效，"碳中和"议题首次被提上全球议程。截至 2020 年底，全球共有 44 个国家和经济体宣布了碳中和目标，并将其上升至国家级战略目标。美国总统拜登上任当天即宣布重返《巴黎气候协定》，并设定了 2050 年之前实现碳中和的目标，承诺加大新能源全产业链的投资；2020 年，中国国家主席习近平指出，中国碳排放力争在 2030 年前达到峰值，2060 年前实现碳中和，即"双碳"目标，并将其纳入《中华人民共和国国民经济和社会发展第十四个五年规划和 2035 年远景目标纲要》（简称"十四五"规划）。当前，世界主要经济体均正在积极制定碳中和目标，大力部署电池、风电、光电、氢能、电网传输、智能电网、储能等绿色能源技术的开发与应用，推动全球产业低碳化、绿色化发展。因此，可再生能源的大规模发展必然对储能提出更大的需求。

根据中关村储能产业技术联盟（CNESA）数据（见图 1-1 至图 1-3），2021年全球已投入运行的储能项目累计装机规模为 209.4GW，与 2020 年相比，增长

10%，在全球经济不断复苏时代，依旧保持着平稳的增长态势。在全球储能市场中，抽水储能的累计装机规模最高，至2022年依旧是应用最为广泛的储能技术，但抽水蓄能的累计装机规模占比首次低于90%，比2021年同期下降4.1个百分点。新型储能技术逐渐迈向了高质量发展的道路，其中电化学储能技术不断完善升级，其增长速度不断加快，并保持高速的增长态势。

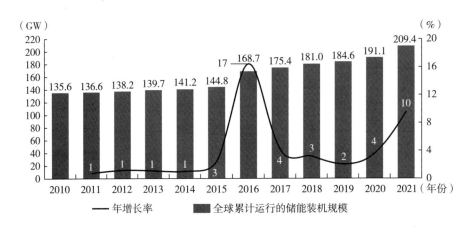

图1-1 全球累计运行的储能装机规模（2010~2021年）

资料来源：中关村储能产业技术联盟（CNESA）；清新资本。

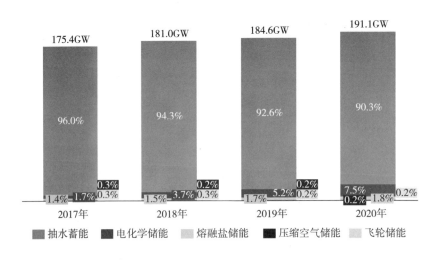

图1-2 全球储能市场累计装机分布（截至2020年）

资料来源：中关村储能产业技术联盟（CNESA）；清新资本。

图 1-3　全球电化学储能市场累计装机规模（2011～2020 年）

资料来源：中关村储能产业技术联盟（CNESA）；清新资本。

2020 年，受新冠肺炎疫情的影响，全球储能行业在上半年的发展态势受到严重阻碍，但在经历了上半年的发展近乎停滞之后，市场逐渐回暖，新增投入运行的储能项目装机规模达到 6437.8MW，同比增幅达到 80%；电化学储能更是在全球政治局势、地缘政治局势、供应链等外部因素相对不稳定的情势下实现了逆势增长，2020 年全年新装机规模达到了 4726.8MW，是 2019 年新增投运规模的1.6 倍。

2021 年，全球经济从 2020 年的断崖式下跌逐步回到正常轨道。在各国宏观政策的大力刺激下，以及以数字化、新型能源、生物医药等新型技术为主导的支撑下，金融资本逐步推动实体经济复苏，并以绿色低碳发展开辟新赛道。新时期的发展特征，不仅使大国的引领作用体现得更为明显，而且也体现出绿色低碳相关产业的发展将在未来很长一段时期引领全球经济新的增长点。

从地域分布上看，中国已成为累计投运电化学储能规模最大的国家。截至2020 年，全球已投运的电化学储能项目主要分布在 88 个国家和地区，其中累计装机规模排在前十位的国家规模合计占全球累计装机总规模的 93.9%，中国累计规模在 2020 年首次位列第一（见图 1-4）。

（二）中国制造业高质量发展推动新能源产业链更新升级

我国是制造业大国，而能源是制造业的根基。我国未来仍以制造业为重心，推进制造业高质量发展，这决定了能源结构也需要加速转型，以便为制造业转型

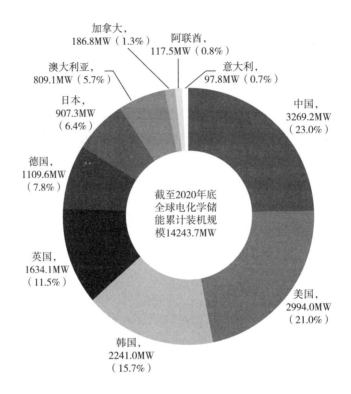

图 1-4 全球电化学储能累计装机规模排名前十国家（截至 2020 年）

资料来源：中关村储能产业技术联盟（CNESA）；清新资本。

升级和持续发展提供足够的能源动力。在"十四五"规划中，我国对制造业赋予了新时代的定位，规划中指出：坚持把发展经济着力点放在实体经济上，加速推进制造强国、质量强国建设，促进先进制造业和现代服务业深度融合，强化基础设施支撑引领作用，构建实体经济、科技创新、现代金融、人力资源协同发展的现代产业体系。因此，我国未来将依然以制造业为发展建设重心，依托新技术与新型的科学管理方法，协同金融服务业，助推我国加速实现"2035 年远景目标"。

"十四五"规划明确提出，要推动制造业优化升级，大力发展绿色制造业体系，这意味着需要大力发展新能源产业，优化能源结构。推动制造业优化升级，要深入实施智能制造和绿色制造工程，发展服务型制造新模式，推动制造业高端化、智能化、绿色化。改造提升传统产业，推动石化、钢铁、有色、建材等原材料产业布局优化和结构调整，扩大轻工、纺织等优质产品供给，加快化工、造纸等重点行业企业改造升级，完善绿色制造体系。

同时，制造业的高质量发展要求壮大新能源、新能源汽车等战略性新兴产业，因此为我国能源结构优化升级提供了巨大的时代契机。

（三）"双碳"目标加速中国能源结构转型

"双碳"目标为我国能源转型提出了更高的要求。2021年，国家主席习近平提出，中国碳排放力争在2030年前达到峰值，2060年前实现碳中和，并将其纳入"十四五"规划。同欧洲部分国家、美国等发达国家从碳达峰到碳中和的50~70年过渡期相比，中国设定的碳中和目标过渡期仅为30年，这就意味着我国需加速能源结构转型（见表1-1）。

表1-1   全球主要国家和地区实现碳达峰和碳中和时间

国家/地区	碳达峰时间	碳中和时间（计划）
中国	2030年前（计划）	2060年前
美国	2007年	2050年前
韩国	2013年	2050年前
英国	1971年	2050年前
欧盟	1990年	2050年前
日本	2013年	2050年前
澳大利亚	2006年	2040年前
加拿大	2007年	2050年前

资料来源：根据公开资料整理。

我国的能源消费一直以化石能源为主。据统计，2021年化石能源占一次能源比重达84%。"十四五"规划指出，到2025年，我国非化石能源消费比重要达到20%，要加快构建现代能源体系、推动能源高质量发展，加快能源结构绿色低碳转型。在制造业高质量发展以及"双碳"目标下，我国能源结构将加速调整，可再生能源将作为能源的主导方向。除环保意义之外，更是要摆脱对进口能源体系的依赖，并不断将优势的光储产业链发扬光大。预计到2030年，我国非化石能源消费比重将达到25%，到2050年将超过化石能源，成为我国能源的主要构成部分（见图1-5）。

从能源电力结构上看，预计到2030年，风电、光伏等新能源装机规模达37亿kW，装机占比从2020年的25.7%增长至44.6%，新能源发电量约11万亿kWh，占比从2020年的11.3%提高至24.2%。2030年后，水电、核电等传统非化石能源受资源和站址约束，建设逐步放缓，新能源发展将进一步提速。预计到 2060 年，风电等新能源装机规模超过 60 亿 kW，装机占比超过 80%，新能源发电量超过 15 万亿 kWh，占比超过 65%，成为电力系统的重要支撑（见图 1-6）。

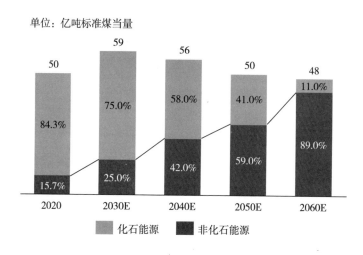

单位：亿吨标准煤当量

图 1-5　中国能源占一次能源消费比重

资料来源：中国科学院周孝信院士在碳达峰、碳中和背景下对电力全系统发展的最新研究成果；清新资本。

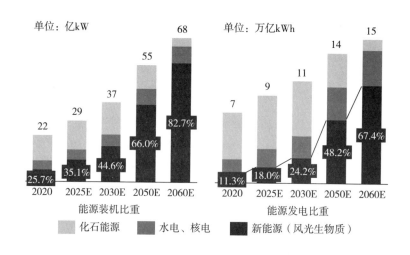

图 1-6　中国能源电力发展趋势

资料来源：中国科学院周孝信院士在碳达峰、碳中和背景下对电力全系统发展的最新研究成果；清新资本。

据中关村储能产业技术联盟（CNESA）数据不完全统计，截至 2021 年底，我国已投运储能项目的累计装机规模为 46.1GW（见图 1-7），占全球储能市场的 22%，同比增长 29.5%；抽水储能在中国依然是装机规模最大的一类储能技术，累计装机规模达到 39.8GW，同比增长 25%。虽然抽水储能在我国的装机规模呈稳定的增长态势，但其在全国储能累计装机规模中的占比却不断缩小，在"十三五"末的 2020 年，占比首次历史性低于 90%，为 89.3%（见图 1-8）；导致其占比缩小的首要原因是电化学储能技术的不断成熟与应用，2020 年电化学储能累计装机规模达到 3269.2MW，五年复合增长率达到 86%（见图 1-9）。

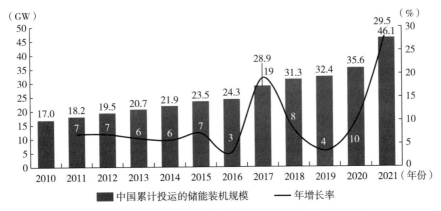

图 1-7 中国累计投运的储能装机规模（2010~2021 年）

资料来源：中关村储能产业技术联盟（CNESA）；清新资本。

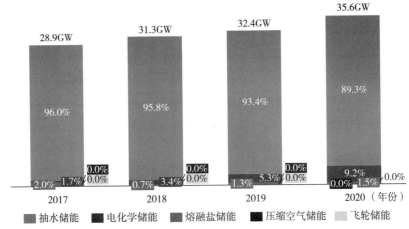

图 1-8 中国储能市场累计装机分布（截至 2020 年）

资料来源：中关村储能产业技术联盟（CNESA）；清新资本。

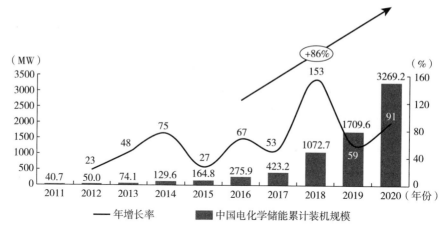

图 1-9　中国电化学储能累计装机规模（2011~2020 年）

资料来源：中关村储能产业技术联盟（CNESA）；清新资本。

电化学储能的异军突起可以追溯到"十三五"时期，其在 2016~2020 年的年复合增长率达到 86%，所占比重也由"十二五"末的 0.5% 提升至"十三五"末的 9.2%。据清新资本预计，电化学储能占比将在未来一段时期继续保持高速增长。

二、新能源所带来的问题

前文中提到，储能市场的蓬勃发展得益于新能源的大规模发展，两者的发展是相辅相成的；新能源占比的提升将冲击电网稳定性，因此储能的作用就体现得越发明显，其可用于平抑发电侧和负荷侧的波动性。

（一）发电侧：新能源发电不稳定和社会用电季节错配

第一，由于新能源发电设备存在转动惯量低、动态无功支撑能力弱、电压耐受能力不足等问题，导致系统抗扰动能力下降，影响系统的稳定性。

（1）系统转动惯量降低。由于光伏与风电几乎没有转动惯量，随着常规机组占比和使用率降低，电力系统一次调频能力下降，导致系统抗干扰能力变弱，波动率与波动幅度提高，低频越限概率增大，需要逐步储能提供转动惯量和调频服务。

（2）动态无功支撑能力弱。新能源机组动态无功支撑能力较常规电源弱，且新能源发电逐级升压接入电网，与主网的电气距离是常规机组的 2~3 倍，新能源占比提高将导致系统动态无功储备及支撑能力下降，系统电压稳定问题突出。

（3）电压耐受能力不足。新能源大规模接入导致系统短路容量下降，电压支撑能力降低，使暂态过电压问题突出，可能超过设备耐受水平，造成新能源大规模脱网或设备损坏。

第二，风电与光伏合计发电量与全社会用电量存在季节性错配，系统需要火电机组和储能技术协同来保障电力供应。

据 2021 年统计，全社会用电量在 7~9 月以及 12 月处于高峰，在 2~4 月及 11 月处于低谷。然而，风电与光伏合计发电量在 3~5 月及 11 月处于高峰，在 7~9 月及 12 月处于低谷，两者峰谷错位（见图 1-10）。在未来光伏和风电发电量占比提高的背景下，由于新能源发电与用电需求的季节性供需错配，在新能源发电低谷月份，需要大量火电机组保障电力供应；在新能源发电高峰月份，由于火电机组的开机数量大幅降低且新能源调节能力弱，火电机组难以满足调峰、调频需求，需要更多储能设施来维持电网安全稳定。

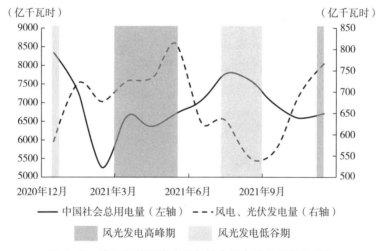

图 1-10 我国新能源发电量与社会用电量月度变化趋势

资料来源：Wind；国海证券；清新资本。

第三，风光发电在有效发电时间和发电功率上的不稳定性增大了系统调频、调峰需求。

（1）由于风力发电气流瞬息万变，因此经常会产生瞬时的变化导致风电输出功率波动较大、并网困难，月际和年际的变化甚至可能导致电力供给出现缺口。

（2）光伏发电同样也面临着间歇性和能量转换率低等问题，光伏发电的基本单元是太阳能电池组件，目前晶体硅光伏电池转换效率为 13%~17%，非晶硅光伏电池为 5%~8%，因此由于光电转换效率太低，从而使光伏发电功率密度低，难以形成高功率发电系统。

（3）昼夜更替、气候变化等原因加剧了光伏发电的不稳定性。总体而言，新能源发电具有较强的随机性和波动性，系统需要增加灵活性资源来应对其产生的调频、调峰需求。

（二）用户侧：新型负荷尖峰化特征越发明显

从用户侧（负荷侧）来看，以电动汽车为代表的新型负荷尖峰化特征明显。随着我国用电结构变化和电气化程度提升，负荷峰谷差拉大增大了电力系统调节需求。以浙江为例，2020年最大峰谷差达到33140MW，最大峰谷差率超过50%。

同时，我国终端用能部门电气化程度也在不断提升，电动汽车的快速普及同样对电网产生了深刻的影响。未来大规模电动汽车的无序充电，不仅将推高全社会用电量，还将使电力负荷特性变得更加复杂，特别是当大批电动车在电网负荷高峰时段集中充电时，会对电网的稳定性带来潜在的风险。以中国未来电动汽车5%的保有率估算，根据不同充电功率，电动汽车充电需求将对国家电网最低构成约6.6%、最高132%的峰荷增长；南方电网峰荷的增加也在6%~121%[1]。据不完全统计，与电网连接的电动汽车所需电力在负荷高峰可以占总电力需求的25%以上（见表1-2）。

表1-2　不同电动汽车保有率下电动汽车对最大峰值负荷的影响

| | | 德国 | 丹麦 | 法国 | 西班牙 | 美国 | | | 中国 | |
						加利福尼亚	MI (MISO)	MA (ISO-NE)	国家电网	南方电网
电动汽车保有率		1%								
电动汽车数量（千辆）		389	26	282	170	124	166	65	3526	773
每MW峰值对应的电动汽车数量（辆）		4.87	4.07	2.77	3.97	2.68	1.70	2.41	6.58	6.04
不同充电功率的电动汽车在充电时对电网理论峰值负荷的影响	2kW	1.0%	0.8%	0.6%	0.8%	0.5%	0.3%	0.5%	1.3%	1.2%
	4kW	1.9%	1.6%	1.1%	1.6%	1.1%	0.7%	1.0%	2.6%	2.4%
	20kW	9.7%	8.1%	5.5%	7.9%	5.4%	3.4%	4.8%	13.2%	12.1%
	40kW	19.5%	16.3%	11.1%	15.9%	10.7%	6.8%	9.6%	26.3%	24.2%

---

[1]　Bradley M. J., Associates LLC. Electric Vehicle Grid Integration in the U. S., Europe and China ［R］. Concord, Massachusetts, United States, 2013.

续表

	德国	丹麦	法国	西班牙	美国			中国	
					加利福尼亚	MI (MISO)	MA (ISO-NE)	国家电网	南方电网
电动汽车保有率	3%								
电动汽车数量（千辆）	1167	79	847	512	372	499	195	10578	2319
每 MW 峰值对应的电动汽车数量（辆）	14.60	12.22	8.30	11.92	8.05	5.10	7.22	19.75	18.12
不同充电功率的电动汽车在充电时对电网理论峰值负荷的影响　2kW	2.9%	2.4%	1.7%	2.4%	1.6%	1.0%	1.4%	4.0%	3.6%
4kW	5.8%	4.9%	3.3%	4.8%	3.2%	2.0%	2.9%	7.9%	7.2%
20kW	29.2%	24.4%	16.6%	23.8%	16.1%	10.2%	14.4%	39.5%	36.2%
40kW	58.4%	48.9%	33.2%	47.7%	32.2%	20.4%	28.9%	79.0%	72.5%
电动汽车保有率	5%								
电动汽车数量（千辆）	1946	132	1412	854	621	833	325	17630	3866
每 MW 峰值对应的电动汽车数量（辆）	24.33	20.37	13.84	19.87	13.41	8.50	12.04	32.92	30.21
不同充电功率的电动汽车在充电时对电网理论峰值负荷的影响　2kW	4.9%	4.1%	2.8%	4.0%	2.7%	1.7%	2.4%	**6.6%**	**6.0%**
4kW	9.7%	8.1%	5.5%	7.9%	5.4%	3.4%	4.8%	13.2%	12.1%
20kW	48.7%	40.7%	27.7%	39.7%	26.8%	17.0%	24.1%	65.8%	60.4%
40kW	97.3%	81.5%	55.4%	79.5%	53.6%	34.0%	48.1%	**131.7%**	**120.8%**
电动汽车保有率	7%								
电动汽车数量（千辆）	2725	185	1978	1196	870	1166	455	24682	5412
每 MW 峰值对应的电动汽车数量（辆）	34.06	28.52	19.37	27.82	18.78	11.90	16.85	46.09	42.29
不同充电功率的电动汽车在充电时对电网理论峰值负荷的影响　2kW	6.8%	5.7%	3.9%	5.6%	3.8%	2.4%	3.4%	9.2%	8.5%
4kW	13.6%	11.4%	7.7%	11.1%	7.5%	4.8%	6.7%	18.4%	16.9%
20kW	68.1%	57.0%	38.7%	55.6%	37.6%	23.8%	33.7%	92.2%	84.6%
40kW	136.3%	114.1%	77.5%	111.3%	75.1%	47.6%	67.4%	184.4%	169.2%

注：①假设在不同的电动汽车家庭保有率（1%、3%、5%、7%）下，当所有电动汽车都连接到电网时，电网系统需求达到其年度峰值。这里比较了电动汽车充电对每个国家/电网系统的最大潜在峰值负荷影响——显示为系统基线峰值负载的百分比。②MISO 是一家独立系统运营商（ISO）和地区输电组织（RTO），提供开放式输电服务并监控美国中西部和曼尼托巴省的高压输电系统、加拿大和美国南部地区。③ISO-NE 是一家独立的非营利性区域输电组织（RTO），为康涅狄格州、缅因州、马萨诸塞州、新罕布什尔州、罗得岛州和佛蒙特州提供服务。

资料来源：MJB&A；清新资本。

（三）电网侧：新能源电网侧调峰调频能力不足

电网作为连接发电侧和用户侧的一张大网，需要长期稳定地运行在 50Hz 频率，若发电功率与负荷功率产生巨大的差异，则会对电网造成巨大的故障冲击。

因此，新能源装机量的提升，不仅无法有效转化为用户终端的用电量，还可能因为波动性、不确定性而冲击电网本身的稳定性。

然而，我国电网调峰能力不足是导致新能源发电消纳受限的主要原因。我国能源资源与消费需求呈逆向分布，西部地区风、光、水等清洁能源需要大规模外送至中东部地区消纳。目前，跨省跨区清洁能源消纳仍然面临着政策和价格机制不完善、电力外送通道建设滞后等问题，局部地区仍存在因外送传输能力受限而造成新能源弃用的问题，但是随着高压输电网络的大力建设，外输受限对新能源发电消纳的影响正逐步减少。根据主要省份弃风弃光原因的统计，2020 年相较于 2015 年因传输能力受限导致的弃风弃光占比均有所降低，而因调峰能力不足导致的弃风弃光占比均有上升并且在多省份占比超过 90%。因此，调峰能力不足是新能源发电消纳受限的主要因素，并且问题正逐步加剧（见图 1-11）。

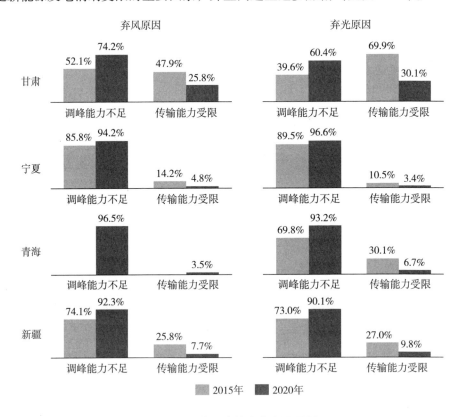

图 1-11 主要省份弃光弃风原因

资料来源：西北能源局；清新资本。

三、储能能平抑发电侧和负荷侧的波动性，在新型电力系统中承担重任

储能作为电力的存储容器，具有可充可放可调可控的特点，能很好地弥补新能源"高度不确定性"的问题；同时在各类电力基础设施中，也只有储能能做到风光新能源的可调可控。所以说，储能不仅是风光发电侧的"好朋友"，而且是作为"充要条件"支撑着电力系统的坚强后盾。这便是储能被国家纳入新型电力系统的建设方针的原因。我们只有理解了新型电网的特征，明确储能在其中的价值和核心技术要素，才能理解这一片蓝海的发展轨迹。

新型电力系统具有以下三大特征：

（1）结构特征。从大电网转向分布式多网融合，用户侧将深度参与电力系统的平衡，"配电网"将替代"骨干电网"成为电力发展的主导力量。如果我们把大电网看成能源"大动脉"，把靠近用户侧"输电网"看成毛细血管，那便可以理解，如果毛细血管自身具备了"造血"和"用血"的能力，可以大幅减轻对"大动脉"的压力。因此，未来的能源结构一定是强调用户侧"毛细血管"的自发自用可调可控、形成多网融合的"分布式微电网"。

（2）技术特征。每个毛细血管末端的用能单元，都将成为自发自用可调可控的微电网，对内实现"源网荷储"一体化；借助储能的充放电，每个单元既可以是用能单元，也可以是发电单元，对外成为一个个"虚拟电厂"；当多个"微电网"互相融合，便构成了多个层级的分布式能源物联网平台，若干个"虚拟电厂"联结成了更大的能源网络。

（3）交易特征。电力的供需平衡将借助市场化的电力交易，通过价格机制联结供需纽带，用户侧工商业的峰谷电价差将被不断拉大。

四、储能是新型电力系统中不可或缺的基础设施

储能的必要性在于它是实现"双碳"目标、构建以新能源为主体的新型电力系统不可或缺的关键基础设施，但新型电力系统不管是从发电侧、电网侧还是用电侧都存在一些问题，而只有储能手段可以有效解决新能源发展带来的这些问题。储能对新型电力系统的结构、技术、交易、调度都有着至关重要的意义。

对于投资者而言，注意力应集中在以下两个层面：

（1）用户侧对电力系统的意义越来越重要，且峰谷价差将不断拉大。

（2）由储能构建起的能源物联网，既要互通互联，又要可测可控，并在未

来负有虚拟电厂和电力交易的重要责任。

第二节　储能能够解决的问题

要想厘清储能的潜在市场空间（潜在市场）到底有多大，就必须明确储能落到实处的价值究竟几何，不同的用户和投资方究竟从中取得了怎样的收益，其中的经济效益又是否能驱动这个市场长期可持续发展。

一、储能在电力全生命周期中可提供支撑作用①

清新资本结合美国能源部发布的《电力系统对大规模储能技术应用需求》报告，以及中国市场的储能调研，总结出了储能市场的三大类客群，及在电力全生命周期（见图1-12）的"发输配变用"上，对储能具体功能的需求。

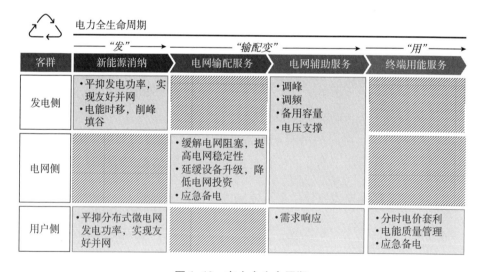

图1-12　电力全生命周期

资料来源：清新资本。

① 大容量储能技术已起步　储能在电力系统中的应用前景如何？［EB/OL］．［2017-07-26］．https://www.cspplaza.com/article-10086-1.html.

（一）发电侧带来的支撑作用

新能源并网：储能在风电、光伏发电等新能源并网中的应用主要集中在增加波动性电源的出力调节能力、跟踪计划出力、平滑风电输出等。目前，储能电池技术在新能源并网中主要应用于改善风电场、光伏电站。

提高常规电源频率响应特性：通过与现有发电厂联合运行，提高常规电源频率响应特性。储能的价值主要包括：一次调频考核收益、AGC 调节考核收益，以及 AGC 调节补偿收益。原北京石景山热电厂 2MW 锂离子电池储能系统是国内第一个以提供调频服务为主要目的的兆瓦级储能系统示范项目，该项目"联合调频"的运营模式，具备经济效益。

（二）电网侧带来的支撑作用

移峰填谷：储能系统可在用电低谷时作为负荷存储电能，在用电高峰时作为电源释放电能，减小负荷峰谷差，提高系统效率以及输配电设备的利用率。移峰填谷对储能系统的能量和功率要求比较高，目前除抽水蓄能电站外，其他储能技术尚不具备移峰填谷的能力。

调频辅助服务：所谓辅助服务，是指在除了正常的电能生产、输送、使用之外，为维护电力系统的安全稳定运行、保证电能质量，由发电企业、电网经营企业和电力用户提供的服务。我们知道电网是一张连接发电侧和用户侧的大网，这张大网连接了全国所有的发电设施和用能设施。这也是发电企业和用电企业都能参与电网的辅助服务，为电网提供运行保障的原因。

储能系统具有秒级乃至毫秒级快速功率响应和精确功率控制能力，在电网调频应用中具有明显优势。特别是对于未来高比例新能源接入的电力系统，随着系统中传统电源比重降低，系统总转动惯量减小，产生系统频率稳定性风险，储能在电网调频领域或将具有不可替代的价值。在高比例新能源电力系统，储能的调频价值主要体现在改善暂态频率特性和改善电网一次、二次调频。

减少电网改造投资，延缓输配电网建设：储能系统具备有功功率的双向调节能力和无功功率的四象限调节能力，可以有效缓解分布式光伏接入后的节点电压升高和设备过载问题。当电压越限或者电流过载时，通过储能系统存储部分分布式光伏电量，尤其是出力高峰时刻电量，可以降低配电网反向潮流对电网电压升高的负面影响，以及电流过载的风险，从而降低高峰出力带来的电网改造需求和限电量。储能接入高渗透率分布式电源的配电网，可有效减少电网改造成本和限电损失。典型案例测算结果表明，通过优化配置储能容量，可减少电网改造成本和20%的限电损失。

（三）用户侧带来的支撑作用

分布式发电及微网：目前储能系统在用户侧的主要应用方式是分布式电源和储能的联合运行或微网形式。储能是分布式发电及微网的关键支撑技术，其价值主要体现在稳定系统输出、实现友好并网、备用电源、实现可调度性等。

二、唯有用户侧具有套利价值

这里需要说明的是，不同的储能场景，对储能的硬件配置和软件控制算法均有不同的要求，但现今行业仍在早期，不管是用户业主，还是储能厂商，都鲜有相关意识。例如，上文提到的辅助服务，其中包含的一次调频功能，对储能设备的要求就比较高：为了平抑风光发电功率的骤增骤降（如飘浮的云朵对光伏发电量的影响），用于一次调频的储能，一天需要上千次的高倍率浅充浅放，对系统的循环寿命和安全管控带来了挑战。

相对而言，发电侧的充放策略就简单很多，一般在运行的储能做到每日一充一放；用户侧则强调峰谷电价差的套利策略，基本做到每日两充两放即可，现有的峰谷价差使得用户侧储能的年化收益达到了8%～15%，继而成为一项有利可图的固定收益类投资。未来随着电力市场化交易机制的不断成熟，用户侧"源网荷储充"一体化的不断渗透，储能的运营收益还将不断提升和放大，真正催生出类似"虚拟电厂"的新形态能源企业。

第三节 储能带来的经济价值和非经济价值

理解了三类客群使用储能的具体应用场景，接下来我们就可以针对这些场景来算一笔经济账，看看储能设备在不同终端市场的价值几何。读者也可以思考一下，同样的1MWh储能设备，投放在不同的终端市场，即发电侧、电网侧、用户侧的哪一端，能实现整体效益的最大化？

其实，不论是全球还是中国，电网辅助服务和用户侧都是储能应用价值最高、商业化进程最快的领域。毕竟，发电侧处在"表前"市场，本身不存在峰谷价差，每日一充一放存下来的电量，收益实在有限，而用户侧的峰谷价差套利和电网的辅助服务均有可观的收益。

但是辅助服务的市场规模相对有限，从欧盟的 FCR（一次调频市场）交易情况来看，目前有 7 个国家的 10 个输电网运营商通过该市场拍卖电化学调频资源，调频均价从 2017 年的 18 欧元/MWh 下降到 2020 年初的 5 欧元/MWh。其主要原因是参与辅助服务的电化学储能越来越多，因而竞品价格不断降低。

因此，不论从短期还是长期角度看，用户侧市场都是最具商业价值的细分赛道。

一、发电侧

（一）各省份强制配储政策陆续出台

发电侧是眼下最火热的市场，在政策强制风光配储的风口下，看上去风光无限好（见表 1-3）。截至 2021 年底，已有 20 个省份发布风电、光伏发电开发建设方案，13 个省份还明确了 2021 年度规模指标，其中风电+光伏发电装机合计 127.8GW，若按 10%、2 小时配置储能，储能容量将达 12.78GW/25.56GWh（见表 1-4）。

表 1-3 2021 年风电光伏强制配备储能政策

省份	时间	政策文件	配备储能比例	配储小时
青海	1 月 29 日	《关于印发支持储能产业发展的若干措施〈试行〉的通知》	≥10%	2
山东	2 月 7 日	《关于印发 2021 年全省能源工作指导意见的通知》	≥10%	2
	11 月 4 日	《淄博市实施减碳降碳十大行动工作方案》		
	11 月 11 日	《山东省能源局关于公布 2021 年市场化并网项目名单的通知》		
海南	3 月 15 日	《海南省发展和改革委员会关于开展 2021 年度海南省集中式光伏发电平价上网项目工作的通知》	10%	
江西	3 月 19 日	《江西省能源局关于做好 2021 年新增光伏发电项目竞争优选有关工作的通知》	≥10%	1
福建	5 月 24 日	《福建省发展和改革委员会关于因地制宜开展集中式光伏试点工作的通知》	≥10%	
甘肃	5 月 28 日	《甘肃省发展和改革委员会关于"十四五"第一批风电、光伏发电项目开发建设有关事项的通知》	河西地区≥10% 其他地区≥15%	2

续表

省份	时间	政策文件	配备储能比例	配储小时
天津	6月7日	《关于做好我市 2021－2022 年风电、光伏发电项目开发建设和 2021 年保障性并网有关事项的通知》	单体超过 50MW；光伏 10%、风电 15%	
湖北	7月22日	《湖北省能源局关于 2021 年平价新能源项目开发建设有关事项的通知》	≥10%	2
河南	6月21日	《河南省发展和改革委员会关于 2021 年风电、光伏发电项目建设有关事项的通知》	1 类区域 10%2 类区域 15%	2
陕西	6月22日	《陕西省新型储能建设方案（暂行）（征求意见稿）》	≥10%	2
宁夏	7月14日	《自治区发展改革委关于加快促进储能健康有序发展的通知》	≥10%	2
辽宁	7月26日	《省发展改革委关于征求〈辽宁省风电项目建设方案〉（征求意见稿）意见的函》	10%+	
安徽	8月20日	《安徽省能源局关于 2021 年风电、光伏发电开发建设有关事项的通知》	≥10%	1
山西	8月26日	《关于做好 2021 年风电、光伏发电开发建设有关事项的通知》	大同、朔州、沂州、阳泉 10%+	
内蒙古	8月26日	《内蒙古自治区能源局关于 2021 年风电、光伏发电开发建设有关事项的通知》	≥15%	2
河北	9月18日	《关于下达河北省 2021 年风电、光伏发电保障性并网项目计划的通知》	南网≥10%北网≥15%	2
河北	10月9日	《关于做好 2021 年风电、光伏发电市场化并网规模项目申报工作的补充通知》	南网≥10%北网≥15%	3
浙江	11月12日	《关于推动源网荷储协调发展和加快区域光伏产业发展的实施细则》		2
江苏	9月28日	《省发展改革委关于我省 2021 年光伏发电项目市场化并网有关事项的通知》	长江以南≥8%长江以北≥10%	2
广西	10月9日	《广西壮族自治区能源局关于印发 2021 年市场化并网陆上风电、光伏发电及多能互补一体化项目建设方案的通知》	风电 20%光伏 5%	2
湖南	10月13日	《湖南省发展和改革委员会关于加快推动湖南省电化学储能发展的实施意见》	风电 20%光伏 5%	

资料来源：根据公开资料整理；清新资本。

表1-4　13个省份明确风/光建设规模指标

省份	风、光装机规模	风电规模	光伏规模
河北	2021年风电、光伏保障性并网项目规模为16GW，户用与分布式光伏不包含在内	保障性并网规模5GW	保障性并网项目规模11GW
内蒙古	2021年风电、光伏保障性并网规模10GW	集中式风电项目6.2GW	集中式光伏发电项目3.8GW
四川	5年20GW	5年建成10GW	5年建成10GW
天津	规模共计5.3GW	新增0.98GW	新增4.32GW
安徽	2021年风电、光伏新增规模6GW	2021年保障性并网1GW	2021年保障性并网4GW
山西	2021~2022年新增风电、光伏并网规模11.2GW	2021年2.24GW	2021年8.96GW
广东	2021年保障性并网规模9GW	—	—
河南	力争2025年新增20GW左右	—	—
甘肃	2021~2022年新增12GW	—	—
陕西	2021年保障性并网建设规模为6GW	—	—
江苏	"十四五"风/光、总装机容量达到63GW以上	—	—
新疆	2021~2022年新增风电、光伏项目保障性并网规模约5.26GW	—	—
广西	2021年风电、光伏保障性并网规模10.27GW	保障性并网5.61GW	保障性并网4.66GW

资料来源：根据公开资料整理；清新资本。

（二）储能在短期内无法带来经济效益

对发电企业而言，风光配储后的度电[①]成本将至少增加30%~60%，甚至翻倍，单个项目的投资额陡增数亿元。根据各省份发展改革委出台的2021年各省（区、市）新建光伏发电、风电项目指导价格来看，各省份的风光发电上网价在约0.4元/kWh，也就是略高于风光度电发电成本，而配置储能之后度电成本提升0.3~0.5元/kWh，考虑到储能在运行中的能量损耗，成本要在0.8~0.9元/kWh（见图1-13）；刚刚实现的平价上网（按照传统能源的上网电价收购，无补贴也能实现合理利润）成为泡影。

发电侧虽然增长迅猛，但是缺乏经济效益，所以除了政策强制的配储之外，后续增长较为乏力。因此，有类似浙江省的政策，在探明了强配储能对风光发电

---

① 1度电即1kWh。

企业的制约之后，考虑浙江目前电网消纳能力，暂不要求新能源强制配建储能，全力支持新能源轻装上阵，加快发展。

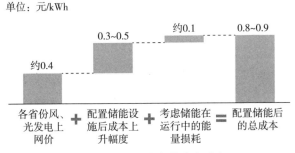

单位：元/kWh

图 1-13 风光发电的度电成本

资料来源：清新资本。

（三）长期看最终受益方是用户侧

那么如何才能看到发电侧储能的商业价值呢？我们需要等待合理的市场机制，将储能产生的度电成本传导到终端价格端。2021 年 12 月 21 日，国家能源局发布的《国家能源局关于印发〈电力辅助服务管理办法〉的通知》已明确将储能纳入电力辅助服务新主体，这意味着未来储能的度电成本将本着"谁受益、谁承担"的原则传导给下游用户。

那么下游用户是否会照单接受来自发电侧的价格传导呢？一旦价格机制公平化以后，"聪明"的下游用户便会思考一个问题：为什么我要去承担绿电电价 [=（绿电发电成本+储能调峰调频成本+发电厂毛利）+（电网输配成本+电网毛利）+售电公司毛利]？如果我在距离公司更近的地方搭建一个光储微电网，是不是一个更经济的选择？有人会说光储的初期投资成本非常高，但是如果初期投资问题也得到了解决，那么分布式的光储微电网毋庸置疑才是光储价值最大化的解决方案——既有效地降低了电力"发输配变用"的总成本，又降低了电网本身的传输压力，可减少每年为输配环节新增的电网投资（见图 1-14）。

综上，我们可以得到的结论是：发电侧的储能设施在现阶段和短期内都无法产生实质性的经济收益，只能沦为发电企业的成本中心，并因此导致了配储不用、低价招标、质量堪忧等乱象，因此会出现订单体量大、市场规模大，但毛利润低、账期不可控等问题。

从长期来看，发电侧储能虽然能逐步取得合理的价格补偿，但这种透明化的价格补偿机制最终的受益方其实是用户侧的光储所有方。

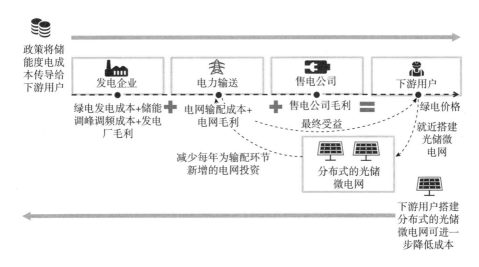

图1-14 发电侧及用户侧之间的价格传导

资料来源：清新资本。

二、电网侧

新能源的配储问题不解决，新能源供电比例越高，电力平衡保障矛盾就会越突出。电网是最迫切需要储能设施的客群，毕竟在煤电机组逐步退出历史舞台之后，储能是大电网中唯一可调可控的设施，但是新能源的增长如此迅猛，电网一家建储能肯定建设不过来，这也是为什么新能源发展初期，电网和发电企业之间会有"配储优先并网"的惯例。

电网配置储能，只要储能纳入了电力辅助服务的市场主体，有了明确的价格传导机制，收益是相当可观的。一台用于调频的锂电储能设备，在现有的补偿机制下，基本上可以做到2~3年回本。

综上，我们可以得到的结论是：从规模上看，电网侧储能不及发电侧或用电侧；从利润上看，电网侧调频型储能对安全性、稳定性、可控性等技术和质量的要求更高，也更愿意付出高溢价来投资优质资产，因此电网侧储能的利润相当可观。

三、用户侧

（一）用户侧主体市场参与模式和投资方

2017~2022年，市场上陆续投放的第一批用户侧储能已初步验证了年化经济效益模型，因此目前的用户侧储能已经逐步形成了投资方、业主方、建设方和设备供应商四方协作的合同能源管理模式（EMC），投资方享受8%~15%的年化收益回报率，需要7~8年回本（见图1-15）。

以日用电量约15000kWh的工厂为例：

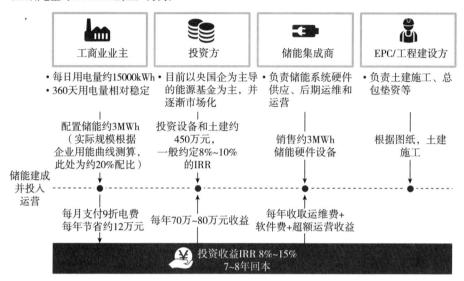

图 1-15　用户侧储能：四方协作的合同能源管理模式（EMC）

资料来源：清新资本。

用户侧主要投资方包括"五大四小"组成的发电集团，以及"两网"电网公司（见图1-16）。

（二）用户侧储能的两大核心收益模型

目前来看，用户侧储能的收益主要来自两种途径：一是基于峰谷电价差的套利，二是基于需求响应（辅助服务的一种）的收益。

（1）峰谷电价差，顾名思义就是将谷时的电或者光伏发的电存下来，供企业在电价峰时阶段使用。一般而言，针对每日两个高峰电价时段，可做到"两充两放"。

（2）需求响应是辅助服务的一种，通俗理解就是在局部电量供应短缺的情况下，电网对用户侧发出用电"减量"指令，得到部分用户的"响应"后，变相腾出一部分电量或功率供社会使用，响应的用户可以得到4~5元/kWh的高额奖励（实际以各省份补贴政策或市场报价为准）。

图 1-16 用户侧储能主要投资者

资料来源：清新资本。

但是这种计划性的"减量"指令弊端十分显著：一是要有计划提前量，二是要有企业自愿减产，三是减量腾出的负荷实在有限。相比之下，如果让储能把罐子里存放的电量"倒出来"，则既不影响企业的生产运营，也能让电网参与实时调控，实现真正意义上的智能化管控与电力保障。

基于以上两大收益模型，无论是投资方还是业主均可获得可观的收益。以每日用电约 15000kWh 的工商业为例，若配置约 3MWh（3000kWh）的储能，按照9 折电价支付储能提供的电量，一年可直接节省约 12 万元的电费，而与此同时投资方可享受 70 万~80 万元的年化分红，考虑约 450 万元的初始投资，7~8 年回本，内部收益率达到 10% 以上。

（三）用户侧实现理论内部收益率的前提条件

当然，高达 8%~15% 的理论内部收益率也有一定的前提条件：

（1）峰谷电价差大于 0.7 元/kWh，与地方电价政策强相关。自 2021 年 7 月国家发展改革委发布《关于进一步完善分时电价机制的通知》的政策以来，截至 2021 年末，已有 15 个省份的电价差逐步放开并满足该要求，未来我们将看到可套利省份的持续增加，以及电价差的不断拉大。

（2）平均充放次数大于1.5次/天，与企业的用能曲线相关，对投资方而言主要考虑如何筛选出合适的业主。

（3）年在运时长330天以上，与储能设备供应商和运营商的技术水平相关，对投资方而言主要考虑供应商是否有过往的稳定运行案例，一般要求1~2年的运营经验。

综上对内部收益率前提条件的讨论，我们可以得到的结论是：

（1）政策条件的放开，使用户侧储能的经济效益适用范围不断扩大。

（2）对储能设备商而言，保障储能每年超330天的稳定运行，并通过1~2年的运营案例自我证明，这成为在用户侧吸引资方和业主的核心竞争力；随着用户侧储能市场的不断成熟，资方和业主也会越来越关注企业往期项目的收益水平。

这里需要说明的是，乍看之下每年超330天的稳定运行，以及每日的"两充两放"显得十分简单，但现实情况是，许多贸然入市的储能系统供应商，由于缺乏专业的集成技术、充放运营策略和电池热管理的经验，导致系统常常停机或故障检修，年运营天数大打折扣，而"两充两放"策略也需要储能设备商在前期根据企业的用能情况给出合适的储能配置方案，否则容量配多配少都会影响充放水平和收益率。

因此，过往1~2年的用户侧运营案例及内部收益率收益水平，是用户侧储能集成商技术水平和运营水平的体现，而优质客户资源开拓能力、储能3S系统（除电芯模组以外的部分）稳定性、充放策略及软件算法能力是支撑高内部收益率背后的核心壁垒及竞争力。

（四）用户侧储能工商业主获得的价值

工商业用户为什么要安装储能？其实除了上述基于经济性的收益驱动之外，还有其他无法直接用经济效应衡量的价值。

（1）用能质量管理。对许多高端制造企业而言，对于电压和电流的稳定性要求颇高，而储能作为市电或绿电的缓冲存储器，可以起到提供稳定电压电流的作用。

（2）绿电双碳责任。为实现"双碳"目标，不少企业及其上下游供应链都有配光储、用绿电的需求，其中以大型国企央企、高能耗企业、外资企业的进程最快。尽管储能"省电费"，但是不"节碳"。然而，没有储能的帮助：白天光伏发的电，晚间将无法使用；光伏并网收益仅0.4元/kWh，远不及峰时1~2元/kWh

的用电成本；没有储能平抑光伏发电，大量光伏的接入也会对电网造成冲击。

（3）整县光伏并网。自 2021 年 6 月国家能源局发文支持分布式光伏整县推进以来，不到一个月的时间，全国便有 20 多个县（市）出现配电网接入能力和容量受限情况。面对多重压力，一种对策是新增或升级改造配电网，但其周期长、成本高、实施难度大；另一种对策则是利用储能来缓解配电网的压力，因此储能也将成为整县推进项目落成的关键要素。

（五）用户侧储能可为业主和投资方带来稳定收益

从整个以新能源为主体的新型电力系统的顶层建设规划来看，用户侧储能是受益最大的一方。

从短期来看，现有的峰谷价差使用户侧储能的年化收益率达到了 8% ~ 15%，继而成为一项有利可图的固定收益类投资。这项收益无论用户配不配光伏都成立，因此用户侧储能的受众面一下扩大到了所有规模以上工商业，并且其可观的内部收益率也将源源不断地吸引各类国有或民营资本的介入，推动这个市场从无到有、从商业化到规模化的发展。

从中长期来看，随着电力市场化交易机制的不断成熟、用户侧"源网荷储充"一体化的不断渗透，储能的运营收益还将不断提升和放大，真正催生出类似"虚拟电厂"的新形态能源企业。

第四节　储能市场的潜在市场容量

理解了储能的价值以后，我们便可以测算储能在发电侧和用户侧的市场容量。清新资本不对渗透率或 CAGR 做任何猜测或假设，因为此类假设对潜在市场测算的敏感性极高，但又缺乏客观依据。同理，清新资本不对电网侧的潜在市场做预测，其增长驱动因电网各省份分公司而异，但规模远小于发电侧。

一、发电侧市场潜在市场测算

根据前述的分析可知，在政策强制配储的驱动下，发电侧潜在市场的估算逻辑与"五大四小"发电企业的风光装机量密切挂钩，由此我们依据《中国能源报》和全球能源互联网发展合作组织提出的 2030 年清洁能源装机占比，可推算出截至 2030 年风光发电的累积装机量，并参考各省份政策的储能装机配比得到（见图 1-17）：

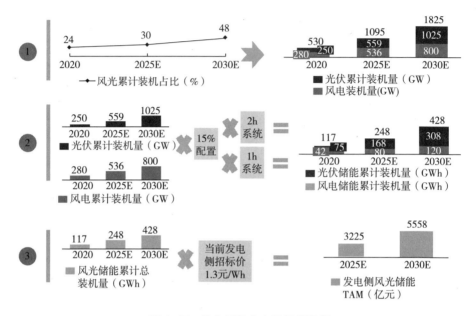

图 1-17　发电侧潜在市场测算逻辑

资料来源：方正证券；《中国能源报》；全球能源互联网发展合作组织；行业访谈；清新资本。

（1）光伏配储潜在市场：假设光伏配储 15% 的功率配比，满足 2 小时的电量存放，则光伏侧的储能潜在市场 ≈ 1000GW×15%×2h = 300GWh。

（2）风力配储潜在市场：假设风力配储 15% 的功率配比，满足 1 小时的电量存放，则风力侧的储能潜在市场 ≈ 800GW×15%×1h = 120GWh。

加总后得到，截至 2030 年共计约为 420GWh 的发电侧储能累计装机量，按照当前发电侧招标价 1.3 元/Wh，则市场总容量约为 5500 亿元。

二、用户侧储能市场潜在市场容量测算

根据前述的分析可知，在峰谷价差套利模型之下，截至 2022 年 2 月 15 日，已有 21 个省份[①]的工商业企业（未来可套利省份的范围还将不断扩大）因电价

[①] 21 个省份：截至 2022 年 2 月底，峰谷价差超过 0.7 元的省份，包括重庆、广东、海南、吉林、浙江、辽宁、湖南、四川、江苏、河北、湖北、陕西、上海、山东、黑龙江、山西、河南、天津、安徽、贵州、内蒙古。

差大于 0.7 元/kWh 而具备配储的经济性。那么我们的测算逻辑便是，从这 15 个省份第二产业规模以上企业的用电量出发，需要配多少储能实现峰谷套利，得到所需的配储规模。

结合历年《中国统计年鉴》和国家能源局数据测算可得，到 2030 年，21 个省份的工业用电量约为 24000 GWh/日，假设其中约 80% 为中大型工商业用电量[①]，按照约 20% 的日电量存储比例[②]来计算（见图 1-18），则：

（1）工商业储能规模：24000 GWh/日×80%×20%＝约 3800GWh。

（2）工商业储能潜在市场：3800GWh×1.6 元/Wh[③]＝约 6 万亿元。

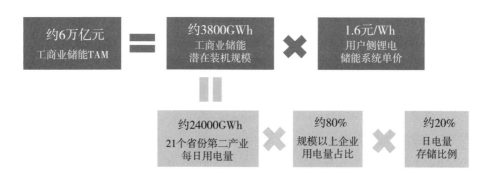

图 1-18 用户侧潜在市场测算逻辑

资料来源：方正证券；《中国能源报》；全球能源互联网发展合作组织；行业访谈；清新资本。

三、用户侧市场最具商业投资价值

总体来看，我们可以发现用户侧储能"星星之火可以燎原"。尽管依托当前的政策面可以看到，发电侧储能招标规模呈爆发趋势，动辄 200～300MWh 甚至上 1GWh，但是用户侧锂电储能在经历了约 3 年的市场验证，形成了稳固的四方合作商业模式后，即将从商业化阶段步入规模化阶段，迎来万亿规模的春天（见图 1-19）。

---

① 假设第二产业中的规模以上企业用电量占第二产业总用电量的 80%。

② 日电量存储比例：若每天用 5000kWh，则配置 1000kWh 的储能，即日 20%。

③ 1.6 元/Wh 为 2021 年用户侧储能的市场平均报价，由于原材料价格具有周期波动性，故不作价格变动假设。

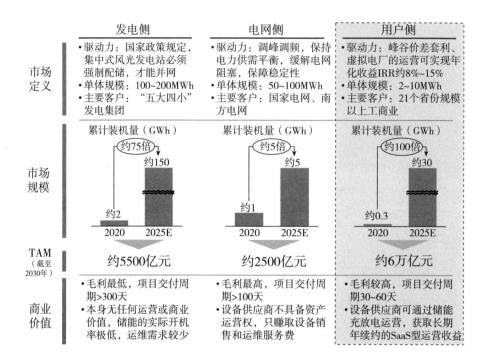

图 1-19 三侧市场潜在市场比较①

资料来源：清新资本。

---

① 累计储能装机量对应 2025 年之前，发电侧/电网侧/用户侧的累计锂电储能销售额为约 2000 亿元/约 100 亿元/500 亿元。

第二章　储能市场爆发的窗口期：正在当下

第一节　政策端视角

一、储能发展相关政策

储能的发展得到了国家顶层能源战略的支持，而其发展轨迹其实也可从政策文件和指导文件的风向中窥得端倪。

2009年，十一届全国人大常委会第十二次会议表决通过了《中华人民共和国可再生能源法修正案》，储能的发展首次被写入法案。此后历经"十二五""十三五"阶段的逐步试点和放开，各类政策机制也历经种种尝试和波折，促进了新型储能、新型电力系统、电力交易机制等螺旋式上升发展。在"十三五"收官之年，2020年9月习近平主席提出的"双碳"承诺拉开了"十四五"期间"双碳"目标的序幕。此后，与新型储能相关的政策及标准开始密集出台（见图2-1）。

纵观政策发布时间线，我们就能理解为何2020年会成为"储能元年"。整个万亿市场在2021年迎来倍速增长的拐点。2021年，《国家发展改革委　国家能源局关于加快推动新型储能发展的指导意见（征求意见稿）》出台，其对储能的发展目标、引导规划、产业指导、市场机制、规范管理、组织监督均有明确的指导意见；清新资本仅对主要目标作摘录：

储能作为政策驱动型的新兴产业，已经历经约20年的政策蓄势与积淀

发展初期	• 2005年《可再生能源产业发展指导目录》 　－ 开始涉及储能产业战略布局 • 2010年《可再生能源法修正案》 　－ 储能发展首次被写入法案，规定"电网企业应发展和应用智能电网、储能技术"
"十二五"	• 2014年《能源发展战略行动计划（2014—2020年）》 　－ 利用储能解决并网消纳问题，推动电力体制改革 • 2015年《关于进一步深化电力体制改革的若干意见》《关于促进智能电网发展的指导意见》《关于开展可再生能源就近消纳试点的通知》 　－ 推动集中式、分布式储能发展，发展储能网格化管理运营模式；促进智能电网发展；促进可再生能源就近消纳
"十三五"	• 2016年《能源技术革命创新行动计划（2016—2030年）》《关于促进电储能参与"三北"地区电力辅助服务补偿（市场）机制试点工作的通知》《电力中长期交易基本规则（暂行）》 　－ 围绕清洁能源技术、低碳能源技术、智慧能源技术等支持，促进电储能参与辅助服务补偿机制；推动电力市场建设 • 2017年《关于促进储能技术与产业发展的指导意见》《关于开展分布式发电市场化交易试点的通知》 　－ 明确"十三五"和"十四五"储能发展任务，促进储能技术大规模应用，采用多能互补方式建设分布式发电项目 • 2019年《关于促进电化学储能健康有序发展的指导意见》《2019—2020年储能行动计划》 　－ 规划电源侧、电网侧、用户侧储能应用；促进清洁低碳、安全高效能源体系建设 • 2020年9月22日，国家主席习近平在第七十五届联合国大会一般性辩论上向国际社会作出碳达峰、碳中和的郑重承诺。这一"3060目标"被纳入"十四五"规划建议，中央经济工作会议也首次将做好碳达峰、碳中和工作列为年度重点任务之一 • 2020年《关于做好可再生能源发展"十四五"规划编制工作有关事项的通知》《关于建立健全清洁能源消纳长效机制的指导意见》《关于做好2020年能源安全保站工作的指导意见》 　－ 指导可再生能源产业高质量发展，形成有利于清洁能源消纳的电力市场机制；鼓励电源侧、电网侧和用户侧储能应用

"十四五"期间，国家制定储能5年10倍增长目标，并出台多项利好政策和市场机制

"十四五"	• 2021年3月，《关于开展"风光水火储一体化""源网储荷一体化"的指导意见》 　－ 以系统性、多元化的思维统筹推进源网储荷深度融合和多能互补协调发展 ★ 2021年4月，国家发展改革委、国家能源局《关于加快推动新型储能发展的指导意见（征求意见稿）》 　－ 新型储能在推动能源领域碳达峰碳中和过程中发挥显著作用。到2025年，中国储能装机规模达3000万千瓦，超10倍增长　**国家政策KPI：储能市场5年内10倍增长** ★ 2021年7月，国家发展改革委《关于进一步完善分时电价机制的通知》 　－ 鼓励各省市拉大峰谷价差，促进新型储能及储能发展；截至2022年2月15日，已有21个省份峰谷电价差大于0.7元/kWh，包括重庆、广东、海南、吉林、浙江、辽宁、湖南、四川、江苏、河北、湖北、陕西、上海、山东、黑龙江、山西、河南、天津、安徽、贵州、内蒙古 　**在这21个省份投资储能，通过峰谷价差套利，可实现IRR 8%~15%，具备投资经济性** ★ 2021年8月，工信部《新能源汽车动力蓄电池梯次利用管理办法》 　－ 鼓励梯次利用企业研发生产适用于基站备电、储能、充换电等领域的梯次产品 　**明确了梯次储能的安全性和市场潜力** • 2021年9月，国家能源局《新型储能项目管理规范（暂行）》 　－ 通过规范管理，解决储能建设环节中的"卡脖子"问题，进一步引导新型储能安全、有序、健康发展，为储能规模化发展保驾护航 • 2021年11月，国家能源局《关于强化市场监管有效发挥市场机制作用》 　－ 激发用户侧等第三方响应能力，全面推动高载能工业负荷、工商业可调节负荷、新型储能、自备电厂、电动汽车充电网络、虚拟电厂、5G基站、负荷聚合商等参与辅助服务市场，激励需求侧主动参与系统调节，减少系统运行峰谷差，保障电力供应 • 2021年12月，工信部《"十四五"工业绿色发展规划》、国家能源局《电力并网运行管理规定》和《电力辅助服务管理办法》 　－ 鼓励工厂、园区开展工业绿色低碳微电网建设，发展屋顶光伏、分散式风电、多元储能、高效热泵等，推进电热高效互补 　－ 正式明确将电化学储能、压缩空气储能、飞轮等新型储能纳入并网主体管理，即新型储能提供电力辅助服务可获得价格补偿

图 2-1　中国储能相关政策汇总

国家制定了新型储能整体发展目标，到2025年我国新型储能处于规模化发展阶段，到2030年达全面市场化发展阶段

- 2022年1月，国家发展改革委、国家能源局《关于完善能源绿色低碳转型体制机制和政策措施的意见》
  - 加强建设抽水蓄能电站，探索中小型抽水蓄能技术应用，推行梯级水电储能；推行太阳能热发电的调节作用，逐步扩大新型储能应用
- 2022年1月，国家发展改革委、国家能源局《"十四五"现代能源体系规划》
  - 加快新型储能技术规划化应用，大力推动电源侧储能发展，优化布局电网侧储能，支持用户侧储能多元化发展，拓宽储能应用场景，推动电化学储能、梯级电站储能、压缩空气储能、飞轮储能等技术多元化应用，探索储能聚合应用、共享应用等新模式新业态
- 2022年1月，国家发展改革委、国家能源局《"十四五"新型储能发展实施方案》
  - 到2025年，新型储能由商业化初期步入规模化发展阶段，具备大规模商业化应用条件。其中，电化学储能技术性能进一步提升，系统成本降低30%以上
  - 到2030年，新型储能全面市场化发展
- 2022年5月，国家发展改革委、国家能源局《关于促进新时代新能源高质量发展的实施方案》
  - 研究储能成本回收机制，推动新型储能快速发展
- 2022年5月，国家发展改革委《关于进一步推动新型储能参与电力市场和调度运用的通知》
  - 新型储能可作为独立储能参与电力市场，具备独立计量、控制等技术条件，接入调度自动化系统可被电网监控和调度，符合相关标准规范和电力市场运营机构等有关方面要求，具有法人资格的新型储能项目，可转为独立储能，作为独立主体参与电力市场

图 2-1　中国储能相关政策汇总（续）

资料来源：案头研究；清新资本。

到 2025 年，实现新型储能从商业化初期向规模化发展转变。新型储能技术创新能力显著提高，核心技术装备自主可控水平大幅提升，在低成本、高可靠、长寿命等方面取得长足进步，标准体系基本完善，产业体系日趋完备，市场环境和商业模式基本成熟，装机规模达 3000 万 kW（30GW）以上。新型储能在推动能源领域碳达峰、碳中和过程中发挥显著作用。到 2030 年，实现新型储能全面市场化发展。新型储能核心技术装备自主可控，技术创新和产业水平稳居全球前列，标准体系、市场机制、商业模式成熟健全，与电力系统各环节深度融合发展，装机规模基本满足新型电力系统相应需求。新型储能成为能源领域碳达峰、碳中和的关键支撑之一。

（一）储能项目示范建设

1. 国家级首批储能项目示范建设开展

《关于促进储能技术与产业发展的指导意见》提出未来 10 年内分两个阶段推

进相关工作，第一阶段实现储能由研发示范向商业化初期过渡，第二阶段实现商业化初期向规模化发展转变。截至目前，第一阶段向商业化初期过渡的目标已经基本实现，电化学储能、压缩空气储能等技术创新取得长足进步。2021年底新型储能累计装机超过400万kW，"新能源+储能"、常规火电配置储能、智能微电网等应用场景大量出现。第二阶段"十四五"时期是我国实现碳达峰目标的关键期和窗口期，也是新型储能发展的重要战略机遇期。

为了加快构建清洁低碳、安全高效的能源体系，助力实现2030年碳达峰及2060年碳中和目标，按照《关于促进储能技术与产业发展的指导意见》要求，2020年7月，国家能源局印发了《国家能源局综合司关于组织申报科技创新（储能）试点示范项目的通知》，在全国已投产电力储能工程（抽水蓄能除外）中组织筛选首批科技创新（储能）试点示范项目。2020年11月25日，国家能源局从申报的96个项目中筛选了8个项目作为首批科技创新（储能）试点示范项目，分别为青海黄河上游水电开发有限责任公司国家光伏发电试验测试基地配套20MW储能电站项目、国家风光储输示范工程二期储能扩建工程、宁德时代储能微网项目、张家港海螺水泥厂32MWh储能电站项目、苏州昆山110.88MW/193.6MWh储能电站、福建晋江100MWh级储能电站试点示范项目、科陆-华润电力（海丰小漠电厂）30MW储能辅助调频项目、佛山市顺德德胜电厂储能调频项目。

首批储能示范项目分别采用了电化学储能、物理储能、储热等多种技术类型，并覆盖了储能的发电侧（包括太阳能光伏、风电、火电厂）、电网侧以及用户侧等多种应用场景。从项目运行效果来看，发电侧的清洁能源项目实现了与风电、光伏发电联合运行，促进可再生能源规模性以及稳定性发电、存储以及消耗。联合火电厂参与辅助服务项目将明显提高火电厂匹配电网侧调度能力，提升发电设备的使用效率，同时减少碳排放。电网侧项目实现了削峰填谷，提升了电力的使用效率，降低了能耗成本，同时又能够参与辅助服务，提升电网运行的安全稳定性。用户侧项目能在一定程度上实现以谷填峰，保障电力供应，节约用电成本，同时为源荷互动奠定基础。

2. 各省份储能项目示范陆续建设

随着首批国家储能示范项目的落地和顺利实施，各省份也在陆续开展新型储能示范项目的建设工作，并于2020年和2021年公示了多批示范性项目。2022年4月各省份又公示了最新一批的示范性项目，海南、青海和山东等地披露的相关信息最为详尽。

2022 年 4 月 17 日，海南省大唐文昌翁田 10 万 kW 农光互补+储能示范项目顺利建成投产发电。该项目是海南省"十四五"期间重点建设项目之一，也是目前海南单体容量最大的农光互补+储能项目。该项目投资 6.8 亿元人民币，项目投产后首年利用小时数可达 1401 小时，年均向海南电网提供超过 1.74 亿 kWh 的纯绿色清洁电力。相较燃煤发电每年可减少二氧化碳排放 14.4 万吨，相当于 6000 亩森林每年吸纳量。该项目响应海南省发展改革委及海南电网要求，按照项目规模 25%备电 2 小时配置储能。面对未来高比例的光伏、风电类等波动性能源，该项目储能系统可作为优质的灵活性资源，具有调峰调频能力强、响应速度快、数字化程度高等优点[①]。

2022 年 4 月，青海省能源局以"揭榜挂帅"形式启动开展了新型储能示范项目建设工作，包括 4 类共 10 个示范项目，涵盖新型电化学储能、压缩空气储能、氢能和熔盐储热发电。其中，新型电化学储能示范项目 1 项，主要研究高安全性钛酸锂电池储能系统关键技术。压缩空气储能示范项目 6 项，主要包括淘汰煤电机组循环利用改造为压缩空气储能电站、新建储气罐的先进压缩空气储能、利用已有矿井改造的压缩空气储能及液态压缩空气储能等。氢能示范项目 2 项，分别为离网制氢和新能源弃电制氢、用氢示范项目，项目从制氢、储运、氢能源汽车等方面进行全产业示范。熔盐储热发电示范项目 1 项，从新能源耦合熔盐储能供热和发电示范应用项目提出为城市或园区提供平价供热的同时实现储能调峰调频作用[②]。

2022 年 4 月 13 日，山东省能源局公示了确认华润财金山东东营源网储一体化示范项目等 25 个锂电池类项目、山东华电潍坊制氢加氢一体站项目等 4 个新技术类项目为 2022 年度储能示范项目，总示范规模超过 3100MW[③]。

（二）储能成为战略性新兴产业

1."十三五"期间，储能被列入国家战略性新兴产业

"十三五"期间储能行业就被列入国家战略性新兴产业。2017 年 1 月国家发

---

① 大唐文昌翁田农光互补+储能项目投产［EB/OL］.［2022 - 04 - 18］. https：//www. hainan. gov. cn/hainan/sxian/202204/8pbbe76590654e35968877eoece99b10. shtml.

② 青海省"揭榜挂帅"新型储能示范项目建设［EB/OL］.［2022 - 04 - 17］. http：//qh. people. com. cn/nz/2022/0417/c182775-35226804. html.

③ 关于公布 2022 年度储能示范项目的通知［EB/OL］.［2022 - 04 - 15］. http：//nyi. shandong. gov. cn/art/2022/4/15/art_ 59960_ 10292176. html.

展改革委发布 2017 年第 1 号公告——《战略性新兴产业重点产品和服务指导目录》（2016 年版），储能被纳入其中。根据其应用领域，储能作为战略新兴产业分列在高端储能、智能电网、新材料产业、新能源汽车产业、新能源产业、矿产资源综合利用等多个章节。

2020 年，国家发展改革委、科技部、工业和信息化部和财政部联合印发《关于扩大战略性新兴产业投资　培育壮大新增长点增长极的指导意见》，明确提出加快新能源产业跨越式发展。加快突破风光水储互补等新能源电力技术瓶颈，建设新型储能等基础设施网络，大力开展综合能源服务，推动源网荷储协同互动。新型储能技术成为支撑新能源战略性新兴产业发展的关键。由此确立了"打造储能产业为新经济增长点"成为"十四五"期间产业发展的重要目标，属于国家的战略布局。我国计划在"十四五"期间电化学储能、机械储能、热储能、氢储能等技术方面接近或者达到世界领先水平，加快新型储能体系建设的规模化、产业化和市场化。

2. "十四五"期间，《"十四五"新型储能发展实施方案》保障储能进一步发展

明确新型储能是建设新型电力系统、推动能源绿色低碳转型的重要基础，是实现碳达峰、碳中和目标的重要支撑。为推动"十四五"新型储能高质量规模化发展，2022 年 1 月国家发展改革委、国家能源局联合印发《"十四五"新型储能发展实施方案》（简称《实施方案》）。

（1）强化顶层设计。

《实施方案》强化了顶层设计，树立了基本原则，即：

1）统筹规划，因地制宜。强化顶层设计，突出科学引领作用，加强与能源相关规划衔接，统筹新型储能产业上下游发展。针对各类应用场景，优化新型储能建设布局。

2）创新引领，示范先行。以"揭榜挂帅"等方式加强关键技术装备研发，分类开展示范应用。加快推动商业模式和体制机制创新，在重点地区先行先试。推动技术革新、产业升级、成本下降，有效支撑新型储能产业市场化可持续发展。

3）市场主导，有序发展。明确新型储能独立市场地位，充分发挥市场在资源配置中的决定性作用，更好地发挥政府作用，完善市场化交易机制，丰富新型储能参与的交易品种，健全配套市场规则和监督规范，推动新型储能有序发展。

4）立足安全，规范管理。加强新型储能安全风险防范，建立健全新型储能技术标准、管理、监测、评估体系，保障新型储能项目建设运行的全过程安全。

（2）树立发展目标。

《实施方案》也确立了储能行业的发展目标，即：

到 2025 年，新型储能由商业化初期步入规模化发展阶段，具备大规模商业化应用条件。其中，电化学储能技术性能进一步提升，系统成本降低 30% 以上；火电与核电机组抽汽蓄能等依托常规电源的新型储能技术、百兆瓦级压缩空气储能技术实现工程化应用；兆瓦级飞轮储能等机械储能技术逐步成熟；氢储能、热（冷）储能等长时间尺度储能技术取得突破。

到 2030 年新型储能全面市场化发展。新型储能核心技术装备自主可控，技术创新和产业水平稳居全球前列，全面支撑能源领域碳达峰目标如期实现。

（3）明确六大方向。

明确了六个发展方向，分别从技术创新、试点示范、规模发展、体制机制、政策保障、国际合作重点领域对"十四五"新型储能发展的重点任务进行部署：

1）强化技术攻关，构建新型储能创新体系。

2）积极试点示范，稳妥推进新型储能产业化进程。

3）推动规模化发展，支撑构建新型电力系统。

4）完善体制机制，加快新型储能市场化步伐。

5）做好政策保障，健全新型储能管理体系。

6）推进国际合作，提升新型储能竞争优势。

（4）设立保障措施。

设立保障措施，建立健全新型储能多部门协调机制，国家发展改革委、国家能源局加强与有关部门协调，做好与国家能源及各专项规划的统筹衔接，推动建设国家级新型储能大数据平台，提升实施监测和行业管理信息化水平。制定新型储能落实工作方案和政策措施，各省级能源主管部门编制本地区新型储能方案，明确进度安排和考核机制，科学有序推进各项任务，并将进展情况抄送国家能源局及派出机构。加强实施情况监督评估，国家能源局派出机构要密切跟踪落实情况，及时总结经验、分析问题，提出滚动修订的意见与建议。国家能源局根据监督评估情况对实施方案进行适时调整和优化。

3. 《储能产业研究白皮书 2022》指出储能有望成为新的经济增长点

2022 年 4 月举行全球储能行业发展回顾与展望研讨会，同时发布《储能产业研究白皮书2022》。白皮书指出，2021年我国储能产业实现了跨越式发展。第一，在政策层面，国家及地方政府密集出台了300多项与储能相关的政策，产业链投资计划超过1.2万亿元。第二，在战略规划层面，国家明确2030年30GW的储能装机目标，14个省份相继发布了储能规划，20多个省份明确了新能源配置储能的要求。第三，在项目装机量层面，新增百兆瓦级项目（含规划、在建、投运）的数量再次刷新历年纪录，达到78个。第四，在技术应用层面，除了锂电池，压缩空气、液流电池、飞轮储能等技术也成为国内新型储能装机的重要力量，特别是压缩空气，首次实现了全国乃至全球百兆瓦级规模项目的并网运行。2021年是我国储能产业从商业化初期到规模化发展的元年，发展储能已成行业共识。白皮书指出，储能作为能源革命核心技术和战略必争高地，有望形成一个技术含量高、增长潜力大的全新产业，成为新的经济增长点。

（三）学科发展和人才培养

1. 《储能技术专业学科发展行动计划（2020—2024年）》

2020年1月17日，教育部、国家发展改革委、国家能源局联合发布《关于印发〈储能技术专业学科发展行动计划（2020—2024年）〉的通知》（简称《通知》）至各省教育厅/局，部属各高等学校、部省合建各高等学校，要求加快培养储能领域"高精尖缺"人才，增强产业关键核心技术攻关和自主创新能力，以产教融合发展推动储能产业高质量发展。

（1）大力推动学科建设和人才培养。

《通知》中提到储能技术在促进能源生产消费、推动能源革命和能源新业态发展方面发挥着至关重要的作用。储能技术的创新突破将成为带动全球能源格局革命性、颠覆性调整的重要引领技术。储能设施的加快建设将成为国家构建更加清洁低碳、安全高效的现代能源产业体系的重要基础设施。随着全球能源格局正在发生由依赖传统化石能源向追求清洁高效能源的深刻转变，我国能源结构也正经历前所未有的深刻调整。无论是从电力能源总量结构，还是从装机增量结构以及单位发电成本构成来看，清洁能源发展势头迅猛，已成为我国加快能源领域供给侧结构性改革的重要力量。

储能产业和储能技术作为新能源发展的核心支撑，覆盖电源侧、电网侧、用户侧、居民侧以及社会化功能性储能设施等多方面的需求。当前，世界主要发达国家纷纷加快发展储能产业，大力规划建设储能项目，加强储能产业人才培养和技术储备，抢占能源战略突破高点。随着我国储能技术发展从试点建设向大规模产业应用加快推进，以"双一流"建设高校为代表的高等学校面向能源革命战略需求，培育了一批高层次人才和高水平研究团队，在储能相关领域积累了大量基础性研究成果，在部分相关学科实现了原创性关键突破。但同时也要看到，储能技术作为重要的战略性新兴领域，需要加快物理、化学、材料、能源动力、电力电气等多学科多领域交叉融合、协同创新，高校现有人才培养体系尚待完善，相关学科专业尚待健全，特别是学科专业壁垒急需突破。立足产业发展重大需求，统筹整合高等教育资源，加快建立发展储能技术学科专业，加快培养急需紧缺人才，破解共性和瓶颈技术，是推动我国储能产业和能源高质量发展的现实需要和必然选择。

（2）确立发展目标。

《通知》确立了我国进行学科发展和人才培养的目标，即经过 5 年左右的努力，增设若干储能技术本科专业、二级学科和交叉学科，储能技术人才培养专业学科体系日趋完备，本硕博人才培养结构规模和空间布局科学合理，推动建设若干储能技术学院（研究院），建设一批储能技术产教融合创新平台，推动储能技术关键环节研究达到国际领先水平，形成一批重点技术规范和标准，有效推动能源革命和能源互联网发展。

（3）提出四大举措。

《通知》亦提出了四大举措，即：

1）加快推进学科专业建设，完善储能技术学科专业宏观布局。

2）深化多学科人才交叉培养，推动建设储能技术学院（研究院）。

3）推动人才培养与产业发展有机结合，加强产教融合创新平台建设。

4）加强储能技术专业条件建设，完善产教融合支撑体系。

2. 《加强碳达峰碳中和高等教育人才培养体系建设工作方案》

2022 年 4 月 19 日，为贯彻《中共中央　国务院关于完整准确全面贯彻新发展理念做好碳达峰碳中和工作的意见》和《国务院关于印发 2030 年前碳达峰行动方案的通知》精神，推进高等教育高质量体系建设，提高碳达峰、碳中和相关专业人才培养质量，教育部制定并印发《加强碳达峰碳中和高等教育人才培养体系建设工作方案》（简称《方案》）。

（1）支持重点高校带头建设"双碳"人才。

《方案》原则上要求支持部分基础条件好、特色鲜明的综合高校和行业高校，先行建设一批碳达峰碳中和领域新学院、新学科和新专业，在探索、总结经验基础上，引领带动全面加强碳达峰、碳中和人才培养。强化科教协同，加快把科研成果转化为教学内容，在大项目、大平台、大工程建设中培养高层次专业人才。吸收借鉴发达国家经验，依据自身基础条件特色和发展国情，建设中国特色、世界水平的碳达峰、碳中和人才培养体系。

（2）加快储能学科建设和人才培养。

《方案》要求加快紧缺人才培养，以大规模可再生能源消纳为目标，推动高校加快储能和氢能相关学科专业建设，推动高校加快储能和氢能领域人才培养，服务大容量、长周期储能需求，实现全链条覆盖。

（3）深入开展改革试点。

《方案》要求深入开展改革试点。建设一批绿色低碳领域未来技术学院、现代产业学院和示范性能源学院。启动碳达峰、碳中和领域教学改革和人才培养试点项目，鼓励高校加强碳达峰、碳中和领域高素质师资队伍建设，组织开展碳达峰、碳中和领域师资培训，加大碳达峰、碳中和领域课程、教材等教学资源建设力度，加快碳达峰、碳中和领域国际化人才培养，加大海外高层次人才引进力度，开展碳达峰、碳中和人才国际联合培养项目。

（四）储能"两个一体化"

1. 《国家发展改革委 国家能源局关于开展"风光水火储一体化""源网荷储一体化"的指导意见（征求意见稿）》

2020年8月27日，国家发展改革委和国家能源局发布《关于开展"风光水火储一体化""源网荷储一体化"的指导意见（征求意见稿）》（简称《指导意见》）。在《指导意见》中国家首次提出"两个一体化"建设，储能对提高电力系统建设运行效益的支撑作用得到重视。

（1）"两个一体化"的具体含义。

1）"风光水火储一体化"：侧重于电源基地开发，结合当地资源条件和能源特点，因地制宜采取风能、太阳能、水能、煤炭等多能源品种发电互相补充，并适度增加一定比例储能，统筹各类电源的规划、设计、建设、运营。

2）"源网荷储一体化"：侧重于围绕负荷需求开展，通过优化整合本地电源侧、电网侧、负荷侧资源要素，以储能等先进技术和体制机制创新为支撑，以安全、绿色、高效为目标，创新电力生产和消费模式，为构建源网荷高度融合的新一代电力系统探索发展路径，实现源网荷储的深度协同，主要包括区域（省）

级、市（县）级以及园区级源网荷储一体化。

由此可见"风光水火储一体化"更适合资源禀赋好，当地负荷不足，需要远距离输送的西部地区；"源网荷储一体化"则更适合当地用电负荷高，但需要对风光电力进行调节的东部地区（见图2-2）。

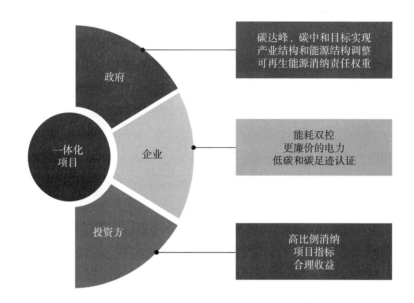

图2-2 "两个一体化"项目需求

资料来源：TBEA《特变电工研究报告》；清新资本。

（2）"两个一体化"的重要意义。

"两个一体化"建设是提升可再生能源消纳水平的客观要求和非化石能源消费比重的必然选择。截至目前，全国可再生能源的比重已经超过10%，至2030年要达到25%，多能源互补的一体化基地更有利于大比例消纳可再生能源。另外，风电和光伏电站投资主体资质也发生了重大的变化，大型电力央企、国企逐渐成为主要的投资方。央企、国企在传统电力项目资源上有丰富的储备，目前又加大了对可再生能源电站的投资力度，因此在开展多能源"一体化"建设方面具有很大的优势。各地将在发电侧和用户侧分类开展"两个一体化"项目建设，具备条件的"两个一体化"项目将优先纳入国家电力发展规划。

"风光水火储一体化"通过优先利用风电、光伏，同时发挥水电、煤电调节性能，同步配置储能设施，合理配置及统筹协调多种能源，有利于发挥可再生能源富集地区优势，实现可再生能源电力大规模消纳，在优化能源结构的同时突破资源环境约束。近两年，国家及地方层面多维度布局建设"风光水火储"多能互补示范项目，进入"十四五"时期，各省份项目密集落地。陕西、宁夏等多地陆续发布"风光水火储"多能互补示范项目或基地建设相关规划，明确加快多能互补示范基地建设。内蒙古、新疆、青海、甘肃等西部和北部省区大型风光基地建设重点也逐渐倾向"风光水储""风光火储"等多能互补模式。此外，水能资源丰富的西南省区如云南、贵州也积极构建"水风光"一体化、"风光水火储"多能融合互补的能源基地。未来"风光水火储一体化"或将成为风光大基地建设的主流模式（见图2-3）。

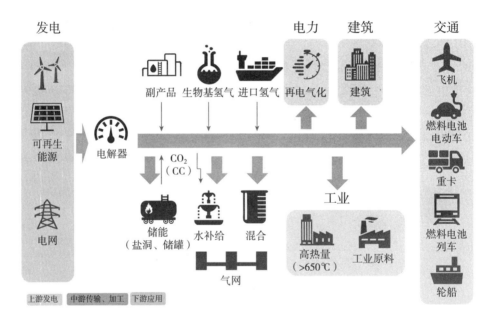

图2-3　"风光水火储一体化"建设模式

资料来源：GWEC；清新资本。

当前我国"风光水火储"多能互补示范项目尚处于示范阶段，不同能源系统之间的运营相对独立，协调性有待加强。与此同时，相关项目的投资经济性还存在不确定性，成本回收机制也有待进一步完善。应尽快完善电力市场机制，打通多能互补基地多种能源的成本回收渠道，为后续协同发展奠定基础。

2. 《关于推进电力源网荷储一体化和多能互补发展的指导意见》

"源网荷储一体化"是一种可实现能源资源最大化利用的运行模式和技术，通过多种源网荷储交互形式提高电力系统功率动态平衡能力，是构建新型电力系统的重要发展路径。为实现"二氧化碳排放力争于 2030 年前达到峰值，努力争取 2060 年前实现碳中和"的目标，2021 年 2 月 25 日国家发展改革委和国家能源局发布了《关于推进电力源网荷储一体化和多能互补发展的指导意见》（简称《指导意见》）。

（1）"源网荷储一体化"主要意义。

1）强化源网荷储各环节间协调互动，实现统筹协调发展，有助于提高清洁能源利用率，提升电力发展质量和效益。

2）优先利用清洁能源资源，充分发挥水电和火电调节性能，适度配置储能设施，调动需求侧灵活响应积极性。

3）发挥跨区源网荷储协调互济作用，有利于推进西部大开发形成新格局，改善东部地区环境质量，促进区域协调发展。

（2）推进"源网荷储一体化"，提升保障能力和利用效率。

1）区域（省）级侧重于通过电力市场价格信号引导各类市场主体灵活调节、多向互动，落实电源、电力用户、储能、虚拟电厂参与市场机制。

2）市（县）级侧重于重点城市坚强局部电网建设、清洁取暖和清洁能源消纳一体化示范，提出保障电源以及自备应急电源配置方案，热电联产机组、新能源电站、灵活运行电热负荷一体化运营方案。

3）园区（居民区）级侧重于调动负荷侧调节响应能力，在城市商业区、综合体、居民区开展分布式发电与电动汽车（用户储能）灵活充放电相结合的园区（居民区）级源网荷储一体化建设，在工业负荷大、新能源条件好的地区开展源网荷储一体化绿色供电园区建设。园区（居民区）级源网荷储一体化项目是分布较为广泛的一类项目，分布式和集中式电源均可参与，技术难度相对较小，也是未来新型电力系统最为基础的组成形式。

（3）推动"源网荷储一体化"政策措施。

《指导意见》提出了电力"源网荷储一体化"和多能互补的一系列政策措施：

1）加强组织领导。发挥国家能源主管部门的统筹协调作用，加强项目规划与国家和地方电力发展规划、可再生能源规划等的衔接。

2）落实主体责任。各省级能源主管部门负责牵头，会同能源局派出机构组织相关用电企业等开展项目及实施方案的分类组织、研究论证、评估筛选、编制报送、建设实施等工作。

3）建立协调机制。各投资主体应积极参与相关规划研究，共同推进项目前期工作，实现规划一体化；协调各电力项目建设进度，确保同步建设、同期投运，推动建设实施一体化。

4）守住安全底线。

5）完善支持政策。鼓励具备条件地区统一组织推进相关项目建设，支持参与跨省区电力市场化交易、增量配电改革及分布式发电市场化交易等。

6）鼓励社会投资。鼓励社会资本投资各类电源、储能及增量配电网项目，或通过资本合作等方式建立联合体参与项目投资开发建设。

7）加强监督管理。国家能源局派出机构应加强对相关项目事中事后监管。

（4）"源网荷储一体化"的重要作用。

在加快构建新型电力系统的道路上，"源网荷储一体化"运行是关键的一环，不仅可以有效实现能源资源的最大化利用，更能全面提升电网系统的综合调节支撑能力。"源网荷储一体化"在我国其实已经有不少实践，冀北、江苏和上海等地区都进行了探索建设。"源网荷储一体化"发展的必备条件之一是先进技术的突破，这其中包含多能互补技术、电力调度技术、储能技术等各个关键技术领域的创新和发展。后续应加大在相关技术上的研发投入以及市场化应用，真正使"源网荷储一体化"成为推进电力行业碳达峰的重要举措。

二、储能发展相关电力市场规则

（一）"储能三侧"介绍

随着全球范围内可再生能源的占比逐步提升，如何推动储能参与电力市场交易，形成商业化应用及多样化收益，实现储能设施快速渗透和可持续发展是近年来国内外共同探索的问题。储能市场参与电力市场的模式基本可以分为两类：第一类是统一运行模式，即在现有的市场体系中建立储能资源的模型，设计相应的市场规则，市场将同时配置发电、用电和储能资源。第二类是独立运行模式，即独立系统运营商 ISO、发电商或用户作为买方，在储能使用权市场上购买储能使用权，以改善自身平衡能力、出力曲线或用电曲线。当前我国正在发电侧、电网侧和用户侧探索储能的商业化模式。

目前，发电侧在可再生能源发电设施端配置储能设施，利用储能实现发电侧调频，获得调频辅助服务补偿，最后实现储能与发电侧的收益增量分成模式。此种场景起到两大作用：一是缓解新能源出力随机性；二是快速响应调频、调压需求。2021年8月，国家发展改革委官网发布《国家发展改革委 国家能源局关于鼓励可再生能源发电企业自建或购买调峰能力 增加并网规模的通知》，该通知表示为促进风电、太阳能发电等可再生能源大力发展和充分消纳，鼓励发电企业通过自建或购买调峰储能能力的方式，增加可再生能源发电装机并网规模。超过电网企业保障性并网以外的规模初期按照15%的挂钩比例购买调峰能力，鼓励按照20%以上挂钩比例购买。此外，2021年全年共有25个省份颁布储能强配政策，储能配置比例提升至10%～20%，另有3个省份出台风光配套储能鼓励政策。

电网侧配置储能主要用于减少或延缓电网设备投资、缓解电网阻塞，以及提供调频等服务。根据2019年发布的《输配电定价成本监审办法》和《省级电网输配电价定价办法》，电储能设施费用不得计入电网企业输配电成本，电网侧储能没有盈利模式。2021年7月，国家发展改革委和国家能源局联合印发《国家发展改革委 国家能源局关于加快推动新型储能发展的指导意见》，要求建立电网侧独立储能电站容量电价机制，为储能电站参与电力市场提供基础，同时探索将电网替代性储能设施成本收益纳入输配电价回收。2021年8月国家发展改革委和国家能源局印发《国家发展改革委 国家能源局关于鼓励可再生能源发电企业自建或购买调峰能力 增加并网规模的通知》，对于解决电网调峰能力问题提出了更多具体内容。

用户侧储能跟国外电力市场类似，主要的收益来自峰谷套利，即用户在电价较低时段存储电力，在电价较高时段发电以显著降低用电成本，其盈利能力受峰谷电价差影响较大。2021年7月，国家发展改革委印发《国家发展改革委关于进一步完善分时电价机制的通知》，为储能建立了削峰填谷的套利模式，目前全国已经有超过20个省份的峰谷价差超过0.7元，已经基本实现峰谷套利模型的经济性。随着电力市场化改革，峰谷电价差进一步拉大，未来用户侧储能的经济性将持续提升。

（二）中国电力市场体系

按交易标的分类，储能电站参与电力市场的类型主要包括电能量市场（现货市场）、辅助服务市场和容量市场（见图2-4）。

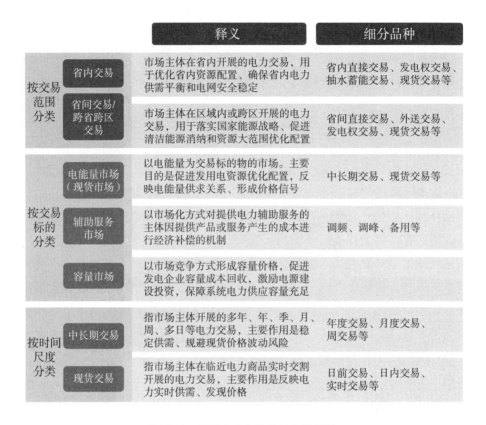

		释义	细分品种
按交易范围分类	省内交易	市场主体在省内开展的电力交易，用于优化省内资源配置、确保省内电力供需平衡和电网安全稳定	省内直接交易、发电权交易、抽水蓄能交易、现货交易等
	省间交易/跨省跨区交易	市场主体在区域内或跨区开展的电力交易，用于落实国家能源战略、促进清洁能源消纳和资源大范围优化配置	省间直接交易、外送交易、发电权交易、现货交易等
按交易标的分类	电能量市场（现货市场）	以电能量为交易标的物的市场。主要目的是促进发用电资源优化配置，反映电能量供求关系、形成价格信号	中长期交易、现货交易等
	辅助服务市场	以市场化方式对提供电力辅助服务的主体因提供产品或服务产生的成本进行经济补偿的机制	调频、调峰、备用等
	容量市场	以市场竞争方式形成容量价格，促进发电企业容量成本回收，激励电源建设投资，保障系统电力供应容量充足	
按时间尺度分类	中长期交易	指市场主体开展的多年、年、季、月、周、多日等电力交易，主要作用是稳定供需、规避现货价格波动风险	年度交易、月度交易、周交易等
	现货交易	指市场主体在临近电力商品实时交割开展的电力交易，主要作用是反映电力实时供需、发现价格	日前交易、日内交易、实时交易等

图 2-4 中国电力市场体系交易品种

资料来源：国家电网；《电力现货市场 101 问》；《能源市场知识》；中金公司研究部；清新资本。

1. 电能量市场（现货市场）

中国正在加快建设全国统一电力市场体系，实现电力资源市场化配置，而现货市场是电力市场改革的核心。2022 年 5 月，国家发展改革委办公厅和国家能源局综合司印发《国家发展改革委办公厅 国家能源局综合司关于加快推进电力现货市场建设工作的通知》，要求各地全面推进电力现货市场建设，支持具备条件的现货试点不间断运行，尽快形成长期稳定运行的现货市场。第一批试点地区广东、蒙西、浙江、山西、山东、福建、四川和甘肃原则上在 2022 年开展现货市场长周期连续试运行，第二批试点地区上海、江苏、安徽、辽宁、河南和湖北在 2022 年 6 月底前启动现货市场试运行，其他地区尽快开展现货市场建设工作。

现货市场建设工作中与储能相关的重点包括：第一，大幅扩容参与现货交易的市场主体：一是优先发用电计划的各类电源，如核电、大水电可参与现货市场，加快推动用户侧全面参与现货市场交易；二是引导储能、分布式能源、新能源汽车和虚拟电厂等新型市场主体以及增量配电网、微电网内的市场主体参与现货市场，充分激发和释放用户侧灵活调节能力。在2022年3月底前，上述第一批八个试点地区参与中长期交易的用户侧全部参与现货交易，第二批六个试点地区应按照用户侧参与现货市场设计市场方案；在2022年底前，可以先针对部分现货市场不足以回收成本的电源建立容量补偿机制，更好地保障电力系统安全稳定运行，此条主要适用于投资较高但调节性能较好的新型储能。加快推动各类型具备条件的电源参与现货市场意义重大，此举打破了原来源网负荷的管理体制分割，解决了储能参与现货市场的身份问题，使各类主体均可公平竞价参与现货市场交易。第二，与其他电力市场品种衔接，主要是统筹现货交易与电力辅助服务交易。完善调频辅助服务市场，加快备用辅助服务市场建设，可再生能源占比较高地区可探索爬坡等辅助服务品种。加强调峰辅助服务与现货市场的融合，在现货市场内推动调峰服务。加快推动辅助服务成本向用户侧疏导。

2. 电力辅助市场

针对电力市场中另一个重要板块电力辅助服务市场，国内从2006年起就陆续出台了相关的政策（见表2-1）：

表2-1 国内电力辅助服务相关政策

政策名称	颁布机构	颁布时间	主要内容
《并网发电厂辅助服务管理暂行办法》（与《发电厂并网运行管理规定》并称"两个细则"）	原国家电监会	2006年	电力辅助服务是并网发电厂提供的服务，由电力监管机构对辅助服务进行监管。将电力辅助服务分为基本辅助服务和有偿服务，按照"补偿成本和合理收益"的原则对提供有偿辅助服务的并网发电厂进行补偿，补偿费用主要来源于辅助服务考核费用，不足（富余）部分按统一标准由并网发电厂分摊
《发电厂并网运行管理实施细则》《区域并网发电厂辅助服务管理实施细则》	六个区域电监局（东北、西北、华北、华中、华东、南方）	2009年	细化了关于电力辅助服务的调度制度，计量考核标准均提出了具体量化数值，供各个区域电厂参考，于2010年开始逐步实施
《东北电力辅助服务调峰市场监管办法（试行）》	东北能源监管局	2014年	我国首个电力调峰辅助服务市场正式启动，标志着市场化补偿电力调峰辅助服务尝试的开始

续表

政策名称	颁布机构	颁布时间	主要内容
《中共中央、国务院关于进一步深化电力体制改革的若干意见》《关于推进电力市场建设的交施意见》	国务院、国家发展改革委、国家能源局	2015 年	以市场化原则建立辅助服务分担共享新机制以及完善并网发电企业辅助服务考核机制和补偿机制 在现货市场开展备用、调频等辅助服务交易，中长期市场开展可中断负荷、调压等辅助服务交易。发电计划编制过程中应考虑辅助服务与电能量统一出清、统一安排
《完善电力辅助服补偿（市场）机制工作方案》	国家能源局	2017 年	完善电力辅助服务补偿项目的覆盖范围；推进国家指令性计划、地方政府协议跨省跨区电能交易辅助服务补偿工作；鼓励采用竞争方式确定电力辅助服务承担机组 鼓励自动发电控制和调峰服务按效果补偿；按需扩大电力辅助服务提供主体
《电力辅助服务管理办法》（与《电力并网运行管理规定》一起发布）	国家能源局	2021 年	扩大了辅助服务提供主体，规范辅助服务分类和品种，明确补偿方式与分摊机制，逐步建立电力用户参与辅助服务分担共享机制，健全跨省跨区电力辅助服务机制，明确各机构与电网企业的职责分工

资料来源：《我国电力辅助服务市场建设的现状与问题》；国海证券研究所；清新资本。

截至 2020 年底，全国除西藏和香港、澳门、台湾外，六个区域电网和 30 个省级电网启动电力辅助服务市场，基本实现全面覆盖，与电力中长期市场有效衔接、协同运行。电力辅助服务市场逐渐提升电力系统综合调节能力，显著增加可再生能源消纳水平。

2021 年 12 月，国家能源局修订发布《电力辅助服务管理办法》和《电力并网运行管理规定》，对辅助服务市场参与主体、交易品种分类、用户侧分担共享机制、跨省跨区机制等进行了修订及深化，以适应我国可再生能源的装机量快速增长，电力行业电源及电网结构发生重大变化，对辅助服务的品种和需求显著增加。具体的内容包括：

一是进一步扩大了辅助服务提供主体。将提供辅助服务主体范围由发电厂扩大到包括新型储能、自备电厂、电动汽车充电网络、聚合商、虚拟电厂等主体，正式明确将电化学储能、压缩空气储能、飞轮等新型储能纳入并网主体管理，并且鼓励新型储能、可调节负荷等并网主体参与电力辅助服务，促进挖掘供需两侧的灵活调节能力，加快构建新型电力系统。新增了对新能源、新型储能、负荷侧并网主体等并网技术指导及管理要求。

二是增加电力辅助服务新品种，同时进一步规范辅助服务分类和品种。为适应高比例可再生能源、高比例电力电子设备接入电力系统的需要，平抑新能源间歇性、波动性对电力系统运行带来的扰动影响，新增了转动惯量、爬坡、稳定切机、稳定切负荷等辅助服务品种，进一步促进新能源消纳，提升电力系统可靠性和电能质量。

三是完善用户分担共享新机制。按照"谁提供、谁获利；谁受益、谁承担"的原则，进一步完善辅助服务考核补偿机制。逐步建立用户侧参与辅助服务分担共享机制。根据不同类型用户侧的用电特性，因地制宜制定分担标准。电力用户可通过独立或委托代理两种方式参与电力辅助服务，其费用分摊可采取直接承担或经发电企业间接承担两种方式。在电费账单中单独列支电力辅助服务费用。对于不具备提供调节能力或调节能力不足的电力用户、聚合商、虚拟电厂应按用电类型、电压等级等参与分摊电力辅助服务费用，或通过购买电力辅助服务来承担电力辅助服务责任。同时明确了各类电力辅助服务品种的补偿机制，其中以固定补偿方式确定补偿标准时应综合考虑电力辅助服务成本、性能表现及合理收益等因素，按"补偿成本、合理收益"的原则确定补偿力度；市场化补偿形成机制应遵循考虑电力辅助服务成本、合理确定价格区间、通过市场化竞争形成价格的原则。在分摊方面，强调为电力系统运行整体服务的电力辅助服务，补偿费用由发电企业、市场化电力用户等所有并网主体共同分摊，逐步将非市场化电力用户纳入补偿费用分摊范围。为特定发电侧并网主体服务的电力辅助服务，补偿费用由相关发电侧并网主体分摊；为特定电力用户服务的电力辅助服务，补偿费用由相关电力用户分摊。

四是健全市场形成价格新机制。在现阶段以调峰辅助服务市场化交易为主的基础上，持续推动调频、备用、转动惯量、爬坡等品种以市场竞争方式确定辅助服务提供主体，形成交易价格，降低系统辅助服务成本。

五是健全跨省跨区电力辅助服务机制。明确跨省跨区送电配套电源机组均应纳入电力辅助服务管理，原根据调度关系在送端或受端电网参与电力辅助服务，不重复参与送、受两端电力辅助服务管理。强调为保障跨省跨区送电稳定运行提供电力辅助服务的发电机组，应当获得相应的电力辅助服务补偿。

《电力并网运行管理规定》重点对包括新能源在内的发电侧并网主体、新型储能、用户可调节负荷等并网管理内容进行了修订完善。新增明确二次调频、调压、新能源场站、新型储能和用户侧可调节负荷的技术指导和管理内容。此外，一次调频和黑启动定义中都明确为储能等主体提供的服务。

第二节　产业端视角

根据电力市场改革和建设的进度，可以分阶段推进储能电站参与电力市场交易。

第一阶段：电力现货市场建立阶段，完善辅助服务市场交易机制，发挥储能电站动态响应技术优势和调节能力，提升储能电站在辅助服务市场上的比重和竞争力。

第二阶段：电力现货市场初级阶段，完善电能量交易规则，发挥储能电站跨时间调节能力，重点提升其盈利水平。一方面，完善市场机制，允许储能电站在内的各类资源公平参与电力现货市场交易；另一方面，完善价格机制，明确储能电站充放电价、输配电价政策，调动储能电站参与电网调峰。

第三阶段：电力现货市场成熟阶段，拓展储能电站应用新业态、新模式，重点是让储能电站在多个市场中发挥多重价值。电力现货市场成熟运行后将取代调峰辅助服务市场。储能电站可全面参与电量市场、辅助服务市场和容量市场，提供不同时间尺度的调节服务。在设计市场机制时，应充分考虑储能容量价值和电量价值，允许储能电站参与多个市场、进行分时利用，实现多重价值。未来应积极拓展智慧能源、虚拟电厂等包含储能电站的新模式，实现储能行业的商业模式迭代升级。

一、储能技术突破，储能成本下降

相比于传统的火电，以风力发电和太阳能光伏发电为主的可再生能源发电侧，以及以越来越多的新能源电力及电子设备为代表的用户侧，都具有随机性、间歇性和波动性的特点，大规模接入电网将给调峰调频、稳定运行带来巨大挑战。储能技术发展是保障可再生能源大规模发展和电网安全运行的关键，能够有效提升电网消纳可再生能源的能力。

（一）国家政策推动中国储能技术达到世界先进水平

储能技术在电力系统的发、输、配、用及调度等各个环节都具有广泛的应用前景。不同的储能技术有着不同的性能特点，适用于不同的应用场景和领域。总体来看，电力系统对储能技术的需求可以分为功率服务和能量服务两类。对于功率服务，储能需要平抑大规模可再生能源的波动性，满足电网的实时稳定和短时功率平衡需求，因此需要响应快速的功率型储能技术，如飞轮储能、钠硫电池、超导磁储能及超级电容储能等。对于能量服务，储能用于长时间的功率调节和电能存储，实现电网调峰填谷，因此适用规模和高能量转换效率的能量型储能技术，如抽水蓄能、压缩空气储能和电化学储能等。

总体来看，目前中国的储能技术已达到世界先进水平，基本实现了关键材料和设备的国产化。在储能技术方面，锂离子电池循环寿命、能量密度等关键技术指标得到大幅度提升，成本快速下降，其他新型储能技术如压缩空气储能技术指标已达到全球领先水平。在储能应用技术方面，初步掌握了储能容量配置、储能电站能量管理、源网荷储协同控制等关键技术，核心技术指标也达到了国际先进水平。在储能技术标准方面，我国初步建立电力储能标准体系，先后发布国家标准 13 项、能源行业标准 35 项、各类团体标准 140 余项，主导并参与 IEC 和 IEEE 国际标准 6 项。在储能装备产业化方面，已初步建成包括储能电池、电池管理系统、功率转换系统、能量管理系统等在内的电化学储能装备产业链，电化学储能装备技术已处于国际领先水平。

为促进储能技术快速发展，国家能源局于 2020 年 12 月发布了首批科技创新（储能）试点示范项目，示范项目分别采用电化学储能、物理储能、储热等多种技术类型，并覆盖储能主要应用场景，示范效应明显。从项目运行效果来看，可再生能源发电侧项目实现了与风电、光伏发电联合运行，能够有效增加清洁能源，促进大规模可再生能源消纳。电网侧项目既能削峰填谷又能参与辅助服务，实现了多功能复合应用，提升了电力系统运行的安全稳定性。用户侧项目能有效调节用电负荷和增加分布式可再生能源应用，在为用户节约用电成本的同时，促进节能减碳。

在各项储能技术中，电化学储能技术已是全球范围内达成共识的主流的、成本下降最快、新增装机量最大的储能技术，其中锂电池继续向大容量高电压长寿命方向发展，各大行业龙头也持续发布新产品系列，如宁德时代利用全寿命周期阳极补锂技术开发完成满足 1.2 万次循环的储能专用磷酸铁锂电池，比亚迪推出刀片电池进一步提升单体电池的容量等。非锂电池的一些新型化学体系的电池技术也取得较大突破，如以中科海钠为代表的钠离子电池寿命取得较大进展，大连化物所研发出新一代低成本高功率密度的全钒液流电池。电化学储能技术的进步关键在于材料技术突破。随着储能新材料的不断创新发展，在储能元件延长使用寿命、提高能量密度、缩短充电时间和降低成本等方面有望取得重要突破。除电化学储能以外的多项技术亦取得重要进展。2020 年 6 月，中科院工程热物理研究所完成了国际首台百兆瓦先进压缩空气储能系统膨胀机的加工、集成与性能测试，各项测试结果全部合格，是我国压缩空气储能向大规模低成本应用突破的重要里程碑。以中科院工程热物理研究所和中科院电工所等为代表的科研院所在储热材料、飞轮储能技术等方面也取得了重大突破。

（二）储能成本逐年下降，梯次利用是重要的探讨方向

随着储能技术的进步，储能成本在过去 10 年间逐步下降，每年平均下降幅度达到 10%～15%。以锂电池储能系统为例，其循环寿命在不断突破，从最开始的 1500 次到 3400 次，再到现在平均水平的 6500 次，宁德甚至宣布了循环次数超过 12000 次的新品。动力电池产业链的快速发展带动电池生产规模快速扩张，制造工艺不断提升。同时，储能系统高度集成化发展，由 BMS（电池管理系统）、PCS（储能变流器）和施工成本构成的 BOS 成本持续快速下降。多因素作用下锂电池储能系统成本自 2012 年以来已经下降 75% 左右，这使度电成本得以同步下降。储能系统成本已经由最初的 7～8 元/Wh，降到目前的近 1.5 元/Wh。行业内普遍认同 1.5 元/Wh 的系统成本是储能经济性的拐点，特别是对于能量型的应用如峰谷套利、可再生能源配套等。根据《储能产业研究白皮书2021》，由于电池成本和 BOS 成本的不断下降，2020 年底中国储能行业终于突破了这一过去反复提及的系统成本关键拐点。2020 年新增投运电化学储能项目的规模呈现了爆发式增长，达到 1.56GW，首次突破千兆瓦大关。2021 年持续高速增长，新增投运电化学储能项目的规模达到 2.4GW，占全球 24% 的市场份额。2022 年 1 月，国家发展改革委和国家能源局联合印发的《"十四五"新型储能发展实施方案》提出，到 2025 年电化学储能技术性能进一步提升，系统成本将降低 30%以上。

此外，储能成本下降另一个值得探讨的方向是如何有效利用梯次锂电池。新能源汽车动力电池退役后，一般仍有 70%～80% 的剩余容量，可降级用于储能、备电等场景，实现余能最大化利用。梯次利用检测、拆解、重组利用等技术已经

较为成熟，工信部也已公布了约 30 家梯次电池利用的白名单厂商，并在《新能源汽车动力蓄电池梯次利用管理办法》第七条中，明确提出鼓励梯次利用企业研发生产适用于基站备电、储能、充换电等领域的梯次产品，鼓励采用租赁、规模化利用等便于梯次产品回收的商业模式。中国汽车工业协会发布数据显示，2015~2020 年我国全年动力电池装机量从 16GWh 增长至 63.6GWh，年复合增长率超过 50%。中国汽车技术研究中心数据显示，2020 年国内累计退役的动力电池超过 20 万吨（约 25GWh），并将在 2023 年迎来大规模退役的拐点[1][2]。若能有效利用梯次电池，储能系统的成本可大幅下降 20%~30%，进一步提升全生命周期的经济性。

在实际走访市场的过程中，清新资本发现梯次电池在两轮低速场景的应用已经较为成熟，但是在大规模储能中的应用仍面临一些技术门槛和壁垒，因而"敢于"大规模梯次利用的储能厂商市场上寥寥无几。这其中的门槛：一是要对梯次电池的剩余寿命和一致性检测有精准高效的检测手段；二是在梯次储能电站的运营过程中，对电池的健康度（State of Health，SoH）管理和充放策略有更高的要求，甚至最好能有 AI 热失控算法的"双重保险"来把控梯次储能的安全性。

二、多元资本加入，推动储能行业规模化发展

在"双碳"大背景下，储能技术的作用日益突出，促使储能行业规模化商用的市场条件不断成熟，储能技术屡有突破，成本不断下降，因此近阶段储能行业在资本市场中的热度不断提升，各类型的资本不断加码投入储能市场，促使储能行业借助资本的力量更加快速发展。

多元资方加大风光储投资，减轻民营储能企业和业主的资金周转压力：在"双碳"背景之下，国家的"五大四小"发电集团纷纷将项目资金投放到储能建设中，以求更快更早更好地完成储能规模投建指标。其出资模式也多种多样，包括但不限于央国企自投自建、民营储能企业拓点央国企出资、民营企业自投自建央国企收购等形式。而除了发电集团之外，地方的能源基金、物流地产基金等享有较低资金成本的资方主体，也开始尝试投资储能行业以寻求长期稳定的固定收

① 新能源汽车市场火热，动力电池亟待实现"绿色回收"［EB/OL］．［2022-09-21］．https：//www.dongchedi.com/article/7145704446251729423.
② 让动力电池"安全下岗"碳中和之路才能走得更远［EB/OL］．［2021-08-13］．http：//www.news.cn/auto/20210813/afaf7c9b5f5842a2b7fb44eea4912c82/c.html.

· 51 ·

益回报。

（一）一级、二级资本市场持续加大储能产业投资

在一级市场中，2020~2022 年，从国家到地方政府再到大型央企国企纷纷设立专注于双碳赛道投资的百亿级大型投资基金，代表型机构包括：国家绿色发展基金、长江绿色基金、光大绿色一带一路基金、宝武碳中和基金等；大型市场化投资机构代表如高瓴、红杉、IDG 等也都陆续成立了碳中和主题的投资基金；专注于清洁能源、节能环保、循环经济等的早期专业风投机构，清新资本、青域资本、绿动资本等各类型的股权投资机构都加大了对储能行业的投资力度。

在二级市场中，多家金融机构参与储能企业的定增及新股发行，典型的如高瓴资本以百亿规模参与宁德时代定增。多家储能厂商开启 IPO 并登陆国内资本市场，为扩大相关业务规模募集资金，典型的如派能科技、天能股份等都陆续登陆了科创板。

（二）传统厂商加大投资，新势力异军突起

以宁德时代、阳光电源、比亚迪、南都等为代表的传统储能技术及系统集成商继续加大储能领域的投资，同时国内储能市场新势力不断涌现，最为典型的是华为、远景以及明阳智慧能源。其中，华为以户用储能系统为切入点，未来将推出大规模储能系统产品。远景通过打造智慧城市开发楼宇储能业务进入储能领域。明阳通过打造风光储一体化项目，为大型清洁能源电站配置储能设施。另外，储能电池中的一些前沿技术也发展迅猛，如中科海钠、钠创等钠离子电池创新企业在资本市场中获得主流创投机构的追捧。

除传统厂商洞悉市场趋势、不断加码投资外，上海乐驾、采日能源、库博能源、玫克生等初创企业也瞄准储能领域发展风口及未来趋势，大力开发自身技术，于激烈的竞争中异军突起，并获得了市场认可和资本青睐。上海乐驾通过独有的 AI 算法和梯次电池检测技术，迅速在用户侧锂电储能系统领域占据一席之地。采日能源以自主研发的储能 3S 控制技术为基础，融合电力电子技术及能源互联技术为用户提供专业储能相关服务。库博能源凭借研发的 PowerCombo™ 分布式储能系统为客户提供能源协同解决方案，发展迅速，产品甚至打入海外市场。玫克生则通过独有的储能预防性诊断安全管理系统 Prognostic Safety System 为客户提供锂电池安全故障预警应用平台服务。

（三）储能企业与其他产业的深度融合

产业链上下游及跨行业投资频繁出现，宁德时代与国家电网综合能源服务公

司开展深度合作；比亚迪与金风科技、阿特斯、华润、正泰等"合纵连横"深度布局国内外储能市场。除此之外，一些电力企业通过投资电池银行业务间接开始了对储能产业的布局，一些传统的化石能源企业也开始投资布局储能相关的技术和应用公司来实现向可持续能源的转型。

在应用场景上也不断出现一些跨行业的合作模式，如灰氢通过氢能燃料电池发电搭配储能设施实现"清洁能源+储能"，高能耗场景中节能环保设备搭配储能设施实现"节能增效+储能"，以及储能集成商企业参与梯次电池回收、循环利用以及拆解，以闭环方式覆盖电池全生命周期应用等创新模式持续涌现。

在新冠肺炎疫情影响和"双碳"背景下，世界经济格局发生巨大变化。我们可以从两方面去分析这一变化。第一，全球性的全新的国际贸易保护体系正在形成。欧盟计划于2023年1月1日开始试行征收碳关税，2025年开始正式实施，欧盟碳关税的适用范围目前包括电力、钢铁、水泥、化肥和铝五个类目，基本对应中国八大管控高排放行业中的五个。中国的整体碳排放约占全球的1/3，是全球最高的。此外，中国的单位GDP能耗是全球的1.8倍左右，是欧美发达国家3倍多。随着碳关税体系的形成，中国产品的出口面临巨大压力。第二，在"双碳"战略目标下，中国需要发掘新的经济增长引擎，在碳中和的驱动下积极推动风能、光伏、氢能等绿色低碳能源替代化石能源，这本质上是在实现从资源型能源向制造型能源转型。在实现能源性质转型的同时，推动储能行业和循环经济发展，并将在2030年打造超10万亿元人民币以上的增量市场。储能行业是其中的重要组成部分，从投资规模和市场容量来看占比超过20%。因此，整个资本市场对储能的关注热度、投资力度正在快速提升，从而大力推动储能和清洁能源的配套发展。

三、资本市场持续加码储能产业投资

在2020年开始的二级市场中，与储能相关的企业受到投资者的高度关注与追捧，众多投资机构参与储能相关企业的定增及新股发行，同时储能厂商开始启动IPO，为扩大业务规模及投入技术研发等募集资金，开启了储能行业登陆资本市场的序幕。比较有代表性的二级市场事件如下：

2020年7月17日晚间，宁德时代新能源科技股份有限公司（简称"宁德时代"，300750）发布非公开发行股票发行情况报告书。该公司此次发行股份数量为1.22亿股，募集资金总额197亿元，其中高瓴资本管理有限公司（简称"高瓴资本")和本田技研工业（中国）投资有限公司（简称"本田"）领投，分别认购 100 亿元及 37 亿元股份。宁德时代此次定增共收到 38 家投资者回复的《申购报价单》及其附件，最终仅 9 家获配①。值得一提的是，本次认购额度位居第二的本田近日还与宁德时代就新能源汽车动力电池签署全方位战略合作协议。双方合作将覆盖动力电池的共同开发、稳定供给、回收利用等领域，宁德时代将成为本田新能源汽车的电池供应商，搭载其动力电池中国生产的新能源汽车车型预计于 2022 年开始首先向中国市场投放。

2020 年 12 月 30 日，上海派能能源科技股份有限公司（简称"派能科技"）登陆科创板。作为国内第一家主打海外家庭太阳能储能市场的上市公司，派能科技本次发行新股 3871.12 万股，募资 21.68 亿元。募集资金分别用于投资锂离子电池及系统生产基地项目、2GWh 锂电池高效储能生产项目和补充营运资金。在全球电化学储能加速增长的大背景下，摆在派能科技面前的首要问题是产能瓶颈。2019 年派能科技产能利用率已经接近 100%，此次 16.6 亿元用于扩张产能，将有效缓解产能紧张的问题。有了资本加持后，这家户用储能出货量排名全球第三的企业将在未来的储能大潮中开启新的征程。

2021 年 1 月 18 日，天能电池集团股份有限公司（简称"天能股份"）在科创板挂牌上市，此次天能股份 A 股的募集资金额约 48.7 亿元，将投入绿色智能制造技改项目、高能动力锂电池电芯及 PACK 项目、大容量高可靠性起动启停电池建设项目、国家级技术中心创新能力提升项目等。天能股份现已形成了"铅蓄电池+锂离子电池"双产品体系，应用领域涵盖动力、起动启停、储能、3C 及备用电池。在储能业务板块，天能股份已经形成了工业备用电池、电力储能电池和移动储能电池三个产品系列。

四、传统厂商持续加码、新势力异军突起

2020 年 8 月比亚迪在 SNEC 展会推出了面向全球的"伙伴计划"，向国内外企业抛出橄榄枝，拟与 EMS、PCS、设计院、电网等上下游企业一起合作，共同打造储能生态平台，同时首次发布电网级储能产品 BYD Cube，BYD Cube 从设计端更加模块化和标准化，温控系统首次采用液冷系统代替风冷，单侧开门无过道

---

① 宁德时代公布定增结果：高瓴资本百亿入股，本田认购 37 亿元 [EB/OL]．[2020-07-17]．ht-tps：//baijiahao. baidu. com/s? id=1672473243520254460&wfr=spider&for=pc.

设计，体积能量比大幅提升。业内人士称其为一款革命性的产品，认为比亚迪把动力电池的创新应用在了储能系统上。2021年比亚迪在后续的BYD Cube系列产品搭载刀片电池，等效40尺集装箱面积的电池容量可以超过6MWh，这意味着储能电站的占地面积缩小到现有的一半。储能电站的占地面积、施工成本、回收周期等都得以大幅下降。据悉，比亚迪的储能业务在集团层面将会被重新梳理，"比亚迪"品牌将来可能会专注于新能源汽车制造和储能系统集成，"弗迪"品牌将对外销售动力及储能电池。同时比亚迪计划分拆电池业务单独上市，与动力电池密切相关的储能业务亦被整合。

作为国内较早涉足储能领域的企业之一，阳光电源储能系统广泛应用在美、英、德等成熟电力市场，且不断强化风光储深度融合。在北美，阳光电源的工商业储能市场份额就超过了20%；在澳大利亚通过与分销商的深度合作，阳光电源户用光储系统市场占有率（简称"市占率"）超过24%。阳光电源继续加大储能项目研发投入，专注于研发储能电池系统项目，目前已达到批量发货水平。2020年阳光电源发布了1500V全场景储能系统解决方案，降本增效显著，成为当前平价上网压力下，新能源+储能实现规模化发展的关键支撑技术。储能系统业务作为阳光电源重要主营业务之一，已实现连续五年增长。

2021年6月7日，华为数字能源技术有限公司正式成立。2021年10月18日，华为官宣签约了迄今为止全球最大的储能项目——沙特红海新城储能项目，规模达1300MWh。提起光伏逆变器龙头，市场上大部分投资者想到的可能是阳光电源，实际上华为已悄然成为这一细分领域的巨头，并且布局时间可以追溯至2013年。华为布局储能行业还有另一层考量：储能电池需要通过储能逆变器实现并网，而电化学储能的快速发展正在推动对储能逆变器的需求。华为在光伏逆变器上的优势，如技术、渠道、客户资源等则可以转嫁到储能逆变器上。储能逆变器可以成为继光伏逆变器后，华为在新能源赛道上的第二成长曲线。

2021年7月，宁德时代发布了第一代钠离子电池，整个行业对钠离子电池技术的关注度急速升温。据宁德时代称，其钠离子电芯单体能量密度达160Wh/kg，常温下15分钟可充满80%的电量，零下20℃的低温环境，可实现90%以上的放电保持率。2022年2月，宁德时代在投资者互动平台表示，目前已启动钠离子电池产业化布局，2023年将形成基本产业链。

2022年4月，华为哈勃投资钠离子电池研发商中科海钠，持股比例约为13.33%，据悉，现中科海钠估值已超过50亿元。钠离子电池与锂离子电池工作原理相同、工艺类似，目前已经实现产线快速切换，从而实现钠离子电池产能的快速布局。钠离子电池原材料是钠盐，性状稳定，因此安全性较高。相比于锂资源，钠资源更加丰富，原材料储量充足。相比之下，钠离子电池成本更低、倍率性能更好、电池寿命更长和安全性能更高，未来发展前景广阔，尤其是在储能领域。产业化后钠离子电池原材料成本仅为 0.29 元/Wh，相比磷酸铁锂 0.43 元/Wh 的价格具有明显优势，预计实际原材料成本将相对磷酸铁锂电池降低 30%～40%。在储能电池中，钠离子电池能量密度是铅酸电池的 4 倍左右，在铅酸电池应用的领域有望将其逐步取代。在低速车以及储能领域替代铅酸电池，进而带动钠离子电池市场空间增长。从 2021 年开始，钠离子电池产业备受关注。据了解，目前包括欣旺达、鹏辉能源、钠创新能源等众多电池企业纷纷布局钠离子电池，容百科技、格林美等材料企业也开展钠离子电池正极材料的研发和产业化探索。

于 2015 年 9 月成立的上海乐驾作为储能领域新势力，专注于最具经济价值的用户侧储能系统，其自主研发的 AI 算法可提前一周准确预测电池热失控，是国内唯一有准确预测实例的 AI 电池安全算法。此外，经工信部旗下中汽中心数据资源中心回收利用部专家认证，乐驾还是市场上唯一一个具备商业化梯次检测能力的第三方厂商。独有的 AI 算法和梯次电池检测技术助推乐驾从众多传统企业的竞争包围中撕开了裂口。从 2020 年 4 月正式进行储能销售至今，乐驾完成了安博上海物流园区 500kW/2MWh 光储一体微电网解决方案、成都 IDC 300kW/800kWh 应急备电系统机房、马耳他"零碳岛" 1MW/2MWh 储能系统等多个海内外项目，工商业储能平均内部收益率达到 8%～12%，形成了技术研发中心、生产工厂和制造基地的布局。凭借出色的技术实力，乐驾获得了国家电力投资、中国长江三峡、国网综合能源服务、新加坡能源等大型能源集团的项目资金支持，与国电投上海电力签署《关于源网荷储综合智慧能源合作框架协议》，约定成立合资公司，发展长三角地区工商业储能和智慧园区开发业务，并在 2022 年 3 月获得清新资本的千万投资。随着市场趋势的变化，未来乐驾将从智能化向网络化、平台化发展，同时探索和衍生全国性梯次电池检测平台、微型储能变流器、电池拆解机器人作为公司第二增长引擎，预计到 2025 年，其营业收入将达到 12 亿元。

五、储能产业正与其他产业深度融合

2020 年 4 月 3 日，国网综合能源服务集团（简称"国网综能"）与宁德时代等四家企业共同出资的国网时代（福建）储能发展有限公司正式成立。2021年6月7日，国网时代福建吉瓦级宁德霞浦储能项目在霞浦县长春镇渔洋里村正式开工。该项目是由国网综能与宁德时代强强联手、共同投资的能源类基础设施重大项目，总规模为400MWh，主要建设储能楼、配电楼、储能系统及相应送出工程。据悉，该项目是迄今为止国内单体规模最大的电网侧独立站房式电化学储能电站，项目的落地标志着宁德时代在开辟电网侧百兆瓦时级锂电储能运用推广上迈出了更加坚实的一步。

2020年7月，新疆金风科技股份有限公司（简称"金风科技"）与比亚迪股份有限公司（简称"比亚迪"）在深圳市比亚迪研发中心举行战略合作签约仪式，旨在通过双方在储能应用领域的深度跨界合作，共同为电源侧储能场景打造最优的解决方案和产品服务，为可再生能源在能源转型中扮演更重要的角色提供技术支撑。金风科技在风电装备制造行业以及可再生能源项目上积累了多年经验，优势显著，同时也在分布式能源、储能技术等新能源应用系统解决方案上进行了积极的探索和实践。比亚迪在锂电池的研发和生产制造领域拥有强大的创新能力，在海内外的储能系统集成领域拥有长达12年的深厚技术积累。可再生能源行业未来市场前景广阔，储能技术是可再生能源产业的核心技术之一，加快储能行业的发展也已被提升至战略高度。通过双方的合作，因地制宜地打造多样化的储能示范项目，打造可再生能源的储能新格局。

2021年9月，比亚迪入股阿特斯阳光电力集团（简称"阿特斯"）。阿特斯是全球较大的和拥有电站项目储备较多的公共事业规模太阳能电站项目开发商之一，在六大洲拥有良好可追溯的公共事业级太阳能电站开发业绩，累计开发、融资、建设、运营、并网的太阳能电站总量超过5.6GW，处于项目开发后期的太阳能+储备项目总量超过15.1GW。随着电池储能系统成本的不断下降、容量需求的上升和燃煤发电厂的退役，太阳能+储能项目将迎来重大发展机遇。阿特斯计划进一步扩大在太阳能+储能市场领域的业务部署。比亚迪太阳能是比亚迪集团在新能源领域的重要布局，与储能电站、电动汽车共同构建了比亚迪的产业链布局。

2021年6月，山西汾飞发展集团有限公司与福建的宁德时代考察山西焦煤集团，了解矿井目前整个输配电系统情况，拟在山西省内开展煤矿储能等业务合作，共同打造智能矿山。据悉，宁德时代计划把储能市场拓展延伸到传统化石能源板块，比如煤炭领域，与煤炭企业携手共同打造煤矿储能场景，构建智能矿山，在减少电网峰值负担的同时，帮助传统能源企业降本增效。

据《中国氢能源及燃料电池产业白皮书》预测，到 2050 年，氢能在中国能源体系中的占比约为 10%，可再生能源电解水制氢将成为有效供氢主体，但目前电解水制取的绿氢仅占氢气总产能的 4%。虽然我国是世界第一制氢大国，截至 2020 年氢能产量已突破 2500 万吨，但目前氢能源主要是通过化石能源得到的灰氢，灰氢在制氢产量中占比为 81%，其中煤制氢约占 62%，天然气重整制氢约占 19%。另外，氢燃料电池的发展也在增速，中国已累计推广氢燃料电池商用车接近万辆，悄然间已经成为世界上运行氢燃料电池商用车最多的国家了。在 2022 年北京冬奥会上，张家口核心赛区的冬奥保障车辆全部采用氢燃料电池客车，涉及大巴车、中巴车和小轿车等多个车型，总量达到 2000 辆。除了在交通领域的应用，氢燃料电池也逐渐开始应用于工业副产氢发电中。以往煤化工、石油石化等企业在生产过程中产生的工业副产氢大部分被用作燃料或放空处理，基本上都没有被有效利用。实际上这部分工业副产氢对于氢燃料电池产业发展具有很大的回收利用价值，工业副产氢经过提纯作为氢燃料电池的燃料进行发电已经开始得到商业化应用。与其他方法相比，工业副产氢纯化制取高纯氢气，几乎无须额外资本及化石原料的投入，既节约成本，又能实现对工业废气的处理和回收利用。从 2021 年下半年开始，部分区域的煤化工及石油石化企业已经开始采购氢燃料电池进行工业副产氢发电业务，通常此类场景也会同时配置储能装置，形成"氢电+储能"的应用，为可再生能源的储能场景开拓新的赛道。

第三章　储能产业的问题、挑战与投资机遇

第一节　储能面临的问题和挑战

如今的储能市场处在万亿赛道的爆发前夜，嗅觉敏锐的各类玩家纷纷涌入市场，推动着产业的成熟和发展。我们无法忽视的是，行业中依旧有诸多难题困扰着新入局的玩家们，而玩家水平的参差不齐、鱼龙混杂也给发展中的行业带来了一波又一波的冲击。唯有能切实解决产业问题，在技术和供应链上建立双重壁垒的储能企业，才能在万亿赛道的马拉松长跑之中成为最后的赢家。据此，我们一起来梳理一下目前行业中面临的困扰和解决路径。

一、安全问题

（一）储能所带来的安全问题至今仍未有效解决

近年来，国内外储能系统事故频发。据《国内外储能电站火灾或爆炸事故统计与分析》的不完全统计，2011～2021年，全球共发生32起储能电站起火爆炸的事故。这32起储能电站起火爆炸事故有两大重要特征：

（1）26起事故采用的是三元锂离子电池。如果按照电池种类划分全球储能事故，三元锂电占比为81.3%，分别仅有两起使用磷酸铁锂电池和锂电池，占比均为6.3%（见图3-1）。

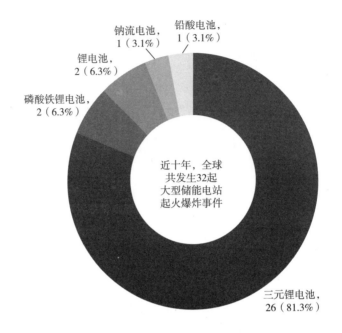

图 3-1 2011~2021 年全球储能事故统计（按电池种类划分）

资料来源：清新资本。

三元锂电池能量密度更大、耐高温性能更弱，相较于磷酸铁锂电池更容易发生爆炸和自燃。由于三元锂电池的能量密度大，内部的锂离子更为活跃，因此三元锂材料在遇到热量后的化学反应更加剧烈，在高温作用下电解液迅速燃烧。而磷酸铁锂电池的材料耐热温度在 500~800℃，不会像三元锂材料一样释放氧分子，燃烧没那么剧烈，因而耐高温性能更强（见表 3-1）。

表 3-1 三元锂材料较磷酸铁锂材料安全性能更差

主要性能	三元锂材料		磷酸铁锂（LFP）
	镍钴锰（NCM）	镍钴铝（NCA）	
材料结构	层状氧化物		橄榄石
能量密度	170~200（Wh/kg）		130~150（Wh/kg）
压实密度（g/cm³）	3.7~3.9		2.1~2.5
比表面积（m²/g）	0.3~0.6	0.3~0.8	8~15
常温循环性能	≥800	≥500	≥2000
成本	高	较高	低

续表

主要性能	三元锂材料		磷酸铁锂（LFP）
	镍钴锰（NCM）	镍钴铝（NCA）	
自燃温度	200℃		500℃
热稳定性	较好	较差	优秀
优点	能量密度高，成本相对较低		循环性好
缺点	高温易胀气，安全性较差		能量密度低

资料来源：清新资本。

（2）二是自 2017 年以后的储能项目占 30 起。这说明电化学储能迅速发展，但是安全事故却频频发生，需要引起重视。

其中有两起爆炸事故造成伤亡：

2019 年 4 月，美国亚利桑那州的公共服务公用事业公司（APS）发生大规模电池储能项目（三元锂电池）爆炸，造成 8 名消防队员受伤。美国爱依斯电力（AES）[①] 采购 APS 储能系统（BESS），采用了 LG Chem 专有的 NMC（三元）电芯（见图 3-2），Fluence 是项目的系统集成商以及工程承包商。然而，在 BESS 投入使用 25 个月后，被报告发生了疑似火灾，几个小时后 BESS 内部发生了一次爆炸（见表 3-2），基本上摧毁了 BESS 及其箱体。

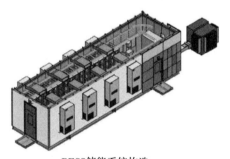
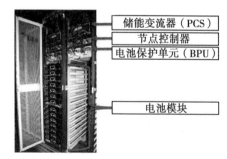

BESS储能系统构造　　　　　　储能系统内的机架，包括LG化学电池单元、模块、逆变器、控制器和电池保护单元

储能变流器（PCS）
节点控制器
电池保护单元（BPU）
电池模块

图 3-2　BESS 储能系统构造（搭载 LG 三元电池及模块）

资料来源：APS 官方出具的事故调查报告 "McMicken Battey Energy Storage System Event Technical Analysis and Recommendations"。

---

① 爱依斯电力（AES Corporation）是美国较大的电力供应商之一。

表 3-2　APS 储能系统（BESS）爆炸事件时间线

主要时间点	事故经过
16：54	15 号电池簇，2 号模组的 7 号电池电压从 4.06V 下降至 3.82V
16：54	15 号电池簇的总电压从 799.9V 下降至 796.1V，BMS 丢失模组层级数据
16：54	15 号电池簇后部的温度数据开始升高
16：55	储能电池系统 1、2 号烟雾报警器启动，消防系统触发多个断路器断开（BMS 直流断路器、逆变器交流接触器、主交流断路器）
16：55	系统检测到接地故障
16：55	灭火系统释放出 Novec1230 灭火剂（根据设计，灭火剂会在警报启动 30 秒后喷出）
16：57	APS 联系 Fluence 能源公司①核实灭火剂喷出情况
17：07	Fluence 告知 APS，其现场服务工程师正在赶往事故地点，以目测确认发生火灾的可能性
17：12	APS 调派一名检修人员到事故现场
17：40	Fluence 的现场服务工程师拨打 911 火警电话
17：44	APS 拨打火警电话、结束数据收集，中止远程通信（关闭主服务器和通信设备的备用电源）
17：48	消防部门到达现场
20：02	急救人员打开箱体前门

注：上述时间所属时区是亚利桑那州的时区时间（UTC-7）。

资料来源：APS 官方出具的事故调查报告 "McMicken Battey Energy Storage System Event Technical Analysis and Recommendations"；清新资本。

2021 年 4 月 16 日，北京国轩福威斯光储充技术有限公司储能电站（磷酸铁锂电池）发生起火爆炸事故（简称"4·16"事件），造成 1 名值班电工遇难、2 名消防员牺牲、1 名消防员受伤，火灾直接财产损失 1660.81 万元。这个储能电站属于公司的光储充一体化项目（见表 3-3）。

表 3-3　"4·16"事件时间线

主要时间点	事故经过
4 月 16 日 11：50	四川华伦电力工程有限公司谢某某等 5 人到南楼查看控制室装修施工进度时，发现南楼西电池间南侧电池柜起火冒烟，随即使用现场灭火器处置，谢某某电话通知福威斯油气公司负责人刘某
12：13	刘某带领陈某某等人赶到现场并从南楼、北楼拿取灭火器参与灭火，因明火被扑灭后不断复燃，刘某指派陈某某到北楼储能室切断交流侧与储能系统的连接并停用光伏系统

---

① Fluence Energy（FLNC）是全球领先的储能技术和服务提供商，是 AES 及德国西门子的合资公司。

续表

主要时间点	事故经过
12：17	刘某拨打电话报警
12：20	刘某进入北楼告知集美家居公司值班电工罗某某断开6千伏配电柜与储能设备之间的开关
13：40	集美家居公司电工刘某某到达北楼值班室，与罗某某到6千伏配电室确认配电柜与储能设备之间的开关已断开期间，大量烟雾从南楼内冒出，并不时伴有爆燃
13：45	刘某某到院内查看，发现刘某与消防员在向室外地下电缆沟内注水，随即进入北楼6千伏配电室查看，发现电缆管沟内充满白烟，未见积水，闻到刺激性气味
14：13	北楼发生爆炸，造成1名值班电工遇难、2名消防员牺牲、1名消防员受伤
主要时间点	**应急救援经过**
4月16日12：24	消防救援人员到达现场，发现南楼西电池间电池着火，并不时伴有爆炸声，东电池间未发现明火，现场无被困人员，随即开展灭火救援，并在外围部署水枪阵地防止火势蔓延
23：40	明火彻底扑灭，并持续对现场冷却40小时
4月18日16：21	现场清理完毕

注：上述时间所属时区是北京时间（UTC+8）。

资料来源：北京市应急管理局出具的事故调查报告《丰台区"4·16"较大火灾事故调查报告》；清新资本。

燃烧时间最久的事故是：

2021年8月，特斯拉位于澳大利亚450MWh的"维多利亚大电池"（VBB）储能项目在测试阶段发生火灾，燃烧了四天才熄灭。这个储能项目采用了特斯拉大型蓄电系统Megapack（锂电池系统），由法国可再生能源公司Neoen运营，是全球较大电池储能项目之一（见表3-4）。

表3-4　特斯拉VBB储能项目起火事件时间线

主要时间点	事故经过
7月30日7：20	当天不需要进行测试的一个Megapack（MP-1）被关闭；工作人员开始调试和测试多个Megapacks
10：00~10：15	MP-1开始冒烟；现场人员对所有的Megapacks进行电气隔离，并致电紧急服务部门
10：30~10：36	国家消防局（CFA）到达，并在MP-1周围设置了25米（82英尺）的障碍物；MP-1开始冒出火势
11：57	MP-1火势蔓延至其后面15厘米处的Megapack（MP-2）
12：24	MP-1火势平息，MP-2火势蔓延

续表

主要时间点	事故经过
16：00	MP-2 火势平息，灭火工作结束，设立火警
7月31日	CFA 使用热像仪和无人机对现场进行监控，没有次生火灾发生
8月1日	CFA 使用热像仪和无人机对现场进行监控，没有次生火灾发生
8月2日15：03	MP-1 和 MP-2 的门被移除，其内部温度经测量接近环境温度，CFA 结束对现场的监控

注：上述时间所属时区是 AEST 澳大利亚东部标准时间（UTC+10）。

资料来源：Fisher Engineering, Inc. 出具的事故调查报告 "Report of Technical Findings：Victorian Big Battery Fire"；清新资本。

从以上三则事故来看，我们不难得出以下三个结论：

（1）储能的安全问题至今仍未有效解决，其严重的后果制约着储能的规模化应用与发展。

（2）锂电池尽管容易发生热失控和起火事件，但在管控有效的情况下不至于发生爆炸。

（3）磷酸铁锂相比三元锂电池能大幅降低燃爆风险，但锂电的化学性质注定了电池的热失控及燃烧是不可避免的概率性事件。

因此，不少业主和投资方对储能一直持保留态度，或者寄希望于使用宁德、比亚迪等一线厂商电芯，就能与安全事故完全隔绝，但其实对待储能的安全问题，既不需要过度焦虑，也不应当过分乐观地认为电芯"一好百好"。

（二）安全事故根因：专业储能集成技术的匮乏和运营管控不当

首先我们应当厘清：导致储能系统发生燃爆的核心原因是什么？把控安全问题的核心环节有哪些？有效的措施和手段是否能有效地遏制住风险？

"以锂电为主的电化学储能，在化学性质上就不可能将锂电的'热失控'或起火的情形完全消除，而'热失控'可由锂离子电池本身或者外部原因触发。一旦锂电池使用过程中存在不稳定因素，比如电池过充、环境高温、外部碰撞、导线短路等，就可能诱发电池内部的热化学反应，导致'热失控'发生，继而引发相邻电芯的热蔓延，形成储能系统的'热失控'。"中国化学与物理电源行业协会储能应用分会产业政策研究中心副主任江卫良如是说。

储能电站安全事故发生原因分析如图 3-3 所示。

根据官方调查报告，三起事故发生的原因分析如表 3-5 所示。

图3-3　储能电站安全事故发生原因分析

资料来源：清新资本。

表3-5　三起重大事故发生原因分析

事故	事故原因分析	
	直接原因	人为原因
APS储能系统（BESS）爆炸事件	电池内部故障引发热失控；灭火系统无法阻止热失控；电芯单元之间缺乏足够的隔热层保护导致级联热失控	缺乏通风装置，导致易燃气体积聚；应急响应计划中没有包含灭火、通风和进入程序
"4·16"事件	南楼起火：磷酸铁锂电池发生内短路故障，引发电池热失控起火；北楼爆炸：磷酸铁锂电池发生内短路故障，引发电池及电池模组热失控扩散起火，事故产生的易燃易爆组分进入北楼储能室，与空气混合形成爆炸性气体，遇电气火花发生爆炸	安全主体责任不落实：在事发区域多次发生电池组漏液、发热冒烟等问题但未完全排除安全隐患的情况下继续运行；事发南北楼之间室外地下电缆沟两端未进行有效分隔、封堵，未按照场所实际风险制定事故应急处置预案。有关单位安全监督工作不够：对新能源项目在确保安全前提下高质量发展的问题研究不深；开展安全隐患排查不全面、不彻底

续表

事故	事故原因分析	
	直接原因	人为原因
特斯拉 VBB 储能项目事件	锂离子电池冷却液泄漏，导致 Megapack 电气组件短路，引发电池仓起火	冷却液泄漏未被及时发现

资料来源：三起事故的官方调查报告；清新资本。

虽然我们看到"4·16"事件的直接事故原因是"磷酸铁锂电池发生内短路故障，引发电池热失控起火"，但锂电池内部短路未必是电芯本身质量问题，也可能是外部的充放电操作不当、环境温度控制不当等因素引发，而要让锂电池从热失控上升到爆炸事故层面"冰冻三尺非一日之寒"，即便是三元电池，从冒烟到起火也有至少 1 小时的时间。

因此事故发生最根本的原因还是：

（1）储能集成商对储能设备的消防预警和应急机制不当，以至于"事发区域多次发生电池组漏液、发热冒烟等问题"，并且不对问题进行监督、排查和解决，使系统继续长期运行。

（2）在安装施工过程中缺乏电气安全管控常识，"事发南北楼之间室外地下电缆沟两端未进行有效分隔、封堵，未按照场所实际风险制定事故应急处置预案。"

这也是为什么"4·16"事件最后的责任认定结果与电芯厂商无关，而是"负责项目投资建设以及光伏、储能、充电设施等设备采购及安装的业主单位——福威斯油气公司法定代表人、后勤主管、运营与维护岗员工，对事故发生负有直接责任，涉嫌重大责任事故罪，已经被丰台区人民检察院批准逮捕"。福威斯油气公司也因为未发现并消除火灾隐患，依据有关规定被依法给予行政处罚。

所以，当我们看待储能安全问题的时候，不应该把问题和责任一味地推给电池，而应当全盘考虑储能系统集成与运营的专业性与安全性——毕竟，论对锂电池的品控和管理，全世界恐怕没有能超越特斯拉的，但是特斯拉依旧创造了储能系统最久的燃烧纪录，而这起燃烧事故的真正原因同样是系统层面的"冷却液泄漏造成的"。

（三）安全问题的解决途径：专业的储能系统集成和储能系统运营

如果客观地看待储能安全问题，就会发现储能系统的设计、生产、测试、安装、运营的全链路把控，才是储能安全问题的核心环节，而这一系列的核心环节，又与储能系统集成商的专业"Know How"和长期实战经验息息相关，即厂商的壁垒和门槛。

其实，参看海外储能市场的发展历程，便会发现缺乏独立的第三方系统集成商，是中国市场与海外市场的最大不同。好的系统集成不是简单地把PCS、电池、集装箱等部件拿过来拼凑在一起，而是要在对各部件性能充分了解的基础上，最大化地释放电池的潜能，涉及电池管理系统（BMS）、PCS、能源管理系统（EMS）、安全消防等一系列问题。这需要的是一种系统性的架构思维和软件算法运营策略。

这也是为什么尽管上市的光伏、锂电电芯和PCS企业从供应链或渠道上看，具备在光储赛道上竞争的绝对优势，但从入局的实战情况来看，要么审慎入局，要么项目节奏谨慎又谨慎——毕竟，没有做过3~5年的储能系统的生产、运行和管理，这些以电化学或者电力电子器件见长的厂商，很难在通信控制、软件算法、工业设计、消防安全等方面有专注的优势，倒不如趁着储能之风，稳赚一波供应链的钱，也省去了在长达10年以上的运营过程中忧心末端"热失控"的烦恼。

1. 解决途径全览：从硬件和软件端把控储能系统集成和运营环节

当我们知道了储能的安全问题实则在储能集成商这端有解之后，便不得不去思考：具体是哪些模块的提升、改善与管控，可以有效地预防甚至避免安全问题的发生？我们认为，可以从系统集成过程（储能系统硬件端）和系统运营过程（储能系统软件端）两个方面去避免安全问题（见图3-4）。

2. 解决途径一：系统集成过程

在储能系统的硬件端：从电池成组时的一致性，到环境监测系统中的各种传感器和监测设备，再到事故发生后储能系统的"本体安全"与创新消防手段，均能有效提升储能系统的安全系数。

（1）电池的一致性。①在系统集成阶段，单体电池组成电池组后，其电压、荷电量、容量及其衰退率、内阻及其变化率、寿命、温度影响、自放电率等参数存在一定的差别。在生产过程中，电池组的一致性主要由Module和Pack生产商控制，与电芯本身的关系相对弱一些。②在后期系统运营过程中，电池健康度和储能充放策略也会对一致性产生影响。

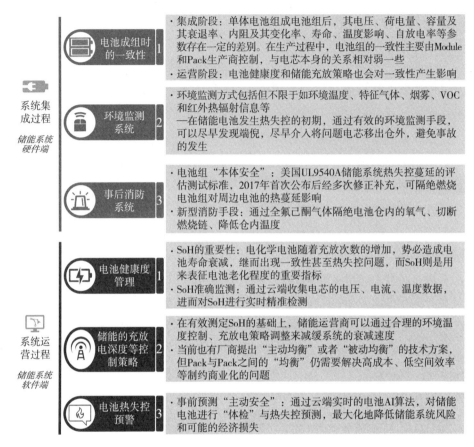

图 3-4　储能安全问题的解决途径：从硬件和软件端把控储能系统集成和运营环节

资料来源：清新资本。

（2）环境监测系统。在储能电池发生热失控的初期，通过有效的环境监测手段，可以尽早发现端倪，尽早介入将问题电芯移出仓外，避免事故的发生。环境监测方式包括但不限于如环境温度、特征气体、烟雾、VOC 和红外热辐射信息等。

（3）事后消防系统。①电池组"本体安全"：热失控一旦发生，就不得不提到一项美国 UL9540A 储能系统热失控蔓延的评估测试标准，2017 年首次公布后经多次修正补充，被业界称之为储能系统"本体安全"的认证牌照，通过认证的储能系统通俗意义讲就是"扛造"，可以隔绝燃烧电池组对周边电池的热蔓延影响。②新型消防手段：通过全氟己酮气体隔绝电池仓内的氧气、切断燃烧链、降低仓内温度。

我们在这里详细讲解一下系统集成过程中的事后消防系统：

（1）UL9540A。

基本概念：首先，UL9540是全球第一部储能系统安全标准，由UL公司①提出，是用以评估电池储能系统大规模热失控火灾蔓延情况的测试方法，目前已经获得全球的广泛认可，在2015年被授权为美国的国家标准，在2016年被授权为加拿大的国家标准，目前是双国国家标准。而其中，UL9540A是电池储能系统热失控扩散评估测试标准，用来记录和分析储能系统产品（ESS）起火特性，可以评估消防措施是否有效。

锂电池的燃烧具有以下特性：①燃烧剧烈、热蔓延迅速；②毒性强、烟尘大、危险性大；③易复燃、扑救难度大。但是，UL9540A就要求即使电池发生了热失控，以上问题还能"可控"。目前，国内已有宁德、亿纬锂能、阳光电源、南都电源、派能等厂商通过了该认证。

测试方法：UL9540A的测试主要从电芯、模块、机柜、安装这四个层级对储能系统热失控蔓延的情况进行评估（见表3-6和图3-5）。

表3-6　UL9540A测试层级结构

测试层级	测试目的	测试步骤	可获取参数
电芯	测试电芯是否存在热失控	触发电芯热失控；对热失控的气体进行收集和分析	电芯泄气温度、电芯热失控、电芯释放的气体成分、气体总量、可燃浓度、气体燃烧速度、气体最大压力等
模块	测试热失控在模块内部扩散的倾向	把模块放在集气罩下；采用电芯层级的热失控方法触发一个或几个电芯热失控；观察热失控在模块内蔓延的情况	模块热释放率、烟雾释放率、释放总量、燃烧的危险性、电芯泄气气体成分的总量、模块是否起火、是否有爆燃风险等
机柜	测试热失控是否在整个机柜内蔓延，并可能蔓延到其他相邻机柜的情况	根据制造商给出的安装说明书来布置测试机柜；让机柜中某个模组里面一个或多个电芯热失控；观察电芯热失控蔓延的情况，有没有可能蔓延到隔壁机柜，并监测机柜温度、墙体温度、墙体热流及机柜热流	初始机柜模块之间热失控蔓延情况、热释放率、总的烟雾释放率、总的气体成分和体积、墙体温度和热流、起火/爆燃风险、是否可能复燃等

① UL是一家全球性的独立从事安全科学事业的公司。

测试层级	测试目的	测试步骤	可获取参数
安装	测试消防系统的有效性	如果机柜层面有观察到外部火焰，需要在安装层级结合消防设备来做测试，否则就不需要做此测试； 在这个测试里面，其他测试布置都和机柜层级一样，但会结合天花板上的自动喷淋系统让其工作，或者如果制造商提供防火方案，可以将其配置起来测试	可获取机柜层级的所有测试数据、可评估到消防系统是否可以有效地工作；一旦起火后，消防系统是不是可以把这个火扑灭等

资料来源：公开资料整理；清新资本。

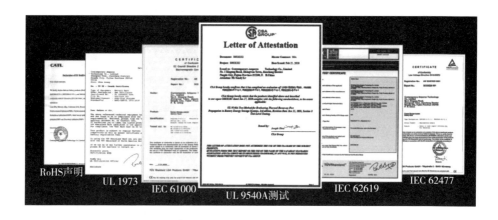

图 3-5　示例：宁德时代磷酸铁锂储能产品水冷电柜（1P52S 系列）获取 UL9540A 认证

资料来源：清新资本。

（2）消防手段。

除此之外，在消防手段上做常规稀释隔绝氧气或切断燃烧链之上的创新，也能提升消防安全等级。例如，全氟己酮灭火系统，其中的全氟己酮作为一种惰性气体，既能隔绝氧气、切断燃烧链，还能在不破坏电子设备的情况下瞬间降温，带走热失控电芯中源源不断散发的热量。

1）主要特点：全氟己酮是一种高效洁净的气体灭火剂，具有灭火浓度低、灭火效率高、安全系数高、不导电、无残留等特点，适用于不宜用其他灭火剂扑救和灭火后不能有大的二次污染的火灾场所，如数据中心。

2）国内外普及情况：全氟己酮灭火剂在国外的应用有近20年历史；近年来，随着中国企业科技水平提升，国内已有多家氟化工企业独立开发出全氟己酮灭火剂产品。目前，标准制定的工作也有了部分进展，2021 年 5 月，国家标准计划《全氟己酮灭火剂（征求意见稿）》（简称《意见稿》）已公开征求意见，《意见稿》规定了全氟己酮灭火剂的技术要求、试验方法、检验规则、产品的标志，充装、储运和安全警示。

3）未来使用趋势：随着国际对传统哈龙、七氟丙烷[①]、三氟甲烷等气体灭火剂越来越严格的限制使用，环保性能良好的全氟己酮灭火剂将得到越来越广泛的使用（见表3-7）。

表 3-7　全氟己酮灭火剂与七氟丙烷对比

灭火浓度和安全性		
项目	七氟丙烷	全氟己酮
无毒性反应浓度（NOAEL）（%）	9	10
参考灭火涉及浓度（%）	8~10	4~6
安全余量[①]（%）	3~20	67~150
单位质量所需的最小安全体积[②]（20℃下 1atm）（m^3）	1.526	0.719
环保性		
臭氧层的耗损潜能值（ODP）	0	0
温室效应潜能值（GWP）	3500	1
大气中存留寿命（ALT）	31 年	5 天

注：①安全余量=（无毒性反应浓度-参考灭火设计浓度）/参考灭火设计浓度；②单位质量所需的最小安全体积：1kg 灭火剂在不超过无毒性反应浓度时的最小体积。
资料来源：公开资料；清新资本。

3. 解决途径二：系统运营过程

在储能系统的软件端，需要基于对电池健康度 SoH 的实时感知，来调整储能的充放电深度等控制策略；更优秀的厂商还应当在此之上，具备 AI 热失控的预测算法能力，将风险扼杀在摇篮中。

（1）电池的 SoH 管理。

1）SoH 的重要性：电化学电池随着充放次数的增加，势必造成电池寿命衰减，继而出现一致性甚至热失控问题，而 SoH 则是用来表征电池老化程度的重要

---

① 七氟丙烷等传统氢氟烃灭火剂由于具有明显的温室效应，被《蒙特利尔议定书》基加利修正案列入限控清单。

指标。

2）SoH精准监控：电池的衰减，与耦合的诸多因素相关（见图3-6），目前普遍的方案是通过电压、电流、温度参数，基于SoC-OCV曲线特征来估算SoH。这类计算的成熟度较高，但在细节处理上厂商之间仍有差异，如数据采集、通信传输、OCV曲线精度等，是否遵循数据的保真性、准确性和实时性等。

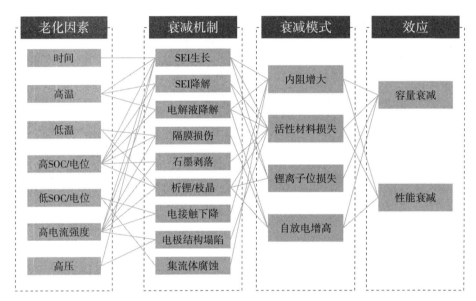

图3-6 锂电池衰减机理及衰减模式

资料来源：东方电气集团科学技术研究有限公司《锂电池衰减机制与健康状态评估方法概述》；清新资本。

（2）储能充放电策略。

在有效测定SoH的基础上，储能运营商可以通过合理的环境温度控制、充放电策略调整来减缓系统的衰减速度。

另外，也有厂商提出"主动均衡"或者"被动均衡"的技术方案，但目前Pack与Pack之间的"均衡"仍需要解决高成本、低空间效率等制约商业化的问题。

（3）电池热失控预警。

1）UL9540A。

2）AI预测：如果说通过了UL9540A的储能系统是"扛造"，那么能准确做出"热失控预警"的储能系统则是通过云端的实时"体检"来防患于未然,将热失控的火种掐灭在了摇篮里,最大化地降低了储能系统风险和可能的经济损失。

由于电化学发生热失控的机理极其复杂(见图3-6),电池的外部环境、接线问题、充放方式、电池内部材料等均有可能导致热失控的发生。因此,当其发生机理无法通过简单的物理描述做出预测的时候,以大数据和 AI 为抓手的电池热失控预测模型成为最有效的预测工具。

4. 系统运营过程:AI 热失控预测

清新资本通过与行业专家和头部企业的交流,总结出了 AI 热失控预测模型的几个关键成功要素。

AI 热失控预测模型需要高质量的数据、人才和长期迭代。

(1)海量、有效、优质、可靠的数据源。此处对数据源加了 4 个定语,就是因为 AI 模型的训练集样本,几乎决定了算法本身的预测准确度天花板。

1)海量的数据,意味着覆盖各种形态、各种厂商、生产批次的上百万颗电芯的数据,毕竟一个兆瓦级的储能站上就有上万颗电芯,还要有效对市面上各类电池做泛化。

2)有效的数据,意味着至少是模组级别,甚至电芯级别,在真实工况下连续 3 年以上循环充放电,否则过短或不连续的数据集很难对储能系统做全生命周期的状态预测。

3)优质意味着数据集中应当包含已知发生了热失控的电芯在事故前后的所有数据采样,否则对热失控数据样本的标注就不真实。

4)市面上大部分的数据都是通过 BMS 或者传感器获取的,那么如果探测到的数据因为传感器品质、数量、采样位置等,有失真情况存在,那么数据集本身的可靠性也就打了折扣。

(2)精耕 AI 算法并多年专注于电化学领域的团队。清新资本曾亲历 AI "四小龙"的成长历程,因此理解在神经网络算法开源、团队科班名师出身的情况下,如何对数据做变换处理,进而观察出数据特征中的"Pattern",随后不断迭代更新训练集数据样本、对算法参数做调优、简化模型降低算力成本等,都需要以月为单位,逐步演进和升级。因此,优秀的算法离不开优秀团队长期专注的努力,而准确率/召回率的突破,有时也是算法工程师"灵感"的结晶。

(3)长期大规模的部署应用及若干准确预测案例。若安全相关的算法无法在真实工况中做大量投放并证明自己，这就好比"名医"无法通过"问诊治病"来展现自己的水平，那这与"江湖郎中"别无二致。因此，我们认为有效的 AI 热失控算法，必须在兆瓦级的储能系统上，有过若干次真实的热失控预测案例。

（四）安全问题的行业壁垒：硬件集成能力逐步成熟，AI 热失控算法极为稀缺

做到了上述的储能系统集成和运营阶段的六大点，基本就实现了锂电储能的全流程安全管控，做到了"主动安全"（主动预测安全问题的发生，核心在于电池热失控的预警）和"被动安全"（通过消防手段，对发生热失控的电池做应急消防处理）的双保险，从而全方位消除电化学储能的隐患。

（1）目前来看，在系统集成过程中，多数有储能经验的厂商，在硬件端对电池组、电池柜、电池簇、高压箱、控制柜、空调、风道等的结构设计和接线方式都大同小异，一线厂商也大多可以实现电池的簇级启停管理，以应对潜在的电池故障风险；从海外认证的通过率来看，也基本能印证这一点。

（2）在软件层面上的监测和控制水平拉开了差距，这也直接影响了除安全问题以外的年稳定在营天数、内部收益率等，而更上层的 AI 热失控算法则是整个储能领域极为稀缺的能力，毕竟无论是数据端、人才端还是案例论证，都有很高的门槛与壁垒。

二、成本问题

（一）解决途径一：采用成本更低的储能技术

目前，经济性是储能技术大力推广的主要痛点。虽然受益于电动汽车的普及，锂电电芯厂的产能扩张，锂电电芯成本逐步降到了 0.6~0.8 元/Wh，锂电储能系统成本迎来了 1500 元/kWh 的拐点，但目前的储能系统大多用于调峰调频等服务，距离在经济效益上真正"划得来"的大容量长时储能还有一定距离。

除了静待锂电成本的进一步下探，清新资本认为原材料价格更低、可得性更强的钠离子电池，其电池结构形态、电芯生产线与锂电高度相似，具备较好的产业配套基础，因而在大规模量产后可能成为最具潜力的新型储能电池。钠电池目前价格 1 元/Wh，成本下降空间较大。目前已有钠创新能源、中科海纳等厂商正在筹备量产产线（见图 3-7 至图 3-9）。

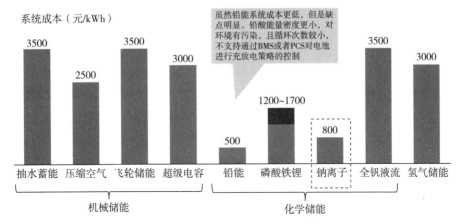

图 3-7　不同储能技术系统成本对比

资料来源：清新资本。

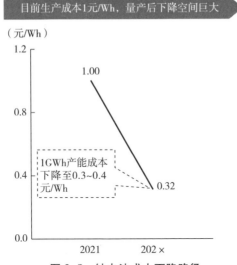

图 3-8　钠电池成本下降路径

资料来源：清新资本。

（二）解决途径二：有效利用梯次锂电池

1. 新能源汽车产业爆发，动力电池梯次利用空间巨大

新能源汽车动力电池退役后，一般仍有 70%~80% 的剩余容量，可降级用于储能、备电等场景，实现余能最大化利用。因此，退役动力电池的回收与梯次利用市场空间巨大。当前新能源汽车动力电池的有效寿命为 4~6 年，从 2021 年往回推算 4~6 年，2015~2017 年恰逢新能源汽车的爆发增长期，年销量分别为

33.1 万辆、50.7 万辆和 77.7 万辆，这意味着 161.5 万辆新能源汽车的动力电池即将退役，涌入动力电池回收市场。2018~2020 年新能源汽车销量均突破 120 万辆，2021 年销量达到 352.1 万辆，同比增长 1.9 倍，2022~2024 年，将有超过 380 万辆新能源汽车的动力电池涌入回收市场，市场规模成倍扩大（见图 3-10）。

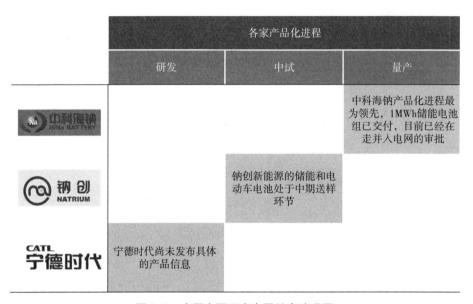

图 3-9   中国主要玩家布局纳电池进展

资料来源：相关行业报告；清新资本。

图 3-10   近 9 年中国新能源汽车年销售量

资料来源：中国汽车工业协会；清新资本。

2015~2020 年，我国全年动力电池装机量从 16GWh 增至 63.6GWh，年复合增长率超过 50%。中国汽车技术研究中心数据显示，2020 年国内累计退役的动力电池超过 20 万吨（约 25GWh），其中退役电池累计梯次利用量约为 14 万吨（约 14GWh），直接报废量约 6 万吨，退役动力电池规模将在 2023 年迎来大规模退役的拐点，在 2025 年达到 78 万吨。若能有效利用梯次电池，储能系统的成本可大幅下降 20%~30%，进一步提升全生命周期的经济性。2018~2023 年中国各类锂动力电池逐年退役量统计情况及预测如图 3-11 所示。

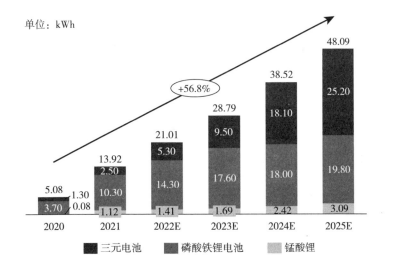

图 3-11　2018~2023 年中国各类锂动力电池逐年退役量统计情况及预测

资料来源：前瞻产业研究院；清新资本。

2. 国家政策积极引导

过去发生过的梯次电池事故，实则多是无量小作坊的无序滥用导致的，但其实梯次利用检测、拆解、重组利用等技术已经较为成熟，工信部也已公布了约 30 家梯次电池利用的白名单厂商。

2020 年 10 月，《新能源汽车动力蓄电池梯次利用管理办法（征求意见稿）》发布，鼓励梯次利用企业与新能源汽车生产、动力蓄电池生产及报废机动车回收拆解等企业协议合作，加强信息共享，利用已有回收渠道，高效回收废旧动力蓄电池用于梯次利用。

2021 年 8 月，《新能源汽车动力蓄电池梯次利用管理办法》发布，明确鼓励梯次利用企业研发生产适用于基站备电、储能、充换电等领域的梯次产品。鼓励采用租赁、规模化利用等便于梯次产品回收的商业模式。

3. 梯次利用仍存在两大门槛

在实际走访市场的过程中，清新资本发现梯次电池在两轮低速场景的应用已经较为成熟，但是在大规模储能中的应用仍面临一些技术门槛和壁垒，因而"敢于"大规模梯次利用的储能厂商市场上寥寥无几。这其中的门槛，一是要对梯次电池的剩余寿命和一致性检测有精准高效的检测手段；二是在梯次储能电站的运营过程中，对电池的 SoH 管理和充放策略有更高的要求，甚至最好能有 AI 热失控算法的"双重保险"来把控梯次储能的安全性。

例如，虚拟电厂VPP的梯次利用在线监控平台和电池AI技术能实时监测梯次利用储能项目电池性能参数，包括电芯电压和温度采集点温度，定期对动力电池进行云端检测，并精准到每个电芯，准确评估电芯不一致性，进行预警，并提供安全评估报告，保障梯次利用储能项目的安全（见图 3-12）。

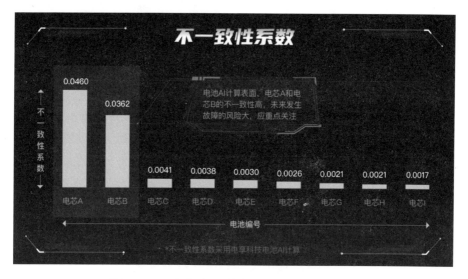

图 3-12 运用电池 AI 技术进行电池一致性管理

资料来源：电享科技；清新资本。

三、盈利问题

在盈利表现上，总体而言要依靠政策的不断放开，以及市场化交易机制的成熟。其表现形式在于：一是让储能有更多灵活的途径去赚钱，如有偿地参与辅助服务、隔墙售电交易等；二是让储能在现有途径之下赚到更多的钱，如电力的市场化交易对峰谷价差的进一步扩大。目前，上述的几类政策和价格机制都已在试点和起草过程中，相信随着政策和机制的完善，不管是发电侧、电网侧还是用户侧储能，都能展现出越来越高的经济价值。

四、高效运营

储能作为光伏的"好伙伴"，其在使用场景和销售通路上都有着相似之处。但是清新资本访谈了若干名光伏"老将"后，他们普遍提到了"储能不好做"，而"不好做"最大的症结在于——光伏是纯粹的硬件设施，安装并网后的 10 年间只需要简单的运维检修即可，但储能是一套电力电子系统，安装后如何根据业主动态变化的用电曲线、储能电池的 SoC/SoH 状态来做充放电的控制，实现收益的最大化，需要多项技术的支持。管理一套储能不难，云平台上同时差别化地管理成百上千套分布式光储充系统，则又带来了云端架构问题。

因此，我们期待的储能系统集成商，应当不仅仅具备"硬实力"，更要能在"软实力"上呈现出 10 年管理上万套"光储充"系统的一体化、智能化、平台化的能源管理能力。

综上，中国锂电储能尚在产业链发展早期，多种问题制约了产业的有序、安全、高效发展，唯有通过软硬一体综合实力切实解决行业痛点的玩家（见图 3-13），才能建立壁垒，在万亿赛道的马拉松长跑中一骑绝尘。

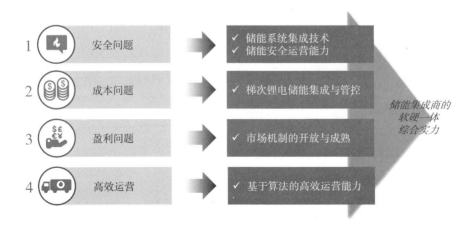

图 3-13　大型锂电储能的投资方法论

资料来源：清新资本。

第二节　储能赛道的投资逻辑

一、市场要素角度

（一）"双碳"目标驱动下，储能万亿增长确定性强

要建成以新能源为主体的新型电力系统，储能是必不可少的电力基础设施。

（1）新能源的风光发电和充电桩设施加剧了电源侧和负荷侧的波动性，储能作为可充可放的电力存储设施，承担起平衡电力系统的重要任务。

（2）截至 2020 年底，中国电化学储能装机量约为 3GWh，赛道处在爆发前的窗口期；未来 5 年内将实现 60~70 倍增长至 180~200GWh。

（二）中国用户侧工商业锂电储能最具投资价值

2021 年下半年电价改革后，工商业锂电储能的峰谷套利模型已全面实现经济性，由可套利省份的规模以上工业用电量测算得出用户侧储能潜在市场约为 6 万亿元。

根据中国风光装机量预测，中国发电侧潜在市场约为 5500 亿元，电网侧潜在市场约为 2500 亿元，但市场参与主体集中在"五大四小"发电集团和"两网"。

（三）多种储能技术百花齐放，契合多元应用场景

钠离子电池储能可大幅降低原材料成本、降低电池热失控风险；液流电池储能适合长时储能，且无燃爆风险；飞轮储能作为物理储能技术，具备快速大功率充放电的特性，适用于调频场景。

新型储能技术的商业化速度，取决于应用场景及其宽度、产业链配套程度、成本特性、玩家数量、示范项目成功率、认知推广速度等。

二、储能产业链角度

（一）锂电储能产业链上游

从成本占比看，主要包括电池（约为 60%）、PCS 变流器（约为 20%）、BMS、空调、线束、集装箱等。

（1）锂电电芯（CR3≈90%）：宁德时代（收入约为503亿元，市值约为1.2万亿元）、比亚迪（收入约为1566亿元，市值为6279亿元）、国轩高科（收入约为67亿元，市值约为576亿元）。

（2）PCS（CR8≈75%）：阳光电源（收入约为193亿元，市值约为2227亿元）、科华数据（收入约为38亿元，市值约为116亿元）、上能电气（收入约为10亿元，市值约为91亿元）。

（3）其他核心部件如空调（英维克、黑盾环境）、BMS（协能科技、高特电子）、线束及连接器、集装箱（中集集团）。

（二）锂电储能集成商及工程总承包商

储能系统集成商采购上游部件，进行专业的系统集成，部分资金量充裕的企业会涉足EPC工程环节。

（1）国内：大型储能集成的上市公司有阳光电源、中天科技；初创企业多专注用户侧，如乐驾能源、库博能源；储能EPC上市公司有永福股份、南网科技。

（2）国外：海外储能市场相对成熟，已涌现出多家储能上市公司，如STEM. Inc（收入约为5278万美元，市值约为17亿美元）、Fluence（收入约为1.7亿美元，市值约为7亿美元）。

（三）锂电储能下游业主及投资方

"五大四小"发电集团和"两网"既是发电侧、电网侧的业主，同时也参与用户侧储能的投资。

（1）"五大"：国家能源投资集团、中国华能集团、中国华电集团、国家电力投资集团、中国大唐集团。

（2）"四小"：三峡集团、中国广核集团、华润电力、国投电力。

三、储能技术角度

（一）成熟的锂电储能

产业链上游无论是电芯、PCS还是精密温控、电缆、集装箱等均是成熟的产业，而中国仍缺乏专业的储能集成商，因而早期资本应当关注锂电储能集成商，并重点考察以下特质：

（1）经验积累：团队有3年以上的储能集成和运营经验，并有至少1年以上的运营数据，可用于评估内部收益率或年稳定运营天数。

（2）安全管控：对储能设备的安全问题具备硬件端和软件端的双重抓手，即全链路做好电池一致性的检测、消防系统的部署、电池寿命管理和 AI 热失控预测算法等。

（3）高效运营：对分布式"光储充"网络或"源网荷储一体化"有基于云端的一体化、智能化、平台化的能源管理能力，长远来看能成为覆盖多个区域网络的"虚拟电厂"运营商。

（4）成本控制：对梯次电池的利用有精准、高效、泛化的检测能力，结合梯次储能的安全运营管控能力，降低储能系统的成本水平，提升用户或投资方的收益。

（二）多元新型储能技术

要着重关注该技术是否在应用场景上或成本上具备鲜明特点或优势，如高安全性的长时液流储能、低成本的钠离子电池储能、高功率充放特性的飞轮储能等。

四、落地场景角度

（一）国内储能投资

早期投资应当重点关注用户侧储能，电网侧次之，而发电侧更适合由大型上市公司主导。

（1）用户侧（单体规模 2～10MWh）：无论是国内还是海外，用户侧都是经济价值最高、商业模式最丰富、市场容量最广阔的市场，其中的玩家可以通过标准化的产品和解决方案，享受更高的毛利和更快的周转；从收益模型角度看，用户侧储能与通用型企业服务高度相似，以初始的硬件收入和长期的软件运营为收益，服务黏性长达 10 年以上。

（2）电网侧（单体规模 50～100MWh）：辅助服务市场具备很高的收益，同时辅助服务的复杂性和电网对储能技术的高要求，也成为这个细分领域的壁垒和门槛，但初创型企业也需要考虑电网三产公司的直接竞争。

（3）发电侧（单体规模 100～200MWh）：通过招投标获取上亿规模的订单，常常让初创企业陷入被动的低价竞争，以及超长的账期风险。

（二）储能出海投资

中国供应链占据全球新能源高地，出海赛道尚在发展早期，万亿需求量同步释放。

（1）海外便携储能、家庭户用储能：需求量广阔，市场增长主要以渠道驱动为主，具备 2C 端品牌力的初创企业更具投资价值。

（2）大型储能：海外市场更强调产品力和品牌力，因而更适合国内成熟的大型储能企业，不管是上市公司还是成长期的初创企业，凭借多年的品牌和经验积累，通过自有或当地渠道，顺势渗透海外市场。

第四章 从海外储能市场以及龙头企业看赛道潜力与核心竞争力

第一节 全球储能市场概览

一、全球储能市场的发展规模及趋势

根据中关村储能产业技术联盟（CNESA）全球储能项目库的不完全统计，截至 2021 年底，全球已投运电力储能项目累计装机规模 209.4GW，在 2020 年底的 191.1GW 基础上增长 9.6%，增速也加快了 3 倍。其中，电化学储能的装机规模增速最快，同比增长 67.7%，超过了近 5 年的平均水平，达到 25.4GW。抽水蓄能依然是累计装机规模最大的一类储能技术，但规模占比正在逐渐下降，由 2020 年的 90.3% 下降到了 86.2%（见图 4-1）。根据彭博新能源财经的分析，2030 年全球储能市场将增长至 358GWh，2022~2030 年年均增长率将超过 37%。

其中需要重点关注的是电化学储能领域，其将成为储能领域最主要的增长引擎，贡献最大的增速。根据国内的券商研究报告，全球电力系统电化学储能预计到 2025 年新增装机容量有望达到 178.3GWh，未来 5 年复合增长率达 83%，远超储能市场平均增长率。其中发电侧新增装机量预计将达到 116.3GWh，电网侧新增装机量预计将达到 13.4GWh，用户侧（包括户用和工商业）新增装机量预计将达到 48.6GWh（见图 4-2）。

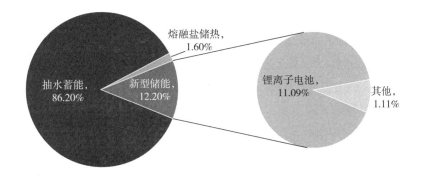

图4-1 2000~2021年全球电力储能市场累计装机规模

资料来源：中关村储能产业技术联盟（CNESA）；清新资本。

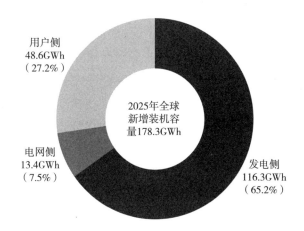

图4-2 2025年全球新增电化学储能项目的应用装机分布

资料来源：清新资本。

二、美中欧引领全球储能市场的发展

2020年美国、中国和欧洲占据全球储能市场的主导地位，三者合计占全球新增储能项目投运总规模的86%。2021年，由于其他国家和地区如日韩、澳大利亚、加拿大和阿联酋等亦呈现快速增长态势，美国、中国和欧洲合计占据全球市场的比例下降到80%，但依然引领全球储能市场的发展。

2021年的美国储能市场发展速度和规模创造了新的纪录。新增储能项目规模首次突破3GW达到3.5GW，是2020年同期的2.5倍且占全球的34%，以发电侧光储项目、独立储能电站为主。此外,单个项目装机规模也在不断刷新历史纪录。2021 年全球完成的最大储能项目是美国佛罗里达电力和照明公司的 409MW/900MWh Manatee 储能中心项目,美国即将从 MW 级开启 GW 级项目的新时代。

在可再生能源的发展方面欧洲一直走在世界前列,其储能市场自 2016 年以来持续增长,2021 年电化学储能也呈现出快速的增长势头。2021 年欧洲整体新增储能项目投运规模达 2.2GW,占全球 22%,其中德国和英国是市场领跑者。2021 年欧洲户用储能市场表现尤为突出,规模突破 1GW,其中德国是欧洲最大的表后市场,占据绝对领先地位,其 92% 的新增投运装机来自户用储能。英国则是欧洲地区最大的表前储能市场,占据接近 50% 的市场份额。

2021 年中国储能开启了从商业化初期到规模化发展的进程,确定了 2030 年实现碳达峰时储能达到 30GW 的装机目标,各个省份陆续出台了鼓励或强制配置储能项目的政策,其中 14 个省份相继发布了储能规划,20 多个省份明确了可再生能源配置储能项目的要求。在政策利好的驱动下,储能项目装机规模也随之大幅提升,2021 年在 2020 年的基础上增长了 1.6 倍,新增投运规模首次突破 2GW,达到 2.4GW 且占全球的 24%。根据国内券商的预测,未来五年中国储能市场中电化学储能的发展速度是最快的。预计到 2025 年,中国电化学储能新增装机有望达到 64.1GWh,未来 5 年复合增长率达到 87%。其中发电侧新增装机量预计将达到 48.5GWh,电网侧新增装机量预计达到 7.6GWh,用户侧新增装机量预计将达到 8.0GWh[1][2]。

三、全球公用事业规模储能市场概览

(一)等级评估规则将全球公用事业规模储能系统集成商分成四个等级

根据调研机构 Guidehouse Insight 公司报告,近年来,公用事业规模储能系统越来越成为世界各国电力系统规划工作的一个关键组成部分,到 2030 年,全球公用事业规模储能系统的市场收入预计将达 2150 亿美元以上,这意味着

---

① China Energy Storage Alliance. Energy Storage Industry White Paper 2022 (Summary Version) [R/OL]. [2022-04-20]. https://static1.squarespace.com/static/55826ab6e4b0a6d2b0f53e3d/t/62821561e7f0424662 ca7f9d/1652692323469/Energy+Storage+Industry+White+Paper+2022+%EF%BC%88Summary+Version%EF% BC%89.pdf.

② 德邦证券. 储能产业深度研究报告:能源革命下的超级赛道 [EB/OL]. [2021-12-25]. https://zhuanlan.zhihu.com/p/44974320.

储能行业将面临重要发展机遇。公用事业规模储能系统集成商（UESSI）已将其业务重点从交钥匙项目开发（包括系统集成）转换成更纯粹的储能系统集成和运营。

Guidehouse Insights 对全球 13 家主要的公用事业规模储能系统集成商（简称集成商）进行了评估。

这些玩家全部满足三个条件：

（1）专注于公用事业规储系统。

（2）自 2018 年以来，一直致力于储能系统集成的项目。

（3）公司的公用事业规模储能项目分布在多个国家。

评估指标包括 12 项：公司愿景；上市策略；合作伙伴；生产策略；生产技术；地理范围；销售、营销和分销；产品性能；产品质量和可靠性；产品简介；价格；保持发展活力。

从战略以及实施情况两个维度进行评估，将 13 个集成商分成了跟随者、挑战者、竞争者、领导者四个等级（见图 4-3）。

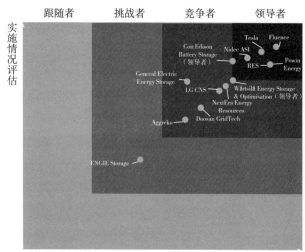

图 4-3　全球公用事业规模储能系统集成商综合实力分布

资料来源：Guidehouse Insights Leaderboard；清新资本。

（二）全球公用事业规模储能系统集成商介绍

相关介绍如表 4-1 所示。

表 4-1　全球主要公用事业型储能系统集成商基本情况

公司名称	成立时间	总部所处地区	雇员数量（规模）
Fluence	2018 年	弗吉尼亚州（美国）	300
Tesla	2003 年	加利福尼亚州（美国）	48016
RES	1981 年	金斯兰利（英国）	2000+
Powin Energy	1989 年	俄勒冈州（美国）	约 110
Nidec ASI	2013 年	米兰（意大利）	1300+
Con Edison Battery Storage	1823 年	纽约州（美国）	约 500
Wärtsilä Energy Storage & Optimisation	1834 年	得克萨斯州（美国）	17000
NextEra Energy Resources	1984 年	佛罗里达州（美国）	14000
LG CNS	1947 年	首尔（韩国）	20000+
General Electric Energy Storage	1892 年	马萨诸塞州（美国）	205000

注：根据 Guidehouse Insights Leaderboard 提供排名（有先后顺序）。

资料来源：Guidehouse Insights Leaderboard；清新资本。

第二节 美国储能市场

一、美国储能发展相关政策

（一）美国旨在 2035 年实现无碳发电，2050 年实现碳中和[①]

美国设定 2035 年实现无碳发电，2050 年实现碳中和的目标。到 2030 年将美国的温室气体排放量较 2005 年下降 50%，到 2035 年通过向可再生能源过渡实现无碳发电，到 2050 年实现碳中和目标。各州政府也陆续提出 100%可再生能源计划，要求在 2030~2050 年逐渐达成 100%清洁能源发电。

美国能源信息署发表年度能源展望，预测在现有政策下美国可再生能源发电的份额将从 2021 的 21%增加到 2050 的 44%。根据 EIA 统计，2020 年美国可再生能源（包括风能、水电、太阳能和生物质能）产生了创纪录的 8340 亿 kWh 电力，约占美国总发电量的 21%。可再生能源有史以来首次超过核能（7900 亿kWh）和煤炭（7740 亿 kWh）（见图 4-4 和图 4-5）。

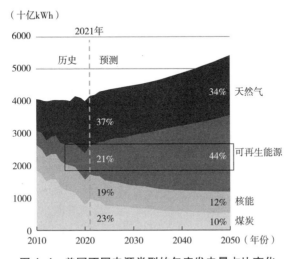

图 4-4 美国不同电源类型的年度发电量占比变化

资料来源：EIA。

[①] 美国储能市场［EB/OL］.［2021-11-25］. https：//xueqiu.com/1343048419/204110879.

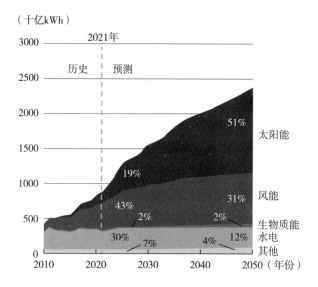

图4-5　美国可再生能源的年度发电量占比变化

资料来源：EIA。

（二）美国储能产业支持政策

1. 联邦政府颁布了密集的产业激励政策，制定了发展战略

美国政府对储能产业支持力度较大，已将储能技术定位为支撑可再生能源发展的战略性技术。联邦层面从2006年开始陆续出台扶持储能的投资和补贴政策，自2018年以来更加密集地颁布产业激励法案、计划以及制定战略规划以加速储能产业的发展（见表4-2）。

表4-2　美国储能产业支持政策

实施层面	生效时间	法令名称	主要内容
联邦	2006年	联邦投资税收抵免（ITC）	给予私营单位、住宅侧用户安装光伏系统同时配备储能，30%税收抵免。延期退出，到2022年税收抵免26%，2023年退坡至22%
联邦	2008年	719号法令	为储能进入电能批发市场提供制度保障
联邦	2011年	745号法案	电力公司和零售商支付大客户利用储能来替代电网调费的费用
联邦	2013年	784号法令	提出输电网运营商可以选择从第三方直接购买辅助服务以及电储能提供辅助服务的结算机制

续表

实施层面	生效时间	法令名称	主要内容
联邦	2018 年	FERC 第 841 号法案	系统运行商消除储能参与容量、能源和辅助服务市场的障碍
联邦	2019 年	BEST Act 法案	拨款 10.8 亿美元用于储能等项目
联邦	2020 年	FERC 第 2222 号法案	RTO 和 ISO 为分布式能源提供财务机制
联邦	2020 年	储能大挑战路线图	到 2030 年建立并维持美国在储能利用和出口方面的全球领导地位，建立弹性、灵活、经济、安全的能源系统
联邦	2021 年	2 万亿美元基础建设计划	2035 年实现 100%无碳电力，清洁能源发电和储能投资税收抵免及生产税收抵免期限延长 10 年
联邦	2021 年	"长时储能攻关"计划	在未来十年内，将数百吉瓦的清洁能源引入电网，将储能时间超过 10 小时的系统成本降低 90%

资料来源：各级政府官网；东方证券；清新资本。

联邦层面前期最主要的储能系统激励政策是投资税抵免 ITC 和加速折旧 MACRS，主要针对私营单位投资的储能系统。联邦政府于 2006 年提出 ITC 政策鼓励用户安装可再生能源系统同时配置储能系统，最高可以抵减 30%的前期投资额。至 2022 年降至 26%，2023 年退坡至 22%，但仍维持在比较高的抵扣率。MACRS 允许储能项目按照 5~7 年的折旧期加速折旧（见图 4-6）。

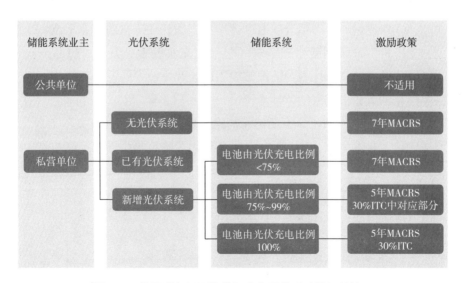

图 4-6　美国联邦层面储能行业主要激励政策汇总情况

资料来源：NREL；前瞻研究院；清新资本。

联邦早在 2008 年就为储能进入电能批发市场提供了制度保障，2013 年要求所有公用事业输电网运营商可以选择从第三方直接购买辅助服务以及电储能提供辅助服务的结算机制。2016 年，FERC 开始了一项信息程序以审查是否存在障碍使储能参与电力交易和辅助服务市场，可能导致不公平和不合理的批发价格。2018 年 FERC 发布 841 号法案，要求系统运行商消除储能参与容量、能源和辅助服务市场的障碍，使储能可以以市场竞争的方式参与电力市场。这是一个具有里程碑意义的命令，为储能系统整合至美国电力市场铺平了道路。

2019 年发布的能源存储技术法案（BEST Act），计划从 2020 年到 2024 年每年拨款用于电网规模的储能研究与开发以推进电网规模储能技术的商业化，如高度灵活的电源系统、长效存储系统与季节性存储系统等。

2020 年美国国家能源部正式推出储能大挑战路线图，这是能源部针对储能的首个综合性战略。2017～2019 年，美国能源部为储能技术研发投入了超过 12 亿美元的资金，但尚未提出针对储能的整体战略，为此美国能源部基于 2020 财年预算中的"先进储能"计划推出"储能大挑战"计划，该计划的愿景是到 2030 年建立并维持美国在储能利用和出口方面的全球领导地位，拥有可靠的国内制造链和不依赖进口的关键材料供应链。该计划的具体内容包括：①技术开发及创新，目标是发展和运转一个研发生态系统，加强并保持美国在储能创新方面的领先地位；②确定技术组合，在 2030 年前取得重大进展以解决每个应用场景中的挑战；③构建创新生态系统，通过建立适合从基础研究到商业示范每个阶段的资助和支持机制加强创新生态系统（包括国家实验室、大学、初创企业）建设；④制造和供应链，该计划为美国储能制造业开发技术、方法和策略，以支持和加强美国在制造和供应链的领导地位。

2021 年联邦分别发布了 2 万亿美元基建计划和"长时储能攻关"计划。2 万亿美元基建计划要求 2035 年实现 100% 无碳电力，将可再生能源发电和储能投资税收抵免期延长 10 年。"长时储能攻关"计划（Long Duration Storage Shot）宣布争取在 10 年内将储能时长超过 10 小时的系统成本降至 90% 以上，美国能源部预算中将为储能大挑战计划资助 116 亿美元用于解决技术障碍。

2. 各级州政府也陆续制定储能目标，出台相应激励政策

另外，州级政府的推动也大大促进了储能行业的发展。美国各州立法和监督机构将部署储能系统作为能源政策的优先事项，各个州也从 2013 年开始针对储能陆续出台了一系列相应的激励政策和措施（见表 4-3）。

表 4-3　2013~2019 年美国主要州级政府主要政策和措施汇总

地区	实施时间	政策和措施
加利福尼亚州	2013 年	对多家独立公共事业公司（IOU）制定 1325MW 储能强制采购目标计划
	2016 年	在 1.3GW 储能强制采购目标基础上增加了 500MW 至 1.8GW
	2017 年	改变补贴方式，综合考虑规划容量的完成情况、储能成本的下降程度、项目经济性核算等因素，按照储能项目装机电量（kWh）进行补贴
马萨诸塞州	2014 年	支持构建储能市场结构，建立战略合作伙伴，支持电网侧、分布式、用户侧不同规模的储能示范项目
俄勒冈州	2015 年	针对州内两大公用事业公司制定 2020 年 5MWh 储能采购目标
阿肯色州	2016 年	阿肯色州公共服务委员会就批发市场中的分布式能源的资源汇总提出意见
纽约州	2016 年	每一系列项目至少减负荷 50kW，储热补贴 2600 美元/kW，电池储能补贴 2100 美元/kW，需求相应补贴 800 美元/kW
	2019 年	纽约州能源研究与发展局根据其市场加速激励计划，为储能项目拨款 2.8 亿美元
华盛顿州	2019 年	华盛顿州议会于 2019 年 4 月通过一项法案，要求公用事业公司在其规划过程中遵循一系列指导方针，以便为分布式电源做好准备
得克萨斯州	2019 年	得克萨斯州议会通过的一项法案允许配电公司与第三方签订储能部署合同，每个公用事业公司储能部署的装机容量至少为 40MW
明尼苏达州	2019 年	明尼苏达州批准的储能法案要求公用事业公司在综合资源计划（IRP）中将电池储能系统视为一种电力资源，要求明尼苏达州商务部对电网储能价值进行成本效益分析，并帮助公用事业公司从与储能有关的试点项目中收回成本
科罗拉多州	2019 年	科罗拉多州州长 Jared Polis 签署了"公共事业委员会法案"，要求科罗拉多州公共事业委员会分析向电网增加分布式能源（包括电池储能系统）的价值
马里兰州	2019 年	马里兰州政府批准了一项储能试点计划，该计划要求马里兰州公用事业公司对两个储能项目进行招标

资料来源：前瞻研究院；清新资本。

随着上诉政策和措施的发布，各州也陆续设立了相应的储能目标，推动储能项目加速落地。加州早在 2013 年就要求 IOU 到 2020 年采购 1.3GW 储能，并于 2024 年前运营。全美目前已经有七个州储能设施规划超过 1GW，其中排在前三位的分别是弗吉尼亚州规划在 2035 年前新增 3.1GW，纽约州规划在 2030 年之前新增 3GW，新泽西州规划在 2030 年前新增 2GW。

二、美国储能发展相关电力市场

（一）美国电力系统结构包括监管机构、批发市场、零售市场三个层级

美国早在 2008 年就开始推进储能的市场化进程，颁布了 719 号法令为储能进入电力批发市场提供制度保障。目前，已经有了较为完善的市场结构（见图 4-7）。

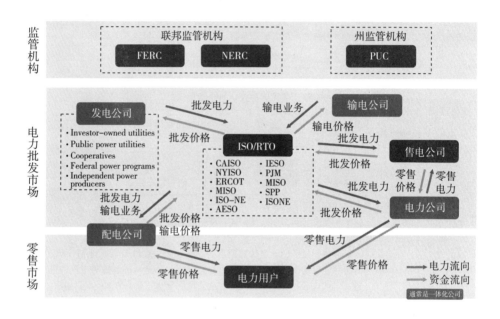

图 4-7　美国电力市场结构

资料来源：EIA；国际电力网；东方证券研究所；清新资本。

随着美国电力体系的市场化发展，形成了由联邦层面的 FERC（美国联邦能源监管委员会）和 NERC（北美可靠性电力公司）以及州层面的 PUC（州公用事业委员会）监管的市场体系。FERC 是一个内设于美国能源部的独立监管机构，主要负责跨区输电以及批发电力市场的监管，下设有五个区域监管分支机构。美国的电力系统被划分为东部电网、西部电网和得州电网三大区域电网。在电网内划分为多个区域市场。

市场主体是 RTO（区域传输组织）和 ISO（独立系统运营商）。RTO 负责组织电力市场内的电能买卖；ISO 负责管理最终市场，组织平衡发电与用电负荷的实时市场。电力的发、输、配、售由市场内独立或一体化的公司承担。发电企业负责生产和出售电能，同时提供电力辅助服务。输电公司拥有输电资产，在 ISO 的调度下运行输电设备，配电公司负责运营配电网络。在用户端，大用户可以通过批发市场与发电企业竞价购电，有些大用户也可以通过售电公司零售购买电力。不愿意或者不能参加批发市场买卖的小用户可以通过售电公司零售商购买所需的电力资源。2020 年 FERC 发布第 2222 号法案，要求 RTO 和 ISO 为分布式能源提供财务机制，为储能参与市场竞争获得经济性创造了良好的条件。

在商业运营方面，受美国《FERC 841》法令推动，新能源+储能以发电企业采购为主，通过电力现货市场获取收益。电源侧辅助服务通过美国 PJM 调频市场获取收益，采购方一般为传统发电商或独立储能运营商；电网侧储能主要由美国各州电力运营商集中采购为主；分布式及微网、工商业储能以业主自主采购和自发自用、余量上网模式为主。

（二）美国两大储能应用场景——表前和表后市场

美国储能应用场景包括表前（Front of the Meter，FTM）和表后（Behind the Meter，BTM），对应于国内应用场景的划分，表前通常指电网侧和发电侧，表后指用户侧，包括家庭和工商业。

（1）表前市场主要应用有调峰、调频、黑启动、旋转备用、备用电源、存储过剩的可再生能源发电、平滑可再生能源出力、负载管理等。表前市场中调频和备用实行实时市场调度、需求响应系统配置，黑启动实行签订协议获得收益。

（2）表后市场由于 ITC、SGIP 等政策，用户可以获得一定数目的成本补贴，叠加峰谷套利等，具备良好的经济性。

1. 表前市场

根据 BNEF 统计，2020 年美国新增储能主要来自表前市场，装机占比高达 80%。据 EIA 统计，2019 年度美国储能累计 73% 的能量容量用于调频。美国表前市场增长来自"可再生能源+储能"和独立储能电站参与电力辅助服务。光伏发电的波动性为日内波动，风电波动多为季节性波动，光伏配置短时储能的适配度更高。据测算，目前美国市场"光伏+储能"项目，参与调频服务（其中调频收益分为容量收益和调频里程收益，电力价格采用平均电力批发价格），单个项目内部收益率超过 5%，具有一定的经济性。随着未来光伏组件的持续降本和储能技术的突破，经济性会得到进一步的提高。

美国表前储能市场分属于不同的区域电力市场，目前较大的为 PJM 市场、

CAISO 市场（加州独立系统运营商公司）等，储能的市场供给参与方包括 IPP（独立发电商）、IOU（投资者拥有的公用事业端）等。不同区域也对应着不同的储能需求，PJM 市场的大型储能系统主要用于电网调频，而加州则用于电网调峰、负载管理等。阿拉斯加、夏威夷等地因其电网系统较为独立，储能系统的作用更加多样化，因此致力于提高电网的可靠性。

美国表前储能市场收益方式多样，主要有电力市场竞价、电力辅助服务、峰谷套利和输配电价。

（1）储能通过参与电力市场日前和实时竞价获得收益。

（2）储能参与电力辅助服务，提供运营调频、备用、黑启动等服务，其中调频和备用可以通过日前和实时市场进行竞价，黑启动主要通过签订长期协议。

（3）峰谷套利：目前美国平均峰谷价差较大，在 0.1～0.2 美元/kWh，且价差逐年拉大，储能项目可以通过低冲高放获取收益。

（4）与中国不同的是，美国大型电力公司基本为发输配售一体化，部分储能成本可以通过输配电价传导到用户端。市场将电量与调频、备用联合出清，消纳端需要按照辅助服务负荷占总负荷的比例购买相应服务，将电力现货与辅助市场联系起来，可以获得输配电价、辅助服务、备用合并收益。

2. 表后市场

美国表后市场对应于安装在户用和工商业的储能装机量市场，发展亦极其迅速，主要的驱动力是用电可靠性需求和储能项目的经济性。美国分成三大区域电网，在三大电网内划分为多个区域市场，电网系统相对独立，不能跨区进行大规模调度，且超过 70% 的电网已经建成 25 年以上，系统老化明显，出现了供电不稳定、高峰输电阻塞等问题。另外，美国 2022 年多次出现极端天气，叠加近年来新冠肺炎疫情的影响，各州多次出现大面积长时间的停电，居民对用电可靠性的需求大幅提升，户用储能需求也随之快速增长。另外，得益于美国 ITC 和MACRS 等政策，安装储能设施能够获得税收抵免，储能相关硬件成本逐渐下降，光储系统自发自用降低户用电力综合成本，峰谷价差日益拉大提升了套利空间等，都极大地提高了安装储能的经济性。根据 BNEF 和 SEIA 统计，按照目前户用储能系统相关的投入成本和获取的相关收益，家用光储系统的内部收益率将高于 10%，具有良好的经济性。

目前最大的表后市场位于加州，以户用为主。加州是美国户用表后装机量规模最大的州，占到已投运项目 44% 的装机量和 18% 的功率规模。同时，加州是美国一个较为成熟的电力市场，储能应用领域多样化。加州定义了三个储能准入市场模型：代理需求响应资源（PDR）、分布式能源（DER）和非发电资源（NGR），主要以 NGR 模式参与。不同的储能系统可以根据自身的容量和功能特性等选择特定的模式。PDR 模式以用户侧为主，根据价格信号调整电力供应。DER 模式将小型储能系统聚合成一个虚拟节点参与电力市场交易，但由于涉及输配电且每个系统都需要配置监控与遥测设备，导致成本较高，因此占比较少。目前，加州主要采用 NGR 模式，定义为具有连续运行区间，既可以发电又可以耗电的资源。为促进储能在电力市场的灵活使用，加州制定了专门的调频能量管理方案（REM），允许储能参与电力市场和辅助服务市场。

三、美国储能市场主要特点

（一）储能应用场景总结

美国储能应用场景包括表前和表后，目前表前市场占比最大，根据 BNEF 统计，2020 年美国新增储能装机份额中 80% 来自表前市场，以发电侧光储项目和独立储能电站为主。用户侧是 2021 年最活跃的和增长最快的板块，将推动美国储能表后市场快速成长。

美国工商业电价低于居民电价，表后市场主要由户用和商业储能组成，工业储能较少。根据 BNEF 统计，2020 年美国公用事业端安装了大量的储能设施，新增装机 852MW，占当年新增的 80.3%；户用储能则是第二大市场，新增装机 154MW，占当年新增的 14.5%；工商业储能新增装机 55MW，占当年新增的 5.2%，同比下降 24%（见图 4-8）。

美国户用储能新增装机量持续增长。高断电风险和高昂的电价等是促使家庭储能安装量迅速增长的主要因素。由于美国地形及气候复杂，常面临大规模自然灾害或火灾，以及极端天气造成的断电事件，相关地区越来越多的家庭开始安装家用储能设施，以保证电力的可靠供应。此外，在分时电价情境下，安装有储能电池的家庭可以利用储能系统最小化最高电价时段的用电量，节省电费开支。联邦和各州出台的一系列政策也帮助表后光储收益模型日益改善。光储共建将是未来储能表后市场发展的主要增长点，根据 SEIA 的预测，户用新增光伏装机配置储能的比例将由 2019 年的 3.9% 提升至 2025 年的 24%，在工商业光伏装机中，储能渗透率将由 2% 提升至 2025 年的 12%。

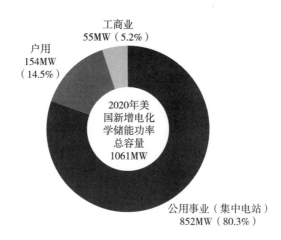

图 4-8　2020 年美国市场新增电化学储能功率容量的应用分布

资料来源：东方证券研究所；清新资本。

美国储能应用场景根据储能时长，可以分为短/中期和长期储能。抽水蓄能、压缩空气储能、热储能、各类容量型电池等储能时长大于 4h，属于长期储能，可用于电网调峰调频、备用容量等。短/中期储能，如铅酸电池、电磁储能，储能时长在 2h 以下，可用于调峰调频、平滑输出、紧急备用等。

（二）主要储能技术总结

从储能技术看，抽水蓄能仍然占据美国储能市场绝大部分份额。根据美国能源部列示的储能项目统计，截至 2020 年 12 月抽水蓄能占累计装机量的 92%，但新建明显放缓，增长率已显著下降。电化学储能成为美国储能市场新的增长引擎，截至 2020 年末电化学储能占比仅为 3%，但 2021 年电化学储能占据了美国储能新增市场的 90% 以上，其中又以锂离子电池储能为主，占据电化学储能市场的 90% 以上。截至 2020 年底，新增装机量前五名的州占美国电化学储能功率容量的 68% 以上，其中加州的份额最大，累计装机容量占全美的 60% 以上。

美国目前是全球最大的电化学储能市场。美国电化学储能应用早期主要采用铅蓄技术，是电化学储能中较早实现商业应用的技术，主要应用于微网及用户侧。锂离子电池是美国储能近年来发展的主流，占据了美国储能市场绝大部分份额，是目前可再生能源并网、电网辅助服务和用户侧等应用场景下储能首选技术路线，主要供应商多为系统集成商，电池组主要由中、日、韩三国企业提供。钠硫电池的生产制造在美国乃至全球尚未形成规模效应，但其在储能领域具有显著的商业化和可持续发展潜力。液流电池技术在美国商业化程度较低，目前相对成熟的液流电池包括全钒液流电池和锌溴液流电池，投资成本高出锂电池的50%左右，商业化应用水平不高。

四、美国储能市场代表企业

（一）特斯拉

1. 特斯拉是储能领域领先的新能源服务商

特斯拉是目前全球领先的新能源企业，实现了涵盖发电侧、电源侧、电网侧、用户侧、微电网、电力市场、虚拟电厂的新能源应用场景全覆盖。特斯拉2020年的影响力报告中提出了其雄心勃勃的发展计划，目标至2030年每年销售2000万辆电动车，同时每年部署1500GWh的储能装置。

特斯拉在储能业务拓展方面动作频频。2016年收购了太阳能发电系统供应商SolarCity，推出Powerwall、屋顶光伏等产品，开始布局光储业务，拓展可再生能源。2018年特斯拉APP上线"风暴预警"（StormWatch）功能。一旦有山火、台风等自然灾害，Powerwall便会及时提醒用户有停电风险，自动充满电池，随时待命。2019年推出大型储能系统Megapack布局全球公用事业储能行业，多个超大型项目推动其储能业务高速发展。2020年储能业务发展迅速，北美户用储能市场占有率达到50%。2021年发布光伏逆变器，可与Powerwall深度整合。

2. 特斯拉在储能领域的最新动作

2021年特斯拉储能业务出货量为1295MW，同比增长70.6%。Powerwall、Solar Roof和Megapack等主要系列产品助推特斯拉的光储业务迅速增长。其中，Powerwall定位为家用储能器，用于配套特斯拉的Solar Roof使用，用于储存Solar Roof所发出的使用不完的电，以供用户在夜间或停电时使用，细分为Powerwall+和Powerwall，Powerwall+较普通版的优势在于功率高，备用电源功率高，自带特斯拉双向逆变器等。特斯拉的Powerwall 2，从安装成本和储能成本上看是市场上最便宜的解决方案，同时其自产的光伏逆变器与其Powerwall产品系列深度结合，有效实现了家用光储互动控制，目前主导了美国的家用电池储能市场。

Megapack定位为大型工商用储能器，将所有逆变器、电池模组、热管理系统、电力电子元件高度整合。能够储存光伏、风电所发出的使用不完的电，Megapack系统主要包括电池模组、双向逆变器、温控系统以及控制器。产品功能为白天光伏储能用于夜晚项目自用，调配不同时段的电力节省用电成本，以及电价差大时参与电力市场交易盈利。Megapack 将储能系统全环节打通，高能量密度、安全性、易安装等特点得到进一步提升。

（二）STEM

1. STEM 是 AI 驱动的储能系统集成商

STEM 是美国较有代表性的储能集成商之一，其主要的经营模式是向客户出租储能系统，前期以低廉的租金吸引用户，之后以 Athena AI 储能管理平台为核心向用户提供后续储能服务与技术支持。同时公司还通过向用户出售总包储能系统、系统集成服务等获得一部分硬件收入。STEM 主要的供应商包括特斯拉、松下、宁德时代等，目前主要在美国市场的客户包括直销企业客户、分销商、可再生能源开发商和发电、公用事业公司等。随着美国储能市场的快速发展，其主营业务已进入高速增长阶段。2021 年，STEM 的 AI 平台管理的储能系统合计约1.4GWh，主营业务收入 3983.3 万美元，同比增加 334.29%。STEM 在 2022 年继续保障其业务迅猛发展的势头，于第一季度签订了数个有代表性和影响力的储能项目（见图 4-9）。

STEM-AI驱动的储能系统集成商与虚拟电厂运营商（1/2） stem
Energy Superintelligence

北美用户侧储能集成运营商：专注用户侧AI+储能的软硬件一体化服务，对应TAM1.2万亿美元（截至2050年）

- 基本信息：成立于2009年的STEM是美国第一个纯粹的储能上市公司
- 公司定位：硬件端的储能系统集成+软件端的智慧能源SaaS公司，帮助企业用户降低商用/工业用电电费
- AI算法实力：通过AI算法控制储能充放策略，并参与电力市场化交易，所运营的虚拟电厂电费节降效率比同行约高30%

	储能系统集成商	"雅典娜Athena" AI平台	"虚拟电厂" VPP1
业务模式	• 储能集成硬件销售	• SaaS化智慧能源软件销售	• 智慧能源运营服务（峰谷套利、需求响应、电力交易等）
毛利率	• 10%~30%	• 约80%	• 约80%

1.4GWh	$2.4B	$312M	$147M	约350	75	200+
储能管理规模	未来一年订单	在履约订单	2021E收入（约4倍增长）	客户数	覆盖国家	覆盖城市

图 4-9 STEM 在储能领域的关键表现

资料来源：公司财报与季度电话会；美股分析师评论；清新资本。

STEM 的成功离不开对智慧能源运营的长期积累。最初，STEM 的业务以提供电力监控设备 PowerMonitor 帮助企业和电力公司提供电费节降和可视化服务。后来，STEM 发现储能作为绝佳的电力调控手段，能提供更好的能源质量管控和成本节降服务，便从 2014 年起深耕储能和 AI 算法，才使"雅典娜 Athena" AI 平台有超越同行约 30% 的节能战绩，并在储能资产规模大爆发之时一骑绝尘，彰显出头部网络效应。

2. STEM 在储能领域的最新动作

2022 年 1 月，STEM 公司与社区规模清洁能源项目专家开发商 NineDot 公司签署总储能容量 110MWh 以上的电网侧电池储能系统以及相关服务和软件的协议，负责为六个独立部署的电池储能系统采购储能硬件，并利用 STEM 公司的人工智能驱动软件平台 Athena 进行管理。这个分布式能源价值（VDER）计划也称为"价值堆栈"计划，通过储能装置将可再生能源发电设施的电力实时响应地并入电网，即根据分布式储能装置的能源对电网的价值进行补偿。该投资组合位于纽约市斯塔滕岛，计划于 2023 年 5 月建成并投入使用。在实践中，这使纽约州部署的储能项目具有经济性，并且该计划有利于在需求响应时向电网输送能量的电网侧储能项目，而不是部署用户侧电池系统满足现场负载的电力需求。NineDot 公司计划在 2026 年之前开发、建造、拥有并运营 400MW 清洁能源项目。

2022 年 1 月，STEM 公司宣布与 ENGIE North America 公司签订一份联合销售协议，将 Stem 公司的储能管理软件应用于 ENGIE 公司的 eMobility 可移动平台。通过合作，ENGIE 公司客户将能使用 STEM 公司的 Athena 软件平台作为一种一体化工具来管理可再生能源电力的生产、存储和充电。Athena 软件平台可以帮助客户最大限度地利用他们的能源设施，并平衡获得的电动汽车各种激励措施和资助。STEM 公司与 ENGIE 公司的合作反映了工商业客户对安装太阳能发电设施和储能系统以及整合电动汽车充电设施的意愿增强。STEM 公司在 2021 年 12 月收购了太阳能管理平台提供商 Also Energy 公司，以加强其太阳能发电业务。2022 年 1 月 STEM 公司通过与 ENGIE 公司的合作，将电动汽车充电设施添加到产品组合中。

STEM 公司在电动汽车充电领域持续尝试。2021 年 4 月，该公司与卡车租赁商 Penske 公司合作开展电动卡车充电业务，包括在加利福尼亚州安大略省的 Penske 充电中心部署一个 350kW/800kWh 电池储能系统。调研机构 Guidehouse Insights 公司在 2021 年的一份调查报告中预测，全球到 2030 年将部署 1.7 亿个电动汽车充电点。另外，将近 10% 的商业地产在未来 10 年内必须建设电动汽车充电基础设施，因此需要升级建筑能源管理系统，这为连接到电网时将车辆作为独立储能资产提供了机会，但也需要电池储能系统来为车辆充电，并减少对电网的整体影响。

（三）Fluence

1. Fluence 是领先的储能系统和解决方案供应商

Fluence 是美国 AES 电力公司和西门子集团合资成立的储能技术服务企业，储能系统与服务是其主要业务，成立于 2021 年 6 月，并于 2021 年 11 月在美股纳斯达克上市。Fluence 2021 年前三季度实现收入 4.93 亿美元，同比增长 53%。公司主要销售 Tech Stack 储能系统及其控制软件和系统解决方案，以及后续的运维服务。其中，Tech Stack 储能系统是其研发超过三年的主营产品。该储能系统基于模块化和可堆叠的"Fluence Cube"储能模块开发，具备配置灵活、安装便捷的特点，容量可从 1MW 扩展至 500MW 以上。基于 Fluence Cube 储能模块，Fluence 研发了三种针对不同应用场景下，功率不同且针对光伏有不同优化的产品：

（1）Fluence Gridstack：应用于电网侧储能。该产品可用于电网调峰、调频、促进新能源消纳、削减尖峰负荷，以及缓解输配电设施不足带来的电网阻塞等场景，还可用于微电网、孤岛型电网，提供不间断电源支撑。

（2）Fluence Sunstack：应用于光伏电场，通过逆变器并网充分利用光伏逆变器的容配比，提高设备利用率，实现上网电量的最大化。其搭配的智能管理系统还可使光伏+储能联合系统具备响应电网调度的能力。

（3）Fluence Edgestack：应用于工商业用户，该产品布置灵活，通过削峰填谷进行峰谷差套利，从而为用户节省电费支出。在电源不稳定、电能质量较差的地区，或微电网、孤岛型电网，还可以起到连续供电、改善电能质量的作用。

Fluence 有专门的套利软件，主要包括 Fluence OS 储能系统管理平台和 Fluence IQ 自动报价系统，能够对可再生资源和储能资产进行灵活管理和报价，增加客户收益。目前 Fluence IQ 已在加州 CAISO 市场、澳大利亚 NEM 市场等电力市场广泛应用。

2. Fluence 在储能领域的最新动作

2022 年 2 月，Fluence 宣布与 AES Corporation 达成协议，利用其 AI 竞价软件优化提升美国西部 1.1GW 光伏和储能项目的价值。该协议是美国独立电力生产商对可再生能源和储能资产进行 AI 竞价软件的较大单笔采购之一，软件通过参与批发市场来优化太阳能和储能资产的收入。它的工作方式是：利用先进机器学习每 5 分钟分析数千个变量来预测未来的市场价格；考虑价格预测、运营约束条件、价格弹性和业务目标等因素，自动生成最优报价；将资产所有者的风险承受水平与该软件的投标策略结合起来，提交符合批发市场规则和要求的最终投标。Fluence 表示其 AI 竞价软件支持全球超过 6GW 的已签订合同或正在运行的储能项目。

2022 年 3 月，Fluence 与澳大利亚大型公用事业公司 AGL 签署了合作框架协议，为其 850MW 的 Broken Hill 大型电池储能项目提供电池储能系统，同时使用其先进的逆变器和组网技术。澳大利亚新南威尔士州的 Broken Hill 是一个具有悠久历史的矿区，其正在逐渐转型成为太阳能和风能发电的基地，但风能和太阳能的波动性对当地电网的冲击很大。这个大型锂离子电池储能系统将配备并网逆变器，以提高系统的强度，并允许更大程度地接入可再生能源。Fluence 澳大利亚公司总经理 Aaron Mclann 表示，Broken Hill 电池储能项目的全功率可以实时参与调度，从而对电压和频率的变化做出快速响应，提供目前市场上所有基于电池的储能系统中最快的响应。

2022 年 4 月，Fluence 宣布收购人工智能软件服务公司 Nispera。Nispera 的人工智能公用事业规模资产绩效管理平台，在全球范围内管理着 8GW 的资产，涉及 450 个风能和太阳能项目。Fluence 计划将 Nispera 的人工智能 SaaS 产品集成到其现有的数字平台中，为客户构建一个全面的数字产品套件，以更好地控制、调度、优化和维护可再生能源和存储资产。

（四）资本对储能赛道高度看好——三大企业的业务增长和市场估值

Tesla、STEM、Fluence 对比总结如图 4-10 所示。

	❶ TΞSLΛ	❷ stem Energy SuperIntelligence°	❸ FLUENCE A Siemens and AES Company
布局时间	· 2015年起布局光伏储能业务 · 以家储为主，拓展至工商业和大型储能项目	· 2009年成立 · 2014年起布局储能相关业务	· 2017年西门子和AES电力合资成立 · 团队有10+年200+MWh的储能经验
业务规模	· 截至2021年第三季度，LTM部署约为4.6GWh · 规划在建储能产线40GWh	· 截至2021年第三季度，LTM营收约为1亿美元，在管储能资产为1.4GWh · 在履约订单约为3亿美元，意向订单约为24亿美元	· 截至2021年第三季度，LTM营收约为6亿美元，部署储能约为971MW · 意向订单约为2.7GWh
业务增速	· 近四年CAGR约为96%	· 2019~2020年约为2倍增长 · 2020~2021年约为4倍增长	· 2019~2021年约为7倍增长
市场价值	· 储能业务N/A	· 2021年4月SPAC上市，约为$2~3B	· 2021年10月NASDAQ上市，约为$5~6B
估值倍数	近年来业务均以2~3倍的年增速增长，市场估值水平在10倍PS以上，可见资本对储能赛道的高度看好	· >25倍PS	· 约8~10倍PS

图 4-10 Tesla、STEM、Fluence 对比总结

资料来源：清新资本。

第三节　欧洲储能市场[①]

一、欧洲储能发展相关政策

（一）欧洲是低碳发展的先驱者，各国相继提出淘汰煤电

欧洲一直是全球应对气候变化、减少温室气体排放行动的有力倡导者，是低碳发展的先驱者，率先提出 2050 年碳中和目标。2015 年欧洲发起《巴黎协定》，要求减少全球温室气体排放；2019 年欧盟率先出台 2050 年碳中和计划，走在了各国应对气候变化的前列；2020 年的欧盟峰会上，27 个成员国领导人就减排目标达成一致，到 2030 年将温室气体排放量较 1990 年的水平减少 55%。2022 年 3 月欧盟批准了关于在 2030 年前实现至少 45% 可再生能源目标的计划。

配合可再生能源目标的实现，欧洲各国相继提出淘汰煤电时间表。比利时率先于 2016 年停止使用煤炭，奥地利和瑞典在 2020 年停止使用。预计到 2025 年，葡萄牙、法国、斯洛伐克、英国、爱尔兰、意大利等国将陆续停止使用。到 2030 年，希腊、芬兰、荷兰、匈牙利、丹麦等国也将终止使用（见表 4-4）。

表 4-4　欧洲各国能源转型进程

国家	政策
比利时	2016 年正式淘汰燃煤，第一个完全实现弃煤的国家
奥地利	2020 年正式淘汰燃煤，第二个完全实现弃煤的国家
瑞典	2020 年正式淘汰燃煤，第三个完全实现弃煤的国家
法国	预计到 2022 年淘汰燃煤
英国	预计到 2024 年淘汰煤炭，是世界上首个承诺淘汰燃煤的国家
意大利	预计到 2025 年淘汰煤炭
荷兰	预计到 2029 年淘汰煤炭
西班牙	预计到 2030 年逐步淘汰煤炭
德国	预计到 2038 年淘汰煤炭

资料来源：北极星电力网；东方证券研究院；清新资本。

[①]　主要指欧盟和英国储能市场。

（二）欧洲主要国家储能产业支持政策

1. 各国颁布表前市场储能相关政策，英德领先

随着燃煤能源的逐步退出，可再生能源将逐步成为能源的主要来源。为推动可再生能源发展，各国都逐渐意识到储能的重要性，陆续推出了针对性的激励政策，推动储能表前和表后市场的应用发展（见表4-5和表4-6）。英国是较早从政策层面推动表前市场发展的欧洲国家之一，2017年推出了智能灵活能源系统发展战略，明确储能的各项资质与性质，消除储能等智慧能源的发展障碍，提升电网对储能的兼容性，并于2020年提出取消储能部署的容量限制要求。目前，英国是欧洲地区表前储能发展最为蓬勃的国家。德国是最早推出表后市场相关政策的欧洲国家，其于2013年推出户用储能补贴计划，目前是欧洲表后市场龙头，也是全球最大的户用储能市场。

表4-5　欧洲各国表前市场储能相关政策

国家	时间	政策名称	内容
法国	2016年	法国能源法典	用于电力公共服务的储能可以被抵消一部分成本
德国	2017年	EEG（可再生能源法案）	免除部分表前储能的电网电价和税收
英国	2017年	英国智能灵活能源系统发展战略	明确储能的各项资质与性质，消除储能等智慧能源的发展障碍，提升电网对储能的兼容性
英国	2020年	取消储能部署容量限制要求	允许开发商在英格兰地区部署50MW以上储能项目，在威尔士部署350MW以上储能项目
荷兰	2021年		结束对储能的双重征税

资料来源："European Commission"；东方证券研究所；清新资本。

表4-6　欧洲各国为促进储能发展采取的措施

国家	内容
奥地利	①取消光伏发电的用电消费税 ②允许电池储能系统用于频率辅助服务和非频率辅助服务，作为电网节点的电网资产
比利时	①允许直接或通过聚合商参与市场 ②免征储能的部分电费 ③免除储能系统提交环保证书的义务
丹麦	①允许电动汽车电池参与日前和辅助服务市场 ②TSO Energinet发布了专门用于连接和接入电池系统的电网代码
爱沙尼亚	波罗的海国家实行统一平衡市场，储能可以提供mFRR服务政策，允许TSO在进行弹性资源招标时选择储能

续表

国家	内容
芬兰	①政府成立了智能电网工作小组，负责储能、聚合商、用户等方面的工作 ②2019 年取消了对大型电池储能系统的双重征税 ③允许储能参与非频率辅助服务
法国	正在试点储能参与辅助服务市场
意大利	①住宅光伏储能系统允许扣除适当的税收成本 ②GSE（管理奖励支付的机构）负责确认并监管在接受补贴的现有光伏发电厂安装储能系统 ③UVAM 试点项目增加储能参与电力辅助服务 ④UVAS 试点项目允许储能参与快速响应的频率调节服务
卢森堡	免除储能的电网关税
荷兰	①TenneT 正在开发 aFRR 试点项目，重点关注聚合商和分散能源资产 ②地方政府（如直辖市和省）制定的《国家气候协议》中定义的区域能源战略（RES），同时关注能源基础设施（以及储能）方面 ③针对储能制定了多项标准，以提高市场的灵活性
波兰	《2017 年容量市场法》中的容量市场设计优先考虑了低排放技术，包括储能技术，所需的最低供应时间缩短为 4 小时
英国	①《2017 年能源系统升级研究》列出了 29 项行动，以消除储能发展的障碍 ②2019 年政府启动"大规模储能"计划，为创新的大规模储能示范项目提供资金支持 ③国家电网允许储能参与平衡服务、电压调节、黑启动等

资料来源："European Commission"；东方证券研究所；清新资本。

2. 各国颁布表后市场储能利好措施，德意领先

欧洲各国近年来储能表后市场，尤其是户用储能市场利好政策频发。2019年欧盟提出 CEP（Clean Energy Package）能源政策最新框架，其中多条法令提及储能，2019/943 和 2019/944 法令提出大力支持户用储能市场发展，消除发展中可能存在的财务障碍。德国自 2013 年开始实施户用光储系统补贴计划，总额3000 万欧元，虽然已于 2018 年结束，但各州层面仍保留储能安装补贴。瑞典于2016 年提出户用储能补贴计划，可覆盖 60% 的安装费用，最高补贴达 5400 欧元。意大利 2020 年提出 Ecobonus，对户用储能设备税收减免由原来的 50%~65%提升至 110%（见表 4-7）。

表 4-7　欧洲各国表后市场储能相关政策

国家	时间	政策名称	内容
欧盟	2019 年	CEP 计划 (Clean Energy Package)	2019/943 与 2019/944 法令提出，大力支持家用储能市场发展，消除发展中可能存在的财务障碍

续表

国家	时间	政策名称	内容
意大利	2020 年	Ecobonus	对家用储能设备税收减免由原来的 50%~65% 提升至 110%
德国	2019 年	德国可再生能源法	将户用储能支付税费的装机容量上限从 10kW 提升至 30kW
德国	2013 年	光储补贴计划	启动"光伏+储能"补贴计划，总额 3000 万欧元，2018 年到期
瑞典	2016 年	户用储能补贴计划	为家用储能提供补贴，可覆盖 60% 的安装费用，最高达 5400 欧元

资料来源："European Commission"；东方证券研究所；清新资本。

德国是欧洲第一大户用储能市场，意大利、奥地利、英国等继续快速增长。在未来几年内，德国将继续保持欧洲户用储能市场龙头地位，而意大利将紧随其后，保持第二大市场的位置。

政府大力补贴与电价高昂是德国户用市场发展迅猛的主要原因。一方面，德国早在 2013 年便提出德国复兴信贷发展银行户用光储补贴计划，促使第一批户用光伏和储能系统的安装，随后 2016 年提出新一轮光储系统补贴政策，总额高达 3000 万欧元。尽管该政策已于 2018 年结束，但大多州仍保留了一部分对光储系统的补贴。另一方面，德国希望快速实现能源转型，包括到 2022 年关闭所有核电站，通过提高税收的方式导致零售电价飙升，德国 2021 年家用电价超 30 欧分/kWh，是全欧洲大陆户用电价最高的国家。户用储能可以有效降低户用电费，因此德国户用储能安装积极性高涨。

意大利于 2020 年出台了新的税收激励政策，对户用储能设备税收减免由原来的 50%~65% 提升至 110%，大大提高了用户安装储能的积极性。在政府的大力支持下，奥地利将超越英国成为第三大市场。奥地利延长了 2020~2023 年针对户用光伏和储能的补贴，总预算为 2400 万欧元，其中 1200 万欧元专门用于户用储能。除此之外，瑞士、西班牙、爱尔兰、捷克、瑞典等国会在国家政策的支持下，成为欧洲新的增长点。

3. 欧盟颁布电池相关政策，促进新型电池技术的发展

欧盟特别重视新型电池技术的发展，颁布了一系列相关的政策以促进电池产业的发展以及储能方面的应用。2019 年欧洲电池战略研究会议从电池应用、电池制造与材料、原材料循环经济、欧洲电池竞争优势四方面提出了未来十年的研究主题及应达到的关键绩效指标，旨在加速建立具有全球竞争力的欧洲电池产

业。2020年12月，欧盟《电池指令》修订草案计划建立新的电池监管框架，确保欧盟市场上的电池在全产品周期内符合持续、高性能和安全标准，旨在进一步提升欧洲电池产业竞争力。欧盟还将建立一个在线电池数据系统，让消费者能够了解和追踪市场上所有电池的全生命周期。2021年初，欧盟提出2030电池创新路线图，认为传统的铅、新兴的锂、镍系和钠基电池，不同种类的电池都有适合于特定应用的优点，没有一种电池或技术能满足全部应用要求，路线图将重点放在各种关键应用，确定需要改进的关键电池性能，以满足未来应用的需求，强调欧洲不能逐步淘汰一种电池技术，转而采用另一种电池技术，认为所有电池技术都有助于实现欧盟的脱碳目标，同时也强调了锂离子电池在电力储能领域的优势。2021年1月，欧盟委员会批准了29亿欧元的预算，用于支持新型电池技术储能领域的研究，提高欧盟地区电池制造能力。

二、欧洲储能发展相关电力市场

（一）欧洲各国的储能主要应用场景不尽相同

欧洲电力市场中发电由输电运营商（TSO）采购，电网管理服务由配电运营商（DSO）采购，非频率辅助服务由TSO或欧洲国家监管机构（National Regulatory Authority，NRA）采购。商业运营方面各国不尽相同，比如英国的储能主要应用场景是电网快速调频及容量服务，需求源于英国对新能源发电的大力倡导。德国主要以应对高比例新能源发展的频率稳定控制、新能源+储能、电网侧储能为主。

（二）各国积极探索储能电力市场的收益模式，包括频率控制设备、电力市场交易及其他收入来源

目前欧洲储能，特别是电化学储能基本不能提供电压控制、黑启动等非频率辅助服务，收益来源相对单一，欧洲市场一直在积极探索储能电力市场收益模式。表前储能市场主要商业应用是频率控制储备（FCR），根据Clean Horizon统计，约48%的表前大型储能系统用于频率控制，而在电力市场、可再生能源并网领域占比分别为26%和13%。欧洲允许储能参与的辅助服务通常要求最低容量为1MW，但是很多国家都允许储能通过聚合的方式参与，包括比利时、法国等。

欧盟也在积极推动储能参与电力市场交易，2018年欧洲电力现货交易所（EPEX）推出FCR交易，联合采购3GW的FCR储能服务，其中德国603MW、法国561MW、荷兰74MW、瑞士68MW、奥地利62MW、比利时47MW。近年来

欧洲 FCR 价格出现下跌，Clean Horizon 研究发现，FCR 价格从 2017 年的平均 18 欧元/MWh 下降至 2020 年初的 5 欧元/MWh。

FCR 服务包括一级储备和二级储备，一级储备服务需要具备快速的响应时间（30s），二级储备也称为自动频率恢复储备（aFRR），需要的激活时间更长。一级储备收益近几年缩水严重，二级储备会成为未来表前储能收益的主要增长点。

同时，由于 FCR 收益不佳，欧盟也在积极寻找其他的收入来源。根据欧盟 2020 年的储能报告，未来欧洲储能会优先完善电力和储备市场，再逐步完善其他辅助服务市场。aFRR 旨在将电网运营频率恢复到标准值，需要较长的激活时间，且需要持续放电时间 2~4 小时的储能系统。二级储备的收益模式提供预留付款和激活付款的组合。中国储能网的数据显示，目前 aFRR 在欧洲的收益达到 10 万欧元/兆瓦年以上。比利时的 aFRR 市场对储能系统开放后，价格一度飙升至 36 万欧元/兆瓦年。但是，目前欧洲大部分地区不允许储能系统参与该项服务。Clean Horizon 称欧洲近期正在推进名为 Project PICASSO 的欧洲 aFRR 互惠化项目，在比利时、法国、西班牙等许多国家形成了与储能兼容的市场规则。

三、欧洲储能市场发展特点

（一）储能应用场景总结

尽管欧洲储能市场已经是全球前三，且增长稳健，但储能在欧洲的发展仍存在不少障碍，大部分欧洲国家没有全面的储能监管框架，关于储能的政策分布在不同的法规中。

欧洲表前市场现有装机容量较低，目前最大的障碍是欧洲缺乏一个全面地从能源系统和储能投资者角度，充分考虑其利益和对欧洲整体储能行业长期发展的规划。截至目前，包括德国、法国等在内的许多国家，对于储能仍然存在双重电网收费制度，即储能在充电时被视为消费者，需要支付充电费用，供电时被视为生产者，需要再次支付上网费用；还有部分国家存在类似的双重征税，这都极大地打击了表前储能部署的积极性。目前，西班牙、法国等地区没有出台针对储能及其发展的法律法规，很多仍被视为发电资源，商业利润低，未能调动开发商的积极性。荷兰由于缺乏涵盖储能的许可条例，地方对储能单位施加非常严苛的条件。目前，各国逐渐认识到储能的重要性及其发展路上的障碍，针对这些问题进行了进一步的改革，同时相继推出多项支持其发展的政策。表前市场当前主要收益来源为频率控制储备，欧洲各国正在积极探索新的收益来源，二级储备会成为未来表前储能收益的主要增长点。

根据 Data Europa 统计，截至 2020 年欧盟在运的表前储能项目（包含抽水蓄能）累计装机容量为 51.68GW，德国、意大利、英国等累计装机容量居于前列。表前电化学储能项目累计装机容量为 1.21GW，英国占比 47%，遥遥领先。在新部署的电化学储能项目中，英国亦表现出色，2020 年英国新部署 941MW 电化学储能项目，且 2020 年部署的大量储能项目将于 2021 年投运。

英国是欧洲最大的储能表前市场，其在未来 12~18 个月内建成的大型储能项目以 30MW 以上的独立储能电站为主，与新能源共建的项目相对较少，储能装机规模向着大容量发展。拟建的储能系统分布于英国的各个地区，其中东南地区的装机规模最大。英国表前市场的收益多样化，英国储能中抽水蓄能可以提供 FCR/FRRm/RR 服务，电化学储能可以提供 FCR 和 FRRm 服务。英国国家电网计划自 2018 年 4 月开启电压监管、黑启动等新服务市场。英国市场储能在发电侧：一方面，帮助可再生能源并网，降低可再生能源运行成本；另一方面，给电网提供辅助服务获得收益，其中包括 Firm Frequency Response、需求管理的频率控制、动态遏制以及增强频率响应（EFR）等。其中，自 2016 年以来建设的储能项目由于获得了 EFR 增强频率响应的合同，可以获得相对稳定的收益。

欧洲表后市场表现亮眼，是全球最大户用储能市场，2021 年新增规模突破 1GW。其中德国是全球最大的户用储能市场，一个国家占据了欧洲 2/3 的市场。根据 BNEF 统计，德国 2020 年户用储能新增 552MW/1.02GWh，累计安装超过 30 万套家庭储能系统，2021 年持续保持增长，至 2021 年底已累计安装超过 43 万套家庭储能系统。未来数年户用储能市场仍将是欧洲储能市场的主要增长点。英国《卫报》指出，由于大型储能项目对政策支持依赖度比较高，通常需要获得规划许可、政府财政支持或采购招标才能推进，因此对政策支持依赖较小的小型家用储能系统有更大的发展潜力。

Solar Power Europe 于 2020 年预测欧洲户用储能市场未来五年内将继续保持强劲的增长。快速增长的主要原因包括：①新冠肺炎疫情刺激欧洲居民对电力独立的需求。②欧洲对户用储能市场在政策与补贴支持，刺激户用储能累计装机量复合增速达 60% 以上。欧盟国家的居民用电不仅实现了自发自用，而且在余量电力上网、电网服务等商业模式的探索方面也走在前列，因此极大地提高了家用储能的经济性。③欧盟居民电价位列世界之最并持续走高，光储自发经济性凸显。欧洲电价更偏市场化，高电价刺激其家用储能市场快速增长。根据 Global Petrol

Prices 披露的数据，截至 2021 年 3 月，全球家庭平均电价为 0.135 美元/kMh，最高价格为德国的 0.361 美元/kMh。高电价的现象在德国尤其显著，根据 BDEW 的数据，自 2008 年以来，德国的电费不断上升，已从 21.65ct/kWh 上升至 2020 年的 31.47ct/kW，平均每年涨价 3.17%。在高电价的驱动下，欧盟的家用光储系统经济效益日益体现。④小型户用光储系统成本快速下降。以德国为例，根据 Solar Power Europe 统计，2015~2019 年，小型光伏系统成本下降约 18%，户用储能系统成本下降近 40%，预计到 2023 年，户用光伏系统成本会进一步下降 10%，而户用储能系统成本将会大幅下降 33%。

（二）主要储能技术总结

在储能技术路线层面，抽水蓄能仍然占据欧洲主要储能市场份额，电化学储能是新的增长动力。根据 Data Europa 的累计装机容量统计数据，目前抽水蓄能占据欧洲储能市场的 94%，德国的抽水蓄能规模最大，意大利、西班牙和英国紧随其后。抽水蓄能度电成本最低，但是它受到地理位置的约束，近几年增长明显放缓。未来抽水蓄能仍会有所增长，到 2050 年德国仍将是欧洲最大的抽水蓄能市场。从欧洲储能市场新增装机容量来看，电化学储能正成为发展主力。随着技术的快速发展，电化学储能成本降低，可靠性提高。根据 EASE 统计，截至 2020 年欧洲累计电化学储能装机达 5.3GWh，同比增长 45%；2020 年新增装机约 3GWh。就 2020 年新增装机容量来看，德国和英国占据欧洲电化学储能市场的主导地位。

四、欧洲储能市场代表企业

（一）Sonnen

1. Sonnen 是欧洲最大的户用储能电池及能源服务提供商

Sonnen 是欧洲户用储能行业的代表性企业，2010 年在德国成立，并迅速在德国储能市场脱颖而出，仅用了 6 年时间就成为欧洲最大可充电储能电池制造商和家用储能供应商。在德国的成功促使他们于 2015 年正式进入美国的太阳能电池市场。2018 年，Sonnen 以 10% 的股份获得壳牌注资 6000 万欧元，并于 2019 年被其收购全部股份，成为壳牌的全资子公司。被收购后，Sonnen 不仅可以利用壳牌多年在 140 多个国家建立的产业资源，也与集团其他子公司产生正向的协同作用。例如，Sonnen 与电动车子公司 New Motion 一起开发电池解决方案；Sonnen 的存储单元和服务订阅可与子公司 First Utility 的产品进行绑定。

作为一家以能源为基础的公司，Sonnen 主要提供光伏太阳能家庭储能系统（SonnenBatterie）、虚拟电站（VPP）和智慧能源解决方案，主要目标客户是私人家庭和小型企业。

SonnenBatterie 不仅能储存能量，而且非常智能，可以整合到市场上任何现有的光伏系统。与太阳能电板搭配使用，可以帮助用户节省最高 75% 的电费，此外，客户可根据需求随时增加设备模块以达到扩容的目的。Sonnen 提供两种类型的太阳能电池，即 Eco 和 EcoLinx，都能储存太阳能供日后使用。Eco 电池由数个 2.5kWh 的磷酸铁锂电池模块组成，与逆变器和充电控制器一起组装入白色机柜内，通过增加模块，其容量最大可扩容至 20kWh，使用寿命长达 10 年。Eco 可以实时检测是否停电，如果电网瘫痪，用户会自动脱离电网，开始依靠电池的电源运行。同时，它还能分析用户使用习惯，并据此选择从电池或电网中获取电力的最佳时间。EcoLinx 是 Eco 的高阶版本。与 Eco 类似，EcoLinx 由多个 2.0kWh 的磷酸铁锂电池组成，并组装在一个黑色机柜内，同样也可以通过增加模块实现扩容，最大容量 30kWh，使用寿命可达 15 年。除了储存能源，EcoLinx 还可以集成到用户的智能家居自动化系统中，方便用户有效地管理所有智能设备。借助于 SonnenProtect 软件，EcoLinx 可以检测即将到来的恶劣天气，并开始自我充电，以便为停电做准备。

2015 年，Sonnen 推出了 SonnenCommunity，将分布式发电、电池技术与物联网进行结合，为能源增加了一层可交易性。通过将社区的 Sonnen 电池通过虚拟网络连接起来，形成单一的可再生能源虚拟发电厂，分配多余的存储电量，并允许社区用户通过电网和 SonnenCommunity 软件和硬件平台相互"分享"电力，将自己多余的电量以一定的价格在平台上进行销售。

现在，Sonnen 已经发展成为欧洲、美国和澳大利亚等多个国家和地区的家庭中较受欢迎的家储品牌之一。据统计，2020 年，全球家用储能产品市场，Sonnen 市占率为 8%，仅次于特斯拉和派能科技。在户用储能渗透率比较高的德国市场，Sonnen 是当之无愧的龙头老大，市占率最高，为 20%（见图 4-11 和图 4-12）。

2. Sonnen 在储能领域的最新动作

2021 年 12 月，Sonnen 宣布推出 SonnenBatterie Evo，这是该公司专门为澳大利亚和新西兰开发的首款户外家用电池解决方案，用以应对两国越来越普遍的严酷且难以预料的炎热夏季、雨季等。SonnenBatterie Evo 是一种完全集成的交流耦合存储系统，具有 IP56 室外防护等级，电池可安装在室外或室内，并符合 AS/NZS 5139 标准。它有 10kWh 的可用存储容量，由两个完全可用的 5kWh 电池模块组成，配备了 5kW 连续和 7kW 浪涌容量的备用电源，可在电网不运行时为家庭提供电力支持。

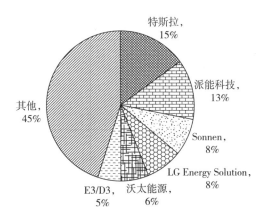

图 4-11　2020 年全球户用储能市场份额

资料来源：Renewable Energy World；方正证券；清新资本。

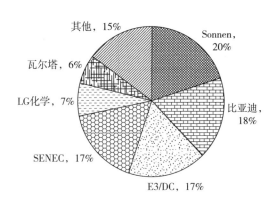

图 4-12　2020 年德国户用储能市场份额

资料来源：Renewable Energy World；方正证券；清新资本。

2022 年 6 月，Sonnen 宣布收购 Webatt Energia SL 公司 100% 的股份，该公司是西班牙领先的光伏和能源解决方案提供商。在此次收购之前，Webatt 和 Sonnen 曾有过五年的合作历史，共同为西班牙的住宅和存储市场交付了许多项目，Sonnen 家用电池也是 Webatt 公司产品的一部分。作为光伏增长较快的市场之一，西班牙在 2021 年新增的光伏发电装机容量达到 3.8GW，使其成为继德国（5.3GW）之后增长第二快的欧洲市场。此外，西班牙的电价在近几个月一直波动，最终客户价格在一年内甚至增长了两倍多，家庭和企业对光伏和储能的需求量巨大。通过使用太阳能和减少对电网电力的依赖，客户可以减少电价上涨带来的影响，光伏系统和储能系统的结合提供了基本不受波动电价影响并为家庭提供大部分清洁能源的可能性。此次收购有助于 Sonnen 进一步拓展西班牙市场，增加销售额并为未来的增长创造额外的产能。

（二）Renewable Energy Systems（RES）

1. RES 是在储能领域积极作为的全球较大的独立可再生能源公司

RES 是世界上较大的独立可再生能源公司，成立于 1981 年。40 多年来，RES 一直站在行业的最前沿，在全球范围内交付了超过 23GW 的可再生能源项目，并为一个大型客户群提供超过 9GW 的全球运营资产组合，拥有超过 2500 名员工，在德国、法国、英国、美国、加拿大等 11 个国家积极开展工作，涉及陆上和海上风电、太阳能、储能和输配电。

2014 年，随着其首个储能项目（4MW/2.6MWh）在美国俄亥俄州开始运营，RES 开始正式涉足储能行业；2015 年，在美国伊利诺伊州建成两个储能项目，总计 39.6MW/15.6MWh；2016 年，完成首个英国储能项目，该项目位于萨默赛特的太阳能园区，用于给西部地区进行配电；2018 年，位于苏格兰西洛锡安的 Broxburn 储能项目（20MW）完成交付，该系统能够在亚秒级的时间范围内做出反应，平衡整个网络的电力需求和供应，以保持稳定的频率，该电池也是苏格兰的第一个此类电池，可提供增强型频率响应（EFR）服务。至今，RES 在储能行业可提供开发、建设和运维等全套服务，其储能项目包含其独有的 RESolve 能源管理系统，已经在全球九个电力市场完成 23 个、总计超过 300MW 储能项目的交付。据分析和研究机构 Guidehouse Insights 在 2021 年初发布的公用事业规模表前储能领域全球顶级系统集成商排行榜中，RES 排名第三，仅次于 Fluence 和特斯拉。

2. RES 在储能领域的最新动作

2021 年 5 月，RES 获得英格兰北部一个 100MW 电池储能项目的规划批准，此次获批部署 51 个储能集装箱和 42 个变压器。该项目预计 2022 年底动工，2023 年底投入使用，一旦启用，将成为 RES 在英国和爱尔兰地区最大的储能项目。2021 年 12 月，RES 将该储能系统所有股权以 6500 万英镑的价格出售给了 TagEnergy。

2022 年 5 月，RES 向苏格兰 Moray 委员会提交了一份规划申请，计划在 Keith 变电站以东的 Drum 风电场附近建设 49.9MW 的储能项目。如果获批，将有助于 Drum 风电场创造一个更加稳定和安全的电力系统。

2022 年 5 月，RES 与 TagEnergy 签署新的资产管理协议。RES 的资产管理团队将监督 Chapel Farm（49.5MW）和 Hawkers Hill（20MW）两个储能项目的运营，并支持 TagEnergy 为消费者提供灵活、低成本的电力。RES 还提供施工阶段的财务管理服务，一旦项目交付使用，他们将提供持续的技术和财务资产管理服务。目前，这两个项目正在顺利建设中。

2022 年 6 月，RES 宣布加入瑞典 Landskrona 的储能项目，该项目占地面积为 4000 平方米，储能容量为 20MW，是瑞典最大的电池储能项目，相当于 Landskrona 大约 1/3 的用量。此次项目是 RES 在北欧地区的第一个储能项目，将在 2023 年之前与电网连接，投运后将有效强化 Landskrona 地区的电网，为该地区的发展计划创造机会。

（三）Siemens Energy

1. Siemens Energy 是西门子旗下提供创新储能技术的公司

2020 年，德国西门子公司将其天然气和电力（GP）部分拆分，成立了子公司——西门子能源公司。除 GP 部分外，西门子能源还拥有西门子 Gamesa 可再生能源公司 67% 的股份。2020 年 9 月 28 日，西门子能源公司在法兰克福证券交易所成功上市，上市后，西门子公司持有 35.1% 的股份。此次分拆是为了给予西门子能源独立的地位，以追求公司发展战略，并更容易适应企业的需求。西门子公司认为此举将在能源和电力领域创造一个像其他公司一样涵盖整个能源市场范围的企业，将公司传统发电组合与可再生能源的电力供应相结合，使公司能够充分满足客户的需求，能够从单一来源提供优化的、必要时合并的产品系列。

西门子能源公司可提供两种储能解决方案，即电池储能和热机械储能。在电池储能方面，可提供 BlueVault™ 储能和 SIESTARTTM 混合两种。BlueVault™ 储能解决方案是一种基于锂离子电池的解决方案，适用于全电动和混合动力储能应用，其设计有助于确保电力的连续性，并尽量减少排放，最终建立一个低排放平台，可以安装在新造和改造的柴电发电厂以及所有类型的船舶、钻井或 FPSO 中。SIESTARTTM 解决方案将燃气轮机的性能与电池储能系统（BESS）相结合，包含非常快速和可靠响应的锂离子电池技术，在设计上既有有功也有无功，在电网崩溃的情况下，它可以提供可靠的黑启动功能。此外，该系统可以根据需求进行 2~500MW 的容量扩展，可在任何电压水平上集成到发电装置或变电站中。在热机械储能方面，可提供压缩空气储能（CAES）方案。CAES 的压缩机组单个功率高达 120MW，可 4 分钟启动达到满载，使用寿命长达 30 年，可用于负载均衡/平衡、斜坡调节、频率振荡、传输优化、VAR 支持等场景。

2021 年全年，包括电力传输业务和储能业务，西门子能源营收达 58 亿欧元，调整后的 EBITA 为 6.5%，预计 2021~2030 年，公司在该部分的年增长率将达到 5%。

2. Siemens Energy 在储能业务领域的最新动作

2022 年 6 月，西门子能源公司与 Corre 能源公司签署了一项合作协议进行压缩空气储能的研究和推广，后者是一家欧洲公司，专注于基于压缩空气技术的长期储能方案，目前正在荷兰和丹麦开发项目，目标是到 2030 年至少有八个项目投入使用。

（四）三大企业对比

Sonnen、RES、Siemens Energy 对比如图 4-13 所示。

	❶ ○ sonnen	❷ res	❸ SIEMENS energy
布局时间	·2010年成立，深耕户用储能市场 ·2019年被壳牌收购	·1981年成立，主攻可再生能源领域40年 ·2014年起布局储能相关业务	·2020年由西门子公司天然气和电力部分拆分成立 拥有母公司多年的储能经验
业务规模	·截至2022年第二季度，安装Sonnen Batteries超过90000台	·截至2022年第二季度，交付23个储能项目，部署储能约为300MW ·2022年上半年规划储能约为69.9MV	·2021年，电力运输和储存部分营收约为€5.8B
业务增速	·N/A	·N/A	·电力运输和储存部分，预计2021年至2030年，年增长率将达5%
市场价值	·暂未上市	·暂未上市	·2020年9月28日法兰克福证券交易所上市，约为€16B~17B
估值倍数	·N/A	·N/A	·储能N/A

图 4-13 Sonnen、RES、Siemens Energy 对比总结

资料来源：公开资料整理；清新资本。

第四节　日本、韩国储能市场

一、日本、韩国储能发展相关政策

(一) 日本政府颁布一系列政策支持新能源及储能的发展

2011 年日本福岛核事故以后，日本开始尝试打破电力行业垄断，颁布了电气修改法，提高配电部门的独立性，发展储能行业以实现日本国内跨区域电力调配。储能技术发展和应用成为实现日本电力系统改革中的一个重要组成部分。从 2016 年开始，日本政府出台了一系列政策以鼓励可再生能源相关的技术和储能行业的发展。2016 年，日本政府经济产业省 (METI) 针对工商业领域推出 7800 万美元的提升能源效率和激励存储技术方案。分布式能源存储被明确纳入了该激励方案。2018 年 7 月，日本内阁决议批准了第五次能源基本计划，该计划代表着日本能源领域的基本政策。该计划中首次提出可再生能源发展长期目标，即至 2050 年将可再生能源发展成为日本的主要电力能源之一。2021 年 10 月，日本政府正式发布第六版能源基本计划，首次提出"最优先"发展可再生能源，并将 2030 年可再生能源发电所占比例提高到 36%～38%，同步发展新型储能技术。经济产业省计划在发电侧向光伏电站和电网变电站的储能系统提供激励机制，同时计划部署电化学储能装置以增强电网系统。在用户侧计划为装设锂电储能的家庭和商户提供 66% 的费用补贴。日本政府计划通过这些激励机制促进可再生能源及储能行业的普及率和增长率。

除财政政策上的支持外，日本政府在储能市场的政策导向也十分积极。要求公用事业光伏独立发电厂装备一定比例的储能电池来稳定电力输出及调频；要求电网公司在输电网上安装储能电池来稳定频率或从供应商购买辅助服务；在配电方，配电网或者微电网也有奖励政策鼓励安装储能电池；鼓励居民安装户用光伏储能系统。

日本政府还出台政策鼓励发展可再生能源相关技术和储能技术。日本致力于降低各类电池的成本和增加电池的使用寿命，包括车载电池、固定式储能电池、电池材料技术评价等，涉及的储能技术有锂电池、镍氢电池和全钒液流电池等。

2020 年日本投资研发新一代储蓄电池，希望未来通过量产使生产成本比锂电池降低 90%。在钠硫电池技术上，日本政府不仅在前期研发上给予无偿资金支持，提供 50% 以上的研发资金，还提供市场和示范项目等多方面的扶持，并计划在该技术投入商业化运作后继续给予补贴。经济产业省称：到 2030 年日本厂商的电池产能将提高近 10 倍至 600GWh，占据全球可充电电池市场 20% 的份额，并且在 2030 年左右实现全固态电池的全面商业化。经济产业省表示：电池是日本在 2050 年前实现碳中和的关键，因为它们是汽车和其他移动设备电气化的最重要技术，对于调整电力供需以促进可再生能源的使用也至关重要。日本也非常关注新的储能技术，如能源区块链、虚拟电厂等。日本政府在 2016 年提供了 39.5 亿日元资金支持虚拟电厂的发展。

（二）韩国的储能相关政策主要是可再生能源配额和电费折扣计划

韩国的储能相关政策主要包括可再生能源配额制（RPS）和电费折扣计划。2012 年，韩国推出可再生能源配额制，规定装机规模超过 500MW 的国有发电公司和独立发电公司都必须在其电力生产组合中包含一定比例的可再生能源。2014 年韩国政府正式宣布《第二次能源总体规划》，其中一个规划目标是建立激励机制鼓励储能系统 ESS（Energy Storage System）的大规模市场化，同时推动智能电网、虚拟发电厂、车辆到电网（V2G）以及节能设计方面的研发投资。自 2015 年起，韩国开始为配套储能系统的风电给予额外的可再生能源证书奖励。同时，2015 年韩国开始实施电费折扣计划，支持发展用户侧（不含家庭）储能系统。自 2017 年起，安装储能系统的光伏电站也可以获得额外奖励。配套储能的风电光伏电站在可再生能源证书计算中的权重远远高于其他不配套储能的电站。韩国还出台一系列政策推动调频辅助服务、绿色岛屿项目、可再生能源智能家庭项目，极大地促进了可再生能源并网、海岛和用户侧储能的应用。这些政策推动韩国储能项目从 2013 年不足 30 个急剧上升至 2018 年的 1490 个，在 2018 年全球新增电化学储能装机总量中韩国占比 45%。

2019 年 6 月，韩国通过了《第三次能源总体规划》，该规划主要有两个重点：①至 2040 年提高可再生能源在总能源结构中的比例至 30%~35%；②提高可再生能源，如燃料电池等分布式发电的比例，将分布式发电的份额从 2007 年的 12% 增加到 2040 年的 30%，其中储能系统将是一个重要组成部分。这将使储能行业随着分布式能源的发展而需求大增。

2022 年 3 月，韩国产业通商资源部公布储能装置（ESS）、能源管理系统

（EMS）和新能源金融支援项目。韩国政府将总共投资 94 亿韩元，约合近 5000 万元人民币用于太阳能、风力、氢气等可再生能源发电的基础设施建设。其中 ESS/EMS 融合系统建设费用 44 亿韩元，融资支援项目费用 50 亿韩元。ESS/EMS 融合系统普及项目主要面向工商业中小型企业，根据应用不同最多可补贴其 70% 的成本。另外，韩国提供优惠的银行贷款政策和补贴政策鼓励中小企业安装储能系统。当中小型企业需要贷款投资储能系统时，政府首先保证贷款的成功率，另外给予 0.2% 的担保费率优惠，同时给予 1% 的银行贷款利率优惠。

但是，伴随着储能项目的快速增加，相关的火灾事故频繁发生。2017 年 8 月至 2019 年 5 月，根据韩国民间协作 ESS 火灾事故调查委员会的调查结果显示，共发生 23 起火灾事故，主要原因包括：电池系统缺陷、电池保护系统不良、运营操作环境管理不善、储能系统集成控制保护系统欠缺。根据火灾事故调查结果，韩国政府决定加强储能系统制造、安装和运行阶段的安全管理。韩国采取了一系列措施加强储能行业的安全管理，包括加强储能项目火灾可能性的评估、新设储能系统夜间发电制度、扩大储能系统认证范围。

二、日本、韩国储能发展相关电力市场

（一）日本目前建立起了竞争性的电力批发市场

长期以来，日本由十大垂直一体化的私有电力公司实行区域垄断经营。日本从 20 世纪 90 年代开始启动电力市场化改革，通过成立特定规模电力企业引入独立发电企业等方式，在售电侧和发电侧引入竞争机制，探讨电力市场放松管制和实施自由化。1995 年日本首先在发电侧引入独立发电公司（IPP）参与发电竞争；1999 年引入特定规模电力企业（PPS）从事发售电业务；2000 年 3 月开始允许电力零售竞争，并开放 2000kW 以上电力大用户自由选择供电商；2004 年 4 月允许 500kW 用户自由选择供电商；2005 年 4 月进一步允许 50kW 用户自由选择供电商，自由化用户用电量已占到全部用电量的 60%。2011 年福岛核事故发生后日本提出新一轮电力改革思路框架；2013 年日本内阁通过了新一轮电力改革方案；2015 年参议院通过了新的《电气事业法》修正案提出改革方案第三阶段内容；2015 年 4 月 1 日广域系统运行协调机构成立；2016 年 4 月 1 日日本全面开放电力零售市场，取消居民电价管制，允许所有用户自由选择售电商。

2017 年 2 月，日本"贯彻电力体制改革政策委员会"提出了新电力市场的建设方案。新电力市场设计理念改变了传统电力市场统一以 kWh 体现价值的体系，明确将电源价值区分为四类：电能源（kWh 价值）、容量（kW 价值）、调节量（kW 价值）（运行系统灵活性和安全性）和其他（外部价值），并分别设计了与体现这些价值相对应的新电力市场规划（见图 4-14）。与此同时，陆续开启了非化石价值交易市场（2018 年 5 月）、间接输电权市场（即批发市场，2019 年 4 月）、基荷电力市场（2019 年 8 月）、容量市场（2020 年 7 月）和供需调节市场（2021 年 4 月）五大市场的建设。

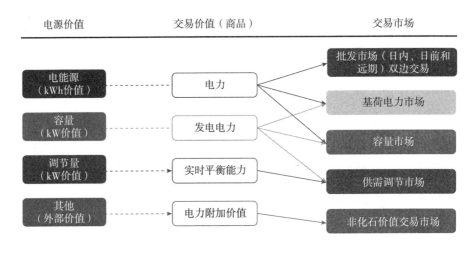

图 4-14 日本电力市场体系

资料来源：清新资本。

间接输电权交易市场的设立促进了储能设施的发展。长期以来，日本十大电力公司更关注在各自垄断经营的区域建设电网，所谓的电网其实就是公司内部的"局域网"，因而造成跨区域电网容量十分有限，跨区输送电力较少。各区域电力系统之间甚至使用不同频率，东日本电网为 50Hz，而西日本电网为 60Hz，没有形成一张真正意义上的全国电网。输电网开放是电力市场的重要特征，输电网的所有者必须将输电网无歧视地开放给所有使用者。2018 年 10 月 1 日，日本输配电改革开始输电权间接竞价，过去输电调度的"先到先得"计划模式被更改为根据"优先次序"的市场定价模式，即按照现货市场约定的价格高低，对电网中的所有发电设施进行先后排序。新增电力公司由此可以获得公平的电网接入和输配电服务。

日本的供需调节市场本质是一个辅助服务市场，主要提供调频服务和备用服务。供需调节市场的作用就是通过市场交易进行电力电量平衡，而平衡服务具有容量和电量双重属性。过去实时平衡的辅助服务被默认为是十大电力公司的义务和责任。电力自由化改革之后，日本执行发电侧、售电侧的计划电量与实际用电需求之间偏差平衡的"计划值同时同量制度"。调节电源向社会公开竞标，可调度的发电设备、储能设备、需求响应 DR 及其他资源均可参与。

2020 年是日本第五轮电力体制改革的收官之年，从 4 月 1 日起一般输配电企业与各大电力公司实现了法定脱钩，这标志着自 1995 年以来的日本电力自由化改革基本达成。日本电力体制改革的核心是统一大电力市场建设，经过前四轮的电改，日本已建立起了竞争性的电力批发市场（JEPX），形成了日前市场、日内市场以及远期市场的多市场交易体系（见图 4-15）。

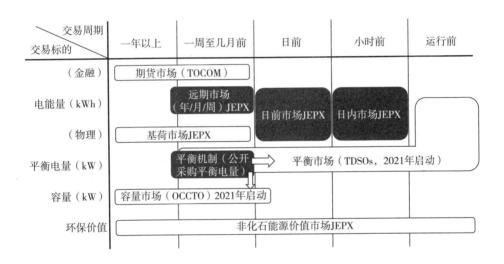

图 4-15　日本电力批发市场（JEPX）结构

资料来源：清新资本。

（二）韩国目前建立起了储能设施电力交易

韩国电力市场改革经历了两个阶段。1987～1998 年为第一阶段，即民营化改革阶段，这一时期改革的核心是韩电 KEPCO 的有限民营化，KEPCO 仍然实行垂直一体化公有垄断经营。1999 年至今为第二阶段，即结构改革阶段，以民营化和结构改革为措施，韩国政府欲实现的电力市场化改革目标是引入竞争建立电力交易市场，确保电力供应的长期性和稳定性，实现消费者自由选择。1999 年 1 月韩国政府发布了由 MOCIE 制订的，旨在打破 KEPCO 垂直一体化公有垄断经营，引入竞争机制的重组计划，该计划参考了英国和澳大利亚模式。2000~2002 年为建立发电竞争阶段，这一时期把 KEPCO 的非核发电部分拆分重组成五个发电子公司并分步实现民营化。2003~2008 年为建立电力批发市场竞争阶段。这一阶段将配售电资产从 KEPCO 分离出去只保留输电资产，分离后的配售电资产将按地区成立数家配电和售电公司，配电公司之间通过价格投标开展竞争并分阶段实现民营化。2009 年以后为零售竞争阶段，这也是市场化改革计划的最后一步，将会解除配电公司的地区控制权放开配电网，消费者可以根据市场规则自由实现电价零售竞争。经过上述改革以后，韩国形成如图 4-16 所示的电力市场。

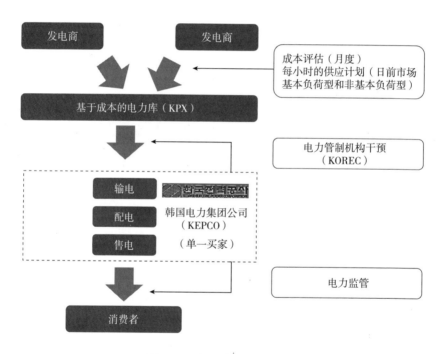

图 4-16 韩国电力市场结构

资料来源：清新资本。

韩国电力交易中心（KPX）的发电成本评估委员会（GCEC）定期评估每个发电机组的各项成本。此外，电力系统采用容量费的方法来促进发电容量的投资和补偿现有发电机组的成本回收。KEPCO 是发电市场的单一买家。KEPCO 放开输电网，保证配电公司自由使用输电网，并向配电公司收取电力输送费用。市场

定价机制采用双向竞价的 POOL 模式，除中央调度将改用新建的能源管理系统
（EMS）外，亦将对输电线路损失及各类辅助服务采用新的成本分摊或定价机制，
所有持有售电执照的售电商可利用其他配电公司的电网在任意一个地区向用户售
电，但需要支付网络使用费。消费者可以根据市场规则选定从任何一家配电公司
或电力经纪商那里购买电力，形成电价零售竞争。

国际能源署（IEA）2020 年发布《韩国能源政策国家报告书》称，韩国电
力部门由单一购买者组成，以强制型电力库（Mandatory Pool）的方式运营，批
发零售价格由政府设定而不是市场，报告建议韩国开放国内电力市场，提高市场
竞争。韩国国内电力产业实际上是由 KEPCO 垄断生产、运输（送电和配电）以
及销售等全过程。在发电侧 KEPCO 下属 6 家发电公司的市场占有率超过 80%，
在输配电端 KEPCO 100% 垄断，且销售端除 KEPCO 以外的民营企业所占比重也
极小①。

2017 年韩国政府开始允许储能设施的电力交易，韩国把储能电力看作发电
项目，因此需要参与电力市场的招投标。韩国对储能电力实行特殊费率，即差额
电费收取制。如果用户侧安装有储能设施，那用户侧实际缴纳的电费为总电费减
去储能装置的装机容量。举例来说，如果用户侧的电力需求是 10MW，用户侧已
安装 2MW 的储能容量，当实际电费为 10MW 时会扣除 2MW 的储能电力，只收
8MW 的电费。针对储能设施的这一特殊费率自 2016 年起实行至 2026 年。

三、日本、韩国储能市场发展特点

（一）日本储能市场发展特点

日本对可再生能源有明确的规划和目标，预期到 2030 年可再生能源发电量
占到总发电量的 36%~38%，2050 年成为其主力电力来源。

日本是光伏产业最早和最大的应用国，目前的光伏装机量仅次于中国、美
国、印度，位居全球第四。日本电力需求量大但国土面积小，不适宜兴建大规模
的太阳能发电站，而屋顶光伏产业和分布式电站是相对合适的选择。自 2012 年 7
月，日本实施了 FIT（太阳能发电固定价格收购制度），给予光伏较高的并网电
价，带动光伏装机快速普及，成为可再生能源发电的主导资源之一，但 FIT 补贴

---

① IEA：韩国应开放电力市场［EB/OL］.［2020-11-27］. http：//www.mofcom.gov.cn/article/i/
jyjl/j/202011/20201103018762.shtml.

逐步退坡，日本光伏热已经逐渐降温。

近年来，在政策引导、光伏组件及储能技术下降以及高值电价的三重因素作用下，日本光伏产业逐步走向新模式，即光伏+储能。光伏应用主要有三大场景：户用、工商业及地面电站，其中户用及工商业系统并网发电获取高额补贴电价模式正在转向"光伏+储能"自发自用模式，而传统地面电站系统功率输出波动可能会给电网安全造成极大冲击，储能系统成为必备配置来进行发电侧调频以实现光电并网。阳光电源日本国家经理孙潇表示预计到2023年，FIT到期的住宅用户累计会达到164万户，相当于6.7GW，为储能释放出一定的应用空间，下一步户用储能发展前景会持续向好。

日本2017年全面开放电力零售市场，至2020年已经基本形成跟美国和德国一样的电力实时自由交易市场，发电侧可以售电给电池储能系统，电池储能亦可提供辅助服务。同时，日本电力行业改革在发电侧和售电侧引入竞争机制，促进了储能在电力行业的应用，再加上上述提到的政策引导和成本下降，日本光伏+电化学储能模式已经实现财务盈利可持续发展模式，越来越多的国际开发商也开始投资日本的光伏+储能项目。

在储能技术路径选择上日本主推电化学储能，为此制定了一系列的政策：要求公用事业太阳能独立发电厂装备一定比例的储能电池来稳定电力输出；要求电网公司在输电网上安装储能电池来稳定频率，或者从供应商购买辅助服务；在配电方、配电网或者微电网方面也有奖励政策鼓励储能电池使用，也可以把储能电池业务外包给第三方。同时，日本鼓励居民安装家用储能系统，家庭也可以把储能电池储存的电能并网进行销售。日本目前的财政补贴政策主要针对锂电池储能项目，即为安装锂电池储能的工商业和家庭用户提供66%的成本补贴。整体来看，从发电侧、电网侧和用户侧都配置了电化学储能。

（二）韩国储能市场发展特点

韩国制定了非常明确的可再生能源发展目标，至2040年可再生能源在总能源结构中的比例提升至30%~35%。与日本一样，韩国也大力推动光伏行业发展，在2012年开始用RPS（Renewable Portfolio Standard）政策取代原先的FIT，RPS方案就是强制发电公司在总的发电量中提供一定比例的新能源和可再生能源。在RPS方案的推动下，韩国的光伏装机实现了快速增长。

韩国储能产业的发展，主要是在与日本的合作基础上发展起来的。日本在储能方面的发展，起步较早。韩国与日本之间进行了多次合作，从而构建了自己的一套体系，开启了关于储能系统的科研和创新的 KESS（韩国储能系统）计划。

2012 年，韩国将储能系统进行并网并做了些示范性项目。2013 年韩国建设了一些小的海上风力发电的储能系统，初步形成了自己的商业模式概念。2014 年，新能源汽车迅速崛起，韩国抓住储能行业发展新的机遇，实施了很多微网项目。此后，韩国的储能系统逐渐应用到整个行业的各个细分领域。2017 年韩国储能行业基本形成了完整的生态，全面覆盖了储能电池的生产商、PCS 储能逆变器、用户端系统集成、微电网、智能电网、辅助调频等各个环节。此外，韩国岛屿较多，政府在岛屿微电网应用方面做了不少创新和投资，目前已经有 32 个岛屿采用微电网的模式。最大的济州岛兴建了 2 台 250kW 风力涡轮机，以及带有 1MW/1MWh 锂离子电池储能系统的屋顶太阳能电池，可以提供该岛总耗电量的 70%。

韩国主推的也是电化学储能技术，主要因为韩国有全球领先的储能电池制造商，即以 LG 化学、三星和 SDI 为首的三巨头，还有 SK 创新、Kokam 等公司。截至 2020 年底，韩国累计电化学储能装机达 3.8GW/9.2GWh，是全球第二大市场[①]。但是与日本持开放态度不同，韩国储能市场相对封闭。2020 年 8 月，特斯拉宣布放弃在韩国推出"特斯拉能源"储能产品的计划，主要是因为其没有获得韩国电池工业协会的行业标准认证。其实在 2018 年，特斯拉就开始在韩国推出其储能产品，并在 2020 年初获得了韩国技术和标准局（KATS）对其储能产品的 KC 认证，但一直未能从韩国电池工业协会获得行业标准认证，这是在韩国从事储能业务的另一个核心资格认证。

韩国储能市场的一个独有的特点是安全管理比较薄弱，火灾事故频发，给行业带来巨大负面影响。截至 2022 年第一季度，韩国累计发生 34 起储能装置火灾事故，累计财产损失约为 466 亿韩元，约为 2.5 亿元人民币。截至 2022 年第一季度，韩国 1490 个储能项目中已经有 522 个被关闭，其余的需待检修确认后才可重新启用[②]。韩国政府储能行业火灾事故最终调查结果显示，事故原因主要为电击保护系统不良、运营操作环境管理不善、安装疏忽、储能系统集成控制保护系统管理不善。有专业人士分析，韩国储能行业连续发生火灾，可能和行业标准

---

① 曾朵红. 聚势前行，如日方升，开启万亿蓝海新篇章——储能行业深度报告［R/OL］.［2021-08-11］. https：//pdf. dfcfw. com/pdf/H3_ AP202108111509423700_ 1. pdf？1628699589000. pdf.

② 韩国第 34 起储能火灾事故！累计财产损失达 466 亿韩元！（附项目详情表）［EB/OL］.［2022-01-20］. https：//news. bjx. com. cn/html/20220120/1200562. shtml.

建立不完善有关。在韩国决定大力支持储能行业发展之时，韩国国内并没有完善的产品标准和安全标准，一系列火灾事故之后，韩国制定了专门针对储能系统的消防标准和火灾应对标准运营程序，从而强化储能产品的国家标准与认证。

由于近几年的韩国储能事故频发，储能装机增速明显下降。韩国政府与相关企业采取了一系列措施以尽快挽救和复苏储能市场。比如，加强储能行业标准与认证，研发防止火灾技术，批准没有工业火灾危险的 VRFB（钒氧化还原液流电池）进入储能市场，出台新的政策鼓励储能建设等。尽管火灾事件使韩国储能产业发展暂时停滞，但韩国政府表态会加大支持力度，因此韩国储能产业进入正常发展轨道应该只是时间问题。

四、日本、韩国储能市场代表企业

（一）LG 化学

1. LG 化学成立 LG 新能源以专注电池业务领域

LG 化学成立于 1947 年，是韩国最大的化工企业，产品涉及业务包括电池、石油化工、尖端材料、生命科学四大板块。LG 化学在动力电池领域，一直位于行业头部，与宁德时代激烈争夺全球头把交椅。2020 年，作为畅销车型特斯拉、奥迪 E-tron、雷诺 Zoe 等的电池供应商，LG 化学电池业务销量迅速走高。据 SNE Research 调查数据，2020 年前 7 个月，LG 化学动力电池装机量达 13.4GWh，同比增长 97.4%，市场份额达到 25.1%，超过蝉联三年的宁德时代，成为全球最大动力电池企业。但随后的两个月，得益于中国市场的回暖，宁德时代又回到龙头位置，1~9 月总装机量 19.2GWh，市占率 23.1%，超过 LG 化学的 18.9GWh。

面对电池领域的巨大发展前景和日渐白热化的竞争，为保持头部企业优势，2020 年 12 月，LG 化学将电池业务拆分，成立 LG 新能源（LG Energy Solution）公司，专注电池业务领域，提高管理效率。

2022 年 1 月 27 日，LG 新能源在韩国证券交易所挂牌上市，开盘后股价暴涨，即便以盘中最低价计算，市值也超过 105.3 万亿韩元（约合 800 亿美元），成为韩国市值仅次于三星的第二高企业，但仍不及宁德时代，同一时间点，宁德时代市值约为 2000 亿美元。为缩小与宁德时代之间的差距，自 2021 年以来，LG 能源不断进行全球布局，希望扩大产能（见表 4-8）。

表 4-8 LG 新能源扩大电池产能时间

日期	详情	政策名称
2021 年 3 月	考虑在美国建设两家工厂	2025 年前对美国的生产业务投资超过 45 亿美元
2021 年 6 月	和通用汽车的合资企业 UltiumCells 表示，将投巨资在美建设第二座电池工厂	投资超过 23 亿美元
2021 年 7 月	投资开发下一代电池技术，扩大本地产能	2023 年前将其电池产能提高到 260GWh（将为 370 万辆电动汽车提供电池）；到 2030 年，将投资 12.4 万亿韩元（约合 100 亿美元）
2021 年 10 月	与汽车制造商巨头 Stellantis 达成合作协议，双方希望在北美建造一家新电池工厂	计划到 2024 年投资 13.6 亿美元
2021 年 12 月	预计未来圆柱形电池需求将大幅增长，因此计划在中、韩两国砸重金再扩产	投资额约 99.8 亿元人民币
2022 年 1 月	与通用汽车宣布，在美国建立第三家合资动力电池工厂	投资 26 亿美元，计划于 2025 年初实现一期量产，有望满足约 70 万辆高性能新能源汽车的需求
2022 年 3 月	宣布计划在美国亚利桑那州建立一座电池工厂，将是该公司在美国第一座生产圆柱电池的工厂	在 2024 年之前投资约合 14 亿美元；新工厂的建设工作将于 2022 年第二季度开始，2024 年开始大规模生产，产能为 11GWh

资料来源：中国能源网；清新资本。

按照规划，LG 新能源计划到 2023 年，产能达到 260GWh；到 2024 年，销售额达到 2700 亿美元，超过宁德时代，成为电动汽车动力电池领域第一企业；在 2025 年底之前，实现锂硫电池商业化；2025~2027 年，实现全固态电池商业化。

2. LG 化学在储能领域的主要表现

LG 化学自 2010 年进入储能领域，其储能电池采用其独有的压层和堆叠技术，可实现高能量密度及小型化，在频繁充放电的条件下，依然能维持稳定结构，产品应用场景包括发电厂、送配电设施、家庭、工厂、企业等。根据 SNE Research 数据，2020 年 LG 化学储能电池占全球市场份额达 24.0%，排名第二，仅次于三星 SDI（见图 4-17）。

LG 化学非常注重技术研发，在全球拥有四大研发中心。截至 2021 年 8 月，在储能电池专利申请方面，拥有 516 项专利，聚焦在电池组、电池模块和电池单元方面，其中 74 项为 PCT 专利。就申请区域分布来看，165 项属于世界知识产权，其中 117 项布局在欧洲。从市场价值来看，所有专利的总价值高达 4702.33 亿美元。

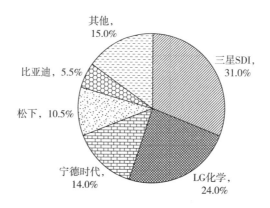

图 4-17 2020 年全球储能电池行业竞争格局

资料来源：SN Eresearch；前瞻产业研究院；清新资本。

LG 新能源官网数据显示，截至 2020 年 12 月，LG 化学共部署 14.8GWh 储能电池，分布于韩国、日本、美国、德国等多个国家。虽然发展迅速，但近几年，LG 化学储能起火事件频发，也使公司面临一定的安全挑战。据报道，2017年 8 月至 2019 年 10 月，在韩国发生的 27 起储能起火事件中，17 起都是 LG 化学的储能电池。2019 年 11 月至 2021 年 6 月，LG 储能电池起火事件又增加 3 起以上。对此，公司宣布了多次召回公告。2020 年 12 月，由于在美国发生了 5 起起火事故，LG 化学宣布召回部分美国市场的 Resu 10H 家用型储能系统产品（ESS），共约 1815 块电池；2021 年初，LG 新能源宣布召回澳大利亚市场的 ESS 电池，理由是存在起火风险；2021 年 5 月，宣布客户可自愿选择更换南京工厂于 2017 年 4 月至 2018 年 9 月生产的 ESS 电池，理由同样是火灾隐患，据报道，这次措施涉及的成本高达 23 亿元人民币。

3. LG 新能源在储能领域的最新动作

2022 年 2 月 15 日，LG 新能源宣布完成对储能系统厂商 NEC Energy Solutions（NEC ES）100% 的股份收购，后者是一家非汽车锂离子电池和系统集成企业，其 2020 年销售额约为 12.7 亿元人民币，截至 2021 年，NEC ES 在全球累计交付的电池储能系统总装机容量达 986MW。此次收购前，NEC ES 由于营业状况不良好，被母公司 NEC 宣布将不再开发新的储能项目，并逐步退出储能业务领域。宣布收购后，LG 能源将成立一个新公司 LG Energy Solution Vertech，正式进军储能系统集成市场，成为一站式储能系统解决方案提供商，可为客户提供从电池安装到完整系统解决方案的一体化服务。此外，由于 NEC ES 位于美国，有多年的美国市场经营经验，此次收购也有利于 LG 新能源进一步扩大在北美储能市场的影响力。

2022 年 5 月，LG 新能源首次发布应用于储能系统的磷酸铁锂电池。磷酸铁锂（LFP）是引领中国电池市场份额登顶的主要活性阳极材料，而这是韩国公司首次采用 LFPs。该电池有两种型号——182Wh 和 444Wh，可根据客户需求通过串联扩容成大容量 ESS，采用了 LG 新能源独特的"层压和堆叠"方法。LG 新能源计划 2023 年 10 月开始在其美国密歇根电池厂量产该款电池。

（二）三星 SDI[①]

1. 三星 SDI 是世界领先的提供储能多场景解决方案的供应商

三星 SDI 公司成立于 1970 年，是世界一流的材料和能源解决方案供应商。2010 年，SDI 以自身小型锂离子充电电池技术为基础，开始涉足储能行业，并设立单独的 ESS 电池部门，可提供电力、家用、通信基站等场景的储能解决方案。

2011 年，SDI 与日本电容器制造商 Nichicon 公司签署协议，负责为后者提供所有 ESS 电池模块和电池管理系统（BMS），然后将其组装成能源控制系统，成为后者高容量 ESS 的唯一供应商，由此成功打入日本市场。

2014 年，SDI 与阳光电源达成最终协议，建立了一家合资企业，以打入中国 ESS 市场。该合资公司于 2015 年成立，命名为三星阳光（合肥）储能电池有限公司，销售电力设施用锂离子储能电池包，其中 SDI 出资 8450 万元，控股 65%。2016 年合肥工厂竣工，开始量产 ESS 模块和 Pack。

2015 年，SDI 与全球电力和自动化技术领域的领导者之一 ABB 签署了关于联合开发和销售微电网 ESS 解决方案的谅解备忘录。ABB 提供电气化技术、控制优化、稳定化和专家咨询服务，SDI 提供电池和电池管理系统。两家公司共同建立一个全球商业联盟，开发和销售模块化和可扩展的微电网解决方案，利用锂离子电池进行储能。同年，SDI 与 Duke 能源签署协议，为这家北美最大的电力生产公司的风力发电厂提供 36MWh 锂离子电池和电池管

---

① 殷中枢，马瑞山，郝骞. 三星 SDI：资深锂电池供应商，消费动力齐头并进——海外电动车行业专题系列三〔R/OL〕.〔2021-03-06〕. https://pdf. dfcfw. com/pdf/H3_ AP202103081469573191_ 1. pdf? 1615197788000. pdf.

理系统。

2020 年，SDI 的储能业务在全球市占率达到 31%，排名世界第一。2020～2021 年，SDI 净利润增长 98%，主要是得益于疫情缓和后电池需求的增多。

与 LG 化学类似，SDI 也面临储能系统起火的安全风险。韩国从 2017 年 8 月至 2019 年 9 月发生的储能系统火灾中，与 LG 化学和三星 SDI 有关的事件数占 88%。为此，SDI 开发了一种特殊灭火系统，由先进材料与新概念热扩散屏障组成，可防止单体电池起火后，火势扩散到邻近电池。该灭火系统已经从 2019 年 10 月开始，陆续运用到储能系统相关产品中。

2. 三星 SDI 在储能领域的最新动作

2011 年 11 月，美国 Terragen 公司宣布，选择 SDI 和 LG 新能源作为加利福尼亚州一个储能项目的 ESS 电池供应商，供应总计 2445MWh 的电池。投运后，该储能项目将与同样位于加州的世界最大太阳能电站相连，可为超过 15.8 万户家庭供电。

2022 年 5 月，SDI 宣布，将在明年初在首尔附近的试点生产线上推出固态电池，在 2027 年进行全固态电池的大规模生产。SDI 一直在与三星先进技术研究所和日本三星研发机构合作研究全固态电池，最终获得一项突破性进展，并于 2020 年 3 月在学术期刊《自然能源》上发表。在文章中，三星研究人员推出了一种全固态袋式电池，以银碳复合层为阳极，使用固体电解质，使其具有更大的容量和更长的循环寿命，经过实验，该袋式电池的最大能量密度可达 900Wh/L。全固态电池作为一种有前途的技术，可用于动力、储能等多种场景，市场上不少资本都对该技术投来橄榄枝。2021 年 4 月，现代汽车公司在一次电话会议上说，它的目标是在 2030 年前开始大规模生产由固态电池驱动的电动汽车；2021 年 5 月，固态电池初创公司 Solid Power 在一轮 1.3 亿美元的融资中获得了福特和宝马的大量注资，这两家汽车制造商计划在其未来的电动汽车中采用这家初创公司的技术。目前在全固态电池国际专利数量方面，从国家角度来看，日本在与这种储能技术相关的国际专利中占有最大份额（68%），其次是美国（16%），然后是韩国（12%）；从企业角度来看，SDI 拥有的专利数量位居第二，仅次于丰田。

（三）两大企业对比

LG 化学与三星 SDI 对比总结如图 4-18 所示。

	① LG Chem	② SAMSUNG SDI
布局时间	·1947年成立，2010年涉足储能 ·2020年将电池部门拆分为子公司LG新能源	·1970年成立 ·2010年涉足储能
业务规模	·截至2020年12月，部署储能约为14.8GWh	·30+国家，部署储能10+GWh
业务增速	·电池部分，2020~2021年，营收增长48%	·2020~2021年，净利润增长98%
市场价值	·2010年10月29日KRX，约$30.37B ·LG新能源，2022年1月27日KRX，约为$70.11B	·2000年2月1日KRX，约为$29.46B
估值倍数	·储能N/A	·储能N/A

图 4-18　LG 化学、三星 SDI 对比总结

资料来源：公开资料整理；清新资本。

第五节　全球重点国家和地区与中国的各项政策对比与论述

美国、欧洲、日本和韩国以及中国各项政策对比如表 4-9 所示。

表 4-9　美国、欧洲、日本和韩国以及中国各项政策对比

	美国	欧洲	日本和韩国	中国
可再生能源发展目标	2030 年可再生能源比例达到 36%	2030 年可再生能源比例达到 45%	日本 2030 年可再生能源比例达到 36%~38%；韩国 2030 年可再生能源比例达到 30%	2030 年可再生能源比例达到 25%
2021 年新型储能新增规模	3.5GW 占比为 34%	2.2GW 占比为 22%	0.7GW 占比为 7%	2.4GW 占比为 24%
电化学储能应用场景	美国储能市场的主要应用是电网侧储能，各场景分别为：电网侧储能 50.1%；辅助服务 30.1%；新能源+储能 20.2%；削峰填谷 10.8%；分布式及微网 5.2%	欧洲储能市场的主要应用是发电侧辅助服务，代表国家英国和德国各场景分别为：辅助服务 69.4% 和 60.2%；电网侧储能 20.8% 和 17.5%；新能源 + 储能 16.0% 和 16.9%；削峰填谷 8.6% 和 4.0%；分布式及微网 0.3% 和 10.5%	日本和韩国储能市场的主要应用是新能源 + 储能，各场景分别为：新能源 + 储能 78.4% 和 54.0%；辅助服务 28.8% 和 16.5%；分布式及微网 0.7% 和 16.0%；削峰填谷 3.9% 和 1.4%；电网侧储能 0% 和 12.5%	中国储能市场的应用比较平均，各场景分别为：新能源+储能 31%；辅助服务 31%；电网侧储能 21%；分布式及微网 6%；用户侧削峰填谷 11%

续表

	美国	欧洲	日本和韩国	中国
激励政策	①顶层设计：2020年储能大挑战路线图，首个储能专项综合战略 ②激励政策：投资税抵免（ITC）和加速折旧（MACRS）。专项拨款：2019年联邦财政专项拨款10.8亿美元用于储能项目 ③电力市场：2008年起陆续出台法令为储能进入电力批发市场，辅助市场等提供制度保障。成熟现货和辅助市场，交易品种丰富，收益模式多样 ④技术扶持：2021年长时储能攻关计划 ⑤其他：可再生能源配额制（RPS）	①顶层设计：欧盟修改CEP政策大力支持用户储能发展，但无储能专项战略 ②补贴及税收政策：欧洲各国基本都有一定程度的光储系统或者户用储能补贴及税收减免，取消双重征税等 ③电力市场：成熟现货和辅助市场，允许储能参与电力市场，但交易品种还不够丰富 ④技术支持：2020年2月欧盟《电池指令》明确电池监管框架，2021年提出2030电池创新路线图，同时批准29亿欧元预算用于支持新型电池技术储能领域的研究和制造	日本： ①顶层设计：无储能专项战略 ②补贴及税收政策：发电、电网和用户侧强制配比。用户侧安装提供66%成本补贴 ③电力市场：2020年完成电力市场改革，成熟现货和辅助市场，交易品种丰富，收益模式多样 ④技术支持：2020年投资研发新一代储能电池希望降本90%。为新电池技术提供50%以上研发资金。2016年提供39.5亿日元资金支持虚拟电厂的发展 韩国： ①顶层设计：无储能专项战略 ②补贴及税收政策：储能电费折扣计划。用户侧安装提供70%的成本和优惠贷款利率 ③电力市场：2017年起允许储能设施的电力交易 ④技术支持：有世界级电池产业龙头，支持电化学储能技术发展，但市场相对封闭 ⑤其他：可再生能源配额制（RPS）	①顶层设计：2021年发布《国家发展改革委 国家能源局关于加快推动新型储能发展的指导意见》，是"十四五"时期的第一份储能产业综合性政策文件 ②补贴及税收政策：发电侧强制储能配比，各省陆续发布储能调峰补贴政策 ③电力市场：2021年开始试点电力市场化交易，辅助市场等 ④技术扶持：《"十四五"新型储能发展实施方案》构建新型储能创新体系，加大关键技术装备研发力度，具体包括钠离子电池、新型锂离子电池、铅炭电池、液流电池、压缩空气、氢（氨）储能、热（冷）储能等关键核心技术等攻关
电力市场规则	成熟的电力现货市场，市场化波峰波谷价格，每5分钟滚动平均。 成熟的辅助服务市场，拥有多元化的电力品种为储能市场提供收益支持。 与中国不同的是，美国大型电力公司基本为发输配售一体化，部分储能成本可以通过输配电价传导到用户端	成熟的电力现货市场，比如英国市场化波峰波谷价格，每1分钟滚动平均，德国市场化波峰波谷价格，每5分钟滚动平均。 辅助市场交易品种少，电化学储能基本不能提供电压控制、黑启动等非频率辅助服务。主要交易产品是频率控制储备（FCR）交易和自动频率恢复储备（aFRR）	日本市场化波峰波谷价格，每30分钟滚动平均。成熟的辅助服务市场，拥有多元化的电力品种。 韩国的用户侧电价应该并没有开放交易，仍然是由政府统一管控定价的	市场化交易的电力占比为45%左右，其中现货交易20%左右，现货试点市场化波峰波谷价格，每15分钟滚动平均。 2021年开始试点辅助市场，主要是调频调峰等

续表

	美国	欧洲	日本和韩国	中国
储能项目经济性	在政策补贴和储能成本下降和高电费作用下有较高的经济性。目前美国市场光伏+储能项目,利用储能参与调频服务,项目内部收益率为5%~10%,具有经济性	在政策补贴和储能成本下降和高电费作用下有良好的经济性。英国大型独立储能电站内部收益率为5.5%。德国户用储能节约接近一半的电费	在安装成本补贴、折扣电费作用下有平衡的经济性	已建储能项目大多还未形成稳定合理的收益模式
主要储能技术	抽水蓄能占比最快,电化学储能增速最快	抽水蓄能占比最高,电化学储能增速最快	光伏+电化学储能为主	抽水蓄能占比最高,电化学储能增速最快
安全标准	完善的产品标准和安全标准	完善的产品标准和安全标准	日本:完善的产品标准和安全标准。韩国:产品标准和安全标准尚不完善。正在建立针对储能系统的消防标准和火灾应对标准	至今仍未形成统一的产品标准和安全标准

资料来源:清新资本。

中国、欧洲、美国电力市场规则对比如图4-19所示。

以下从战略规划、具体激励政策、电力市场等方面进行对比论述。

(1)战略规划。

世界各国都制定了明确的碳中和时间表以及可再生能源发展规划,可再生能源即将引来爆发式发展。储能作为发展可再生能源的重要支撑,在未来能源体系中将发挥越来越重要的作用,因此从国家层面提升储能在能源战略中的地位,为储能行业制定专项综合战略的必要性也日益凸显。

2020年美国国家能源部正式推出储能大挑战,这是首个针对储能行业的综合性战略,计划到2030年建立并维持美国在储能利用和出口方面的全球领导地位,构建研发和创新生态,建立领先的国内制造产业链和关键材料供应链,形成安全和领先的能源系统。美国能源部预算中将为储能大挑战计划资助116亿美元用于解决各种技术障碍。

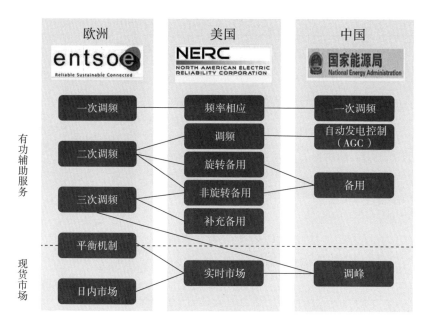

图 4-19　中国、欧洲、美国电力市场规则对比

资料来源：清新资本。

2021 年中国发布《国家发展改革委　国家能源局关于加快推动新型储能发展的指导意见》，是"十四五"时期的第一份储能产业综合性政策文件，对储能的发展目标、引导规划、产业指导、市场机制、规范管理、组织监督均有明确的规定。到 2025 年，实现新型储能从商业化初期向规模化发展转变，到 2030 年实现新型储能全面市场化发展。

欧洲、日本、韩国等国家和地区还没有发布针对储能行业的国家层面专项战略。与美国相比，目前我国储能产业政策在顶层设计和规划、具体实施路径、相关激励和减免政策以及补贴和专项资金配套等方面还存在一定程度的缺失。国家层面应进一步提升储能战略地位，通过制定储能技术发展路线图，科学合理规划储能产业发展目标和布局，构建产学研生态支持各种前沿储能技术发展，出台更具力度的补贴及刺激政策，加快电力市场化改革，促进电力现货市场和辅助市场的发展，提供多元化的电力品种，为储能市场提供收益支持。

（2）激励政策。

欧洲、美国、日本、韩国针对储能行业都有比较明确的激励政策及财税支持，美国有明确的投资税收抵免（ITC）和加速折旧（MACRS），同时联邦有专项财政拨款用于储能项目。欧洲各国基本都有一定程度的光储系统或者户用储能补贴及税收减免措施，日本和韩国也都有用户侧安装储能系统的成本补贴以及折扣电费计划。

中国的储能支持政策于 2021 年密集出台，国家和地方储能政策发布高达 275 项之多，还颁布了中国储能行业的战略性指引文件《国家发展改革委 国家能源局关于加快推动新型储能发展的指导意见》，但这些政策主要集中在行业标准层面，其中 230 项是关于储能标准的。目前国家层面并没有明确的针对激励行业发展补贴措施和财税政策，各省级层面的相关政策及措施参差不齐，不利于储能行业在全国范围内快速发展。

除了激励政策及财税支持措施，有些国家还制定了强制性政策，如日本政府制定了积极的储能市场政策导向：要求公用事业光伏独立发电厂装备一定比例的储能电池来稳定电力输出及调频；公共事业公司要求开发商安装储能设施以支持电力负荷爬坡需求，并作为批准接入电网的条件之一；要求电网公司在输电网上安装储能电池来稳定频率等一系列属于强制性配比的政策指引。此类政策与我国各省份可再生能源配比政策具有相似之处，对于我国制定储能相关政策时有借鉴意义，如中国已经开始在发电侧进行储能系统强制性配比，未来有可能拓展到其他电力领域。

欧洲、美国、日本、韩国等对储能相关的技术也有明确的政策导向或计划。2021 年美国公布长时储能攻关计划，宣布争取在 10 年内使储能时长超过 10 小时的系统成本降低 90% 以上。2020 年 2 月欧盟《电池指令》明确电池监管框架，制定高性能及安全标准，同时计划建立一个在线电池数据系统，追踪所有电池全生命周期。2021 年提出 2030 电池创新路线图，发展各项电池技术以及探索各种关键应用，同时批准 29 亿欧元预算用于支持新型电池技术储能领域的研究和制造。2020 年日本投资研发新一代储能电池希望降本 90%，同时支持其他前沿电池技术和储能应用的发展，如为钠硫电池技术提供 50% 以上研发资金，提供 39.5 亿日元资金支持虚拟电厂及能源区块链的发展。日本政府希望在 2030 年日本厂商的电池产能将提高近 10 倍至 600GWh，并占据全球可充电电池市场 20% 的份额。

欧洲主要聚焦于电池储能技术本土化及规模化发展。与欧洲不同，美国政府发布的储能支持政策覆盖面更广，储能支持包括电化学储能、机械储能和热储能等不同储能技术，更为注重储能技术前瞻性布局和领先地位。

从国土面积、地理地貌、复杂气候的角度看，美国的经验对中国来说具有较大的借鉴意义，中国可以因地制宜地采用不同的储能技术组合来应对复杂多样的应用场景。另外，从美国、欧盟和日韩的政策导向和实际装机量来看，电化学储能已经成为这些发达国家的主推储能技术。借鉴欧美国家的政策导向，中国比较合适的政策导向是以电化学储能为主导拓展各种新型电池技术，鼓励同时发展其他多样化的前沿储能技术并大力发掘适合的应用场景，政府给予政策支持及财政拨款配套研发资金。从2021年的运营数据看，除锂电池外，液流电池、压缩空气、飞轮储能等机械储能技术也成为2021年中国新型储能装机的重要力量，特别是压缩空气首次实现了全国乃至全球百兆瓦级规模项目的并网运行。

（3）电力市场。

相比欧美发达国家成熟的电力市场和多样化的交易品种，中国的电力市场化改革还在初级阶段。简单举例来说，仅就储能在电力市场获得服务身份这一条就需要经历相当繁复的过程，2008~2018年，美国陆续出台法令为储能进入电力辅助服务市场等提供完善的制度保障，而中国才刚刚起步。因此，欧美发达国家的电改历程和经验对中国的借鉴意义非常大，其中日本与中国的类似程度最高，参考价值最大。

日本现货市场的建立和特点对中国的启示很大。日本是在保持输配电和电网调度一体化的基础上，通过发电侧和用户侧引入竞争的方式推进电力改革的，与中国"放开两头、管住中间"的改革指导思想具有高度的一致性。日本按区域经营的十大市场与中国在实操层面的省级电力市场也很相似，两国都致力于推动电力跨区交易，优化电力资源配置。

日本电力市场改革注重顶层设计，有明确的时间表和很强的执行力。日本在电力市场改革之前进行了多轮研讨和论证，对电力市场进行了完整的设计，在推行改革时严格按照预设时间表实施。日本还注重其五大市场之间的协调，在电力交易中心统一衔接。中国电力市场改革实施以后，中长期市场、现货市场、辅助服务市场等已具雏形，但中国电力市场改革的顶层设计、实施路径计划及具化时间表制定，各区域和市场间的统筹协调等仍有所欠缺。因此，中国的电力市场改革方案需加强全局性和计划性。

日本为了加强跨区域电力交易，成立了全国性机构（OCCTO）统一协调调度，并建立间接输电权交易市场解决跨区交易障碍，实现电力资源优化配置。中国已经初步形成全国联网的格局，应继续坚持统一调度，加强跨省跨区电力资源优化配置格局。

日本为了促进市场竞争，设立了基荷电力市场，要求十大电力公司将优质的基荷电源供应给基荷市场，并且要求十大电力公司将自身发电量的 20%～30% 投放到现货市场。中国发售一体化垄断情况也比较严重，建议统筹考虑基荷电源，加强市场监管，避免部分企业垄断，影响交易公平。

日本为了平抑现货市场风险，设立了电力期货市场且已经国际化，日本电力期货产品已在欧洲上线。中国可以在建设完善电力现货市场的同时，提前筹划电力期货市场。

辅助服务市场应借鉴各国的经验，建立发电电网和用户侧的完善分担机制，建立适宜新型储能的调度运行机制，建立辅助服务市场与现货市场的衔接和联动机制，建立新交易品种推出的时序及其市场规则。

总体来说，欧洲各国、美国、日本等主要通过完善市场机制和投入财税支持，双管齐下推动储能市场快速发展，这一态势还将持续并且加速，主要是因为：

（1）各国持续颁布新的储能激励政策和规划持续推动储能发展。

（2）储能技术不断突破，新的应用场景得以不断开拓。

（3）欧美日等已有成熟的电力现货市场和辅助服务市场，同时还在持续创新更多元化的品种为储能提供更多收益支持。

（4）随着储能技术的日益成熟和成本下降，诸多储能项目已具备较高的经济性，可以规模化推广。

中国的储能行业发展启动相对较晚，但储能从原本属于微电网的一个分类到 2021 年发布行业政策指导意见，已经说明了中国对其战略高度的重视和提升。下一步希望能够借鉴欧美先进经验，通过加强政策的全局性和计划性、储能技术的发展突破、电力市场深化改革以及储能项目的经济性提升等具体措施，最终实现储能行业的发展接近甚至赶超国际水平。

第六节　基于海外储能市场观察所获启示

一、不同发展阶段对应不同收益模型

（1）早期以硬件收入为主。

储能行业爆发的第一阶段以硬件为驱动。在此阶段，专业的储能集成商发挥对市场的教育功能，并部署足够体量的储能资产以充当智慧能源的调控中枢。

（2）后期软件收益起量。

当可调控的储能资产规模达到一定体量，储能行业进入"软件+算法"驱动时代，具备"AI 云储能"分布式算法和能源运营管理的企业将逐步以 SaaS 模型收割软件或代运营收入。

二、不同团队基因造就不同发展路径

（1）大公司 vs. 小公司。

大型企业在大型项目中更具话语权，但在广阔而分散的用户侧市场，初创型团队有着敏捷的优势。

（2）软件算法能力不可忽视。

储能的价值需要长期有效的运营才能彰显，因此团队的软件算法能力决定了企业在马拉松长跑中的排位。以算法驱动的团队在储能发展的过程中，将代为托管其他厂商建设的储能系统，并通过更高的收益和更好的口碑，在能源系统中呈现出网络效应。

三、中国需要"软硬一体化"的储能企业

（1）可控硬件资产是前提。

尽管优势的软件算法能力，能为储能的长期运营带来更高收益，但唯有厂商在储能赛道发展初期积累足够多的硬件资产和数据资产，才有可能在独具中国特色的电力系统中开发出一流的智能化能源运营系统。

（2）"软硬一体"更符国情。

有别于海外市场，我们认为纯粹的软件算法团队很难与软硬一体化的厂商竞争，而 STEM 的从"软"到"硬"和"软硬并行"也给我们传递了类似的信号。

第五章　储能技术路线分析

第一节　综述

随着整个储能赛道的崛起，各种不同原理的储能技术路线都迎来了高速发展时期。在本章中，清新资本将从技术指标、研发成就以及技术趋势等角度来分析当下各大主要储能技术路线。

从技术成熟程度以及应用角度分析，目前我国进入集成示范阶段的主要储能技术大致可以分为三类：

第一类：处于系统规模提升或者性能提升阶段的储能技术，主要包括抽水蓄能、锂离子电池、压缩空气储能和储热储冷等。

第二类：正在验证关键技术突破的储能技术，主要包括锂离子电池、液流电池、压缩空气储能和飞轮储能等。

第三类：正在经历首次集成示范应用的储能技术，主要包括钠离子电池、超级电容器等。

根据中国能源研究会储能专委会/中关村储能产业技术联盟的不完全统计，截至2021年底，中国已投运的储能项目累计装机容量（包括物理储能、电化学储能以及储热）达到45.75GW，同比增长29%。我国电力储能装机继续保持高速增长，同比增长220%，新增投运规模达10.19GW，其中，抽水蓄能规模最大，为8.05GW；锂离子电池排第二位，投运规模达到1.84GW；压缩空气储能新增投运规模大幅提升，达到170MW，是其2020年底前累计规模的15倍；储热储冷和液流电池装机也分别新增 100MW 和 23MW（见图 5-1）。

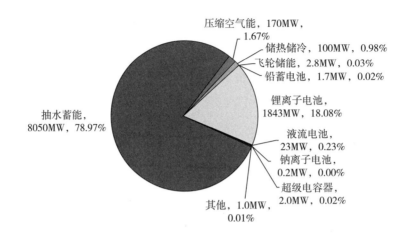

压缩空气能，170MW，
1.67%
储热储冷，100MW，0.98%
飞轮储能，2.8MW，0.03%
铅蓄电池，1.7MW，0.02%
锂离子电池，
1843MW，18.08%
抽水蓄能，
8050MW，78.97%
液流电池，
23MW，0.23%
钠离子电池，
0.2MW，0.00%
超级电容器，
2.0MW，0.02%
其他，1.0MW，
0.01%

图 5-1　2021 年中国储能新增装机容量

资料来源：清新资本。

综合分析，各种储能技术大致可以分为四个梯队：第一梯队为抽水蓄能，单机规模在 100MW 以上，占 2021 年全国储能新增装机的 79% 左右；第二梯队为锂离子电池、压缩空气储能、液流电池、铅蓄电池和储热储冷技术，单机规模可达 10~100MW，其中锂离子电池新增装机达到 18%，未来有可能形成单独的一个梯队；第三梯队为钠离子电池、飞轮储能和超级电容器，目前单机规模可以达到 MW 级，其中钠离子发展受关注最多，经过一段时间的发展有可能未来进入第二梯队；第四梯队为液态金属、金属离子电池和水系电池等新型储能技术，需要进一步的研发，以尽早实现集成示范和产业化应用（见图 5-2）。

按照储能放电时长要求的不同，根据不同的适用储能场景，我们可以将储能技术大致分为容量型（≥4 小时）、能量型（1~2 小时）、功率型（≤30 分钟）和备用型（≥15 分钟）四类。容量型储能对应的应用场景包括削峰填谷或离网储能等，长时储能技术种类较多，包括抽水蓄能、压缩空气、储热蓄冷以及各类容量型储能电池（如钠硫电池、液流电池、铅炭电池、锂浆料电池等）。其他类型如表 5-1 所示。

2021 年，中国储能技术在基础研究、关键技术和集成示范方面均取得了重要进展。这一年，中国机构和学者发表 SCI 论文 11949 篇，居世界第一位，且遥遥领先于第二位的美国，中国已经成为全球储能技术基础研究最活跃的国家。在关键技术和集成示范方面，各主要储能技术也均取得重要进展，中国已成为世界储能技术研发和示范的主要核心国家之一。

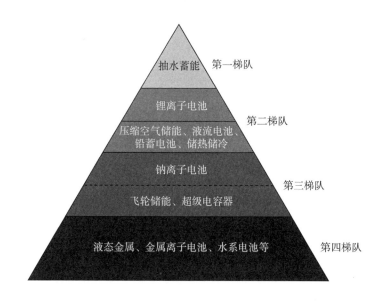

图 5-2　2021 年中国储能技术集成示范和产业化梯队

资料来源：清新资本。

表 5-1　按放电时长划分各类储能技术

类型	储能时长	实际应用场景	具体储能类型
容量型	≥4 小时	削峰填谷、离网储能等	抽水蓄能、压缩空气、储热蓄冷、储氢储碳、钠流电池、液流电池、铅炭电池等
能量型	1~2 小时	复合功能、调峰调频和紧急备用等多充功能	磷酸铁锂电池等
功率型	≤30 分钟	调频等	超导储能、飞轮储能、超级电容器、钛酸锂电池、三元锂电池
备用型	≥15 分钟	作为不间断电源提供紧急电力	铅酸电池、梯级利用电池、飞轮储能

资料来源：英大证券（研究员刘杰）. 六类储能的发展情况及其经济性评估［R/OL］.［2022-05-09］. https：//pdf. dfcfw. com/pdf/H3_ AP202205101564746581_ 1. pdf？1652221508000. pdf.

物理储能方面。在抽水蓄能方面，我国在超高水头、超大容量抽水蓄能电站施工建设、设计制造、安装调试等方面实现跨越式发展。在定速抽水蓄能技术方面实现了从跟跑、并跑到领跑的转变，达到了世界领先水平。在变速抽水蓄能技术方面，我国仍处于探索研究阶段，目前虽然取得了一些成果，但与国外技术尚有较大差距。在压缩空气储能方面，我国在 10~100MW 压缩空气储能系统方面取得了多个里程碑式的进展，特别是中国科学院工程热物理所的张家口国际首套 100MW 先进压缩空气储能国家示范项目并网带电调试，标志着我国在压缩空气储能领域已达到国际引领水平。在储热储冷方面，双碳战略对储热提出了更多需求。高温熔盐储热、大容量跨季节储热和储冷、热泵储热/卡诺电池以及各种化学储热是当前储热研究的热点。在飞轮储能方面，2022年大容量功率型飞轮储能的自主研发取得了阶段性进展，缩小了与国际先进水平的差距，为将来 10MW 级及以上功率等级的飞轮阵列储能示范电站建设奠定了基础。

化学储能方面。在铅蓄电池方面，技术研发主要集中于铅炭电池，通过在负极添加高活性的碳材料，有效抑制负极硫酸盐化引起的容量快速衰减，提高电池的快速充放电能力。在锂离子电池方面，我国在正负极材料、快充技术、固态电池技术等关键技术取得了重要突破，锂补偿技术、无模组技术和刀片电池技术是2022 年的技术进展亮点。在液流电池方面，全钒液流电池为当前液流电池主流技术，解决全钒液流电池的规模化、成本、效率等问题，是当前研究的重点，同时也在积极探索锌溴液流电池、铁铬液流电池等新体系。在钠离子电池方面，作为最接近锂离子电池的技术，我国在钠离子电池基础研究、技术水平和集成示范方面均取得重要进展，且已处于国际领先地位。在超级电容器方面，我国在关键材料、单体技术、成组管控、系统集成与应用和使役性能进行了全链条技术攻关，并实现在规模储能领域的示范。在新型储能技术方面，研究重点在于液态金属电池、多价金属离子电池和水系电池的材料研究，相关单体、模组和系统关键技术还需进一步深入研究。

2022 年，中国储能有望保持规模化发展的良好态势。在国家双碳战略的持续推动下，储能政策将继续向好。中国储能技术领域将有望继续"加速跑"，基础研究将继续保持国际最活跃的国家地位，抽水蓄能、锂离子电池、压缩空气、液流电池、钠离子电池等多种技术将快速发展，百兆瓦级大规模集成示范项目将成为常态，储能领域大概率将迎来快速发展的一年。

第二节　物理储能①

一、抽水蓄能

（一）抽水蓄能基本情况

抽水蓄能是目前应用最广、技术最为成熟的大规模储能技术，具有储能容量大、功率大、成本低、效率高等优点。抽水蓄能系统的基本组成包括两处位于不同海拔高度的水库、水泵、水轮机以及输水系统等。当电力需求低时，利用电能将下水库的水抽至上水库，将电能转化成势能存储；当电力需求高时，可释放上水库的水，使之返回下水库以推动水轮机发电，进而实现势能与电能间的转换。由其储能的原理可知，抽水蓄能的储能容量主要正比于两水库之间的高度差和水库容量。由于水的蒸发或渗透损失相对极小，因此抽水蓄能的储能周期长，短至几小时，长可至几年。在考虑其他机械损失与输送损失的情况下，抽水蓄能系统的循环效率为70%~80%，而预期使用年限为40~60年，实际情况取决于各抽水蓄能电站的规模与设计情况。抽水蓄能的额定功率为100~3000MW，可用于调峰、调频、紧急事故备用、黑启动和为系统提供备用容量等。抽水蓄能的储能容量大，需要找寻庞大的场地以修建水库，对地理条件有一定要求，因而建设成本高、时间长，且易对周遭环境造成破坏，这是抽水蓄能技术最主要的缺点。

有些抽水蓄能电站是混合式抽水蓄能电站，由于天然水源的汇入，厂房内除了设有抽水蓄能机组，还设置了常规发电机组，因此这类电站不仅能用于调峰填谷和承担系统事故备用等储能功能，还可常规发电。另外，有些学者认为没有自然水源汇入的闭环系统相较有自然水源汇入的开环系统更为安全、稳定；反之，电站功能性与调度弹性可能相对较差。考虑前面提及当前抽水蓄能的缺点，即抽水蓄能往往对地形、环境的要求高，为了解决这一问题，有的抽水蓄能系统会直接以海洋或大型湖泊作为下水库，扩大了抽水蓄能的应用场景并降低了成本。此

① 陈海生等业内大咖合力之作：2021年中国储能技术研究进展［EB/OL］．［2022-03-16］．https：//www.shangyexinzhi.com/article/4676133.html.

外，还衍生出了地下抽水蓄能技术，其特点在于将两座水库设于地下，可利用废弃的矿井或采石场等洞穴，将其修建为地下水库。相较于传统的抽水蓄能系统，地下抽水蓄能对地形的依赖程度较小，可减少环境问题，但前期地质勘探较为费时，也考验土木工程与挖掘技术。地下抽水蓄能在原理与技术上是可行的，但目前此技术仍处于起步阶段，尚未规模化，主要是碍于高成本，且在传统抽水蓄能技术成熟的情况下对地下抽水蓄能的需求显得不迫切。尽管如此，当前储能需求日渐提高，未来地下抽水蓄能技术还有机会蓬勃发展。

截至 2020 年，我国已投运储能项目中抽水蓄能的累计装机占比为 90.3%。可以看出，目前储能装机总量以抽水蓄能为主。抽水蓄能应用广泛，"十四五"期间抽水蓄能投产超 20GW，到 2030 年运行装机将超 70GW。抽水蓄能电站被称为电力系统的稳定器、调节器，应用广泛，2020 年全球储能装机占比 90%。我国是全球抽水蓄能电站在运、在建规模最大的国家，国家电网公司在运抽水蓄能电站 22 座，在建抽水蓄能电站 30 座，并规划"十四五"期间抽水蓄能投产超 20GW，到 2030 年运行装机将超 70GW。抽水蓄能规模的持续扩大能够促进新能源快速发展，配备足够容量的抽水蓄能可有效提升大电网综合防御能力，保障电网安全稳定运行[①]。

（二）抽水蓄能关键技术进展

我国大型抽水蓄能电站工程建设技术取得了长足进步。大型抽水蓄能电站地下洞室群、水力系统快速机械化施工技术成熟应用，国产盾构机在 2020 年首次实现在抽水蓄能电站成功应用后，到 2021 年底已在 8 个抽水蓄能项目推广应用。超高水头、超大容量抽水蓄能机组设计制造安装技术取得新突破，国内单机容量最大（400MW）700 米级水头的阳江抽水蓄能机组攻克了长短转轮叶片与导叶匹配技术、双鸽尾结构磁极技术、磁轭通风沟锻件整体铣槽工艺、磁轭鸽尾槽预装后整体铣槽工艺等新型制造和安装技术，机组稳定性指标优越，达到了国际领先水平。

抽水蓄能电动发电机技术取得新突破，分数极路比绕组技术在国内首次成功应用于黑龙江荒沟抽水蓄能电站，与常规绕组方式相比，可优化电站电气系统配置，改善发电电动机性能，定子绕组布局合理，提高定子线棒刚强度，机组安装

---

① 中核战略规划研究总院. 储能产业万亿级蓝海，核能企业能占几成？［EB/OL］.［2022-05-19］. https://www.atominfo.com.cn/zhzlghyjzy/yjbg/1221990/index.html.

与维护更方便。

抽水蓄能机组安装及调试技术也取得新进展，梅州抽水蓄能电站在机组施工过程中通过安装调试措施优化，创造了从项目开工至首台机投产仅用时 41 个月的国内抽水蓄能建设工期新纪录。

（三）抽水蓄能 2021 年落地情况

2021 年全国共建设投产了敦化、荒沟、周宁、沂蒙、长龙山、梅州、阳江、丰宁 8 座抽水蓄能电站。

敦化电站可以说是国内抽水蓄能技术的一个里程碑，是国内首次实现 700m 级超高水头、高转速、大容量抽水蓄能机组的完全自主研发、设计和制造，额定水头 655m，最高扬程达 712m，装机容量为 1400MW，其中包含 4 台单机容量 350MW 可逆式水泵水轮机组，且在机组运行稳定性、电缆生产工艺、斜井施工技术上皆有所突破，还克服了施工过程中低温严寒所造成的问题。敦化抽水蓄能电站完工投产，可发挥调峰、填谷、调频、调相、事故备用及黑启动等储能应用，可提高并网电力系统的稳定性与安全性，并促进节能减排。

长龙山蓄能电站最大发电水头（756m）、机组额定转速（5 号 6 号机组 600r/min）、高压钢岔管 HD 值（4800m×m）均为世界第一；黑龙江荒沟电站填补国内空白的技术创新成果——"分数极路比"绕组技术；沂蒙电站 1 号、2 号机组投产发电，是首例高转速"零配重"抽水蓄能机组；梅州蓄能电站主体工程创造了国内抽水蓄能电站最短建设工期纪录的同时，机组运行稳定性在国内首次实现了三导轴承摆度精度达到 0.05mm。

阳江蓄能电站实现了 40 万 kW 级单机容量、700m 高水头抽蓄机组全自主化制造，电站水道是世界首条 800m 级水头的钢筋混凝土衬砌水道；丰宁蓄能电站是世界装机容量最大的抽水蓄能电站，在国内首次引进使用变速机组技术。南方电网调峰调频公司等多家单位建设了国内外首台完备的水—机—电控制系统的可变速抽水蓄能动态特性实验装置，建设了变速抽水蓄能仿真平台，实现了国内可变速抽蓄技术的集成示范应用，深入研究了 10MW 级可变速海水抽水蓄能机组关键技术。

二、压缩空气储能

（一）压缩空气储能基本情况

由于抽水蓄能受到地理因素限制，压缩空气储能被认为是最具发展潜力的大规模电力储能技术。传统的压缩空气蓄能是基于燃气轮机开发的技术，目前德国、美国均已有压缩空气储能电站投入商业化运营。世界上首座压缩空气储能电站是德国的 Huntdorf 电站，机组容量 290MW，其冷态启动至满负荷仅需 6 分钟。1991 年投产的 McIntosh 电站首次使用了回热系统，存储的压缩空气进入空气透平前经过回热器，吸收燃气轮机排出的高温烟气余热，有效提高了系统循环热效率。但上述两个项目均需依赖天然气等化石燃料补燃。目前，随着燃气轮机容量的提高，压缩空气储能电站也呈现出大型化趋势。此外，压缩空气储能与联合循环机组耦合利用也是近年来的发展趋势，在电网负荷需求较低时，系统可采用部分中压缸排气驱动小汽轮机进而带动空气机，以减少低压缸进气量，快速降低系统输出功率，实现能量在火电机组和压缩空气储能之间传递；在电网负荷需求较高时，释放压缩空气，驱动空气膨胀机快速提高系统输出功率（见图 5-3）。

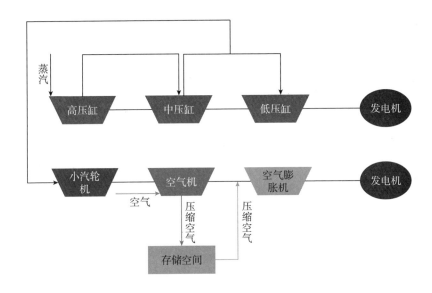

图 5-3 一种压缩空气储能与火电机组耦合利用的发电系统

资料来源：清新资本。

（二）压缩空气储能关键技术进展

压缩空气储能的关键技术主要包括压缩机技术、蓄热换热器技术、膨胀机技术、系统集成与控制技术等。2021 年，中国科学院工程热物理所依托国家能源大规模物理储能研发中心建成了压缩机实验与检测平台，测试平台系统压力测量范围为 0.5~110bar（1bar＝0.1MPa），转速测量范围为 0~40000r/min，功率测量范围为 0~10MW，具有开展单/多级压缩机气体动力学、力学性能、压缩机与换热设备的耦合特性、压缩系统变工况控制规律、压缩系统性能检测以及特殊工质压缩机性能等功能。依托该实验平台，中国科学院工程热物理所研制了 10MW 先进压缩空气储能系统用 10MW 级六级间冷离心式压缩机（最大工作压力 10MPa，效率为 86.3%）、10MW 级四级再热组合式透平膨胀级（最大入口压力为 7MPa，效率为 88.2%）、高效超临界蓄热换热器（蓄热量达 68GJ，蓄热效率为 97.3%），并应用于肥城 10MW 盐穴压缩空气储能商业电站。中国科学院工程热物理所还攻克了 100MW 级先进压缩空气储能系统的宽工况组合式压缩机技术、高负荷轴流式膨胀机技术、高效蓄热换热器技术，以及系统集成与控制技术，研制出国际首套 100MW 系统压缩机、膨胀机和蓄热换热器，目前正在开展张家口示范系统的集成调试。

（三）压缩空气储能 2021 年落地情况

2021 年，压缩空气储能示范项目取得了多个里程碑式的进展。中国科学院工程热物理所于 2021 年 8 月在山东肥城建成了国际首套 10MW 盐穴先进压缩空气储能商业示范电站，顺利通过项目验收，并正式并网发电商业运行，系统效率达到 60.7%，创造了新的世界纪录。

位于贵州毕节的集气装置储气 10MW 先进压缩空气储能系统于 2021 年 10 月完成并网发电。江苏金坛建设了 60MW/300MWh 盐穴压缩空气储能示范项目，并于 2021 年 10 月开展了并网试验。

中国科学院工程热物理所在张家口市建设的国际首套 100MW 先进压缩空气储能国家示范项目，已经完成关键部件研制和系统集成安装，并于 2021 年 12 月底顺利并网，开始进入系统带电调试阶段，成为我国压缩空气储能技术新的里程碑。

三、储冷储热

（一）储冷储热领域基本情况

储热储冷技术具有规模大、成本低、寿命长等优点，在电力、建筑、工业等领域得到广泛应用，世界装机总量超过 4GW；其中，太阳能热发电中的熔盐储热装机超过 3.5GW。根据存储方式不同，储热储冷技术可分为显热、潜热和热化学储热三类。2021 年，我国学者在储热材料物性调控机理、储热换热特性与强化、储热材料制备技术、系统控制与优化技术、系统集成示范等方面，取得了重要进展。

储冷储热技术的一条重要技术路线为熔融盐蓄热技术，其具有温区广、比热容高、换热好等优点。熔融盐蓄热技术将能量以熔融态的盐类中热能的形式储存，在需要放能时再通过换热器等设备将存储的热能提供给热发电的设备使用，目前已在太阳能热发电中实现大规模应用。目前，熔融盐蓄热还存在成本较高、效率和可靠性较低等缺点。在性能指标方面，熔融盐蓄热的性能以国外厂商 SolarSalt 为例，熔盐最高使用温度 565℃，储热密度为 470kJ/kg，蓄热成本折合人民币约 26.7 元/kWh。熔融盐蓄热单个电站装机容量由 20MW 到上百 MW 不等，在国外的部分电站项目已经实现了商业化运行和并网发电。目前，熔融盐蓄热主要应用于大型塔式光热发电系统和槽式光热发电系统。此外，熔盐以其高传热、高储热热流密度等特性，已经应用于民用供热领域。

总体来看，目前熔融盐蓄热在技术方面还存在热量存储和输送有关的关键设备材料及工质选择等难题，仍处在示范应用阶段，主要技术难点包括熔盐换热器设计、熔盐泵的制作、整个电站保温、预热系统以及故障监控的设计，镜场跟踪、传热介质在不同时刻的流态、传热和蓄热系统的配合，以及整个电站的匹配和控制等。

相变蓄温是储热储能赛道中的另一条重要技术路线。相变蓄温是利用物质在状态转变时（如固—液转化），吸收或释放大量热量进行能量的储存和释放，因此也称之为潜热储热。相变蓄热具有在相变温度区间内相变热焓大、能量密度高、系统体积小、储热和释热温度基本恒定等优点。固—气、液—气两类材料相变过程中存在体积变化大的不足，固—液相变材料在相变过程中转变热焓大而体积变化较小，过程可控，是目前实用价值最高的相变储热（冷）方式。在性能上，英国伯明翰大学研制的高温复合相变材料相变温度为 560℃，储热密度为 900kJ/kg 以上。联研院研制的高温复合相变材料，相变温度为 710℃，储热密度为 1070kJ/kg，循环寿命可达 2500 次以上。相变蓄热适用于电力调峰、风电/太阳能等新能源、工业废余热回收利用等领域，尤其是需要对温度严格控制、储热密度较高的场合。

（二）储冷储热领域关键技术进展

在储热储冷材料制备技术方面，国内的研究人员于 2021 年推出了基于碳化硅、黑刚玉与高岭土等材料研制出可在 1100℃条件下安全使用的储热陶瓷颗粒材料;在熔盐储热材料方面,国内研究人员重点开展了低熔点二元熔盐、低熔点高温三元熔盐体系研究,同时探索了碱金属和碱土金属的氯化物熔盐体系,实现了700℃下氯化物熔盐对316不锈钢的腐蚀速率低于205.37μm/年;还开展了复合相变、定形相变和仿生相变储热材料研究,提出了基于纳米颗粒、多孔仿生陶瓷、共晶盐体系的比热容和热导率协同提升方法,导热系数可达116W/(mK)。

在太阳能热化学储热方面,国内研究团队于2022年实现了太阳能直接驱动光热转换与热化学储热一体化。在储热储冷装置设计技术方面,研究人员探索了大容量长周期跨季节储热,进行了蓄热水体承重浮顶热力耦合特性和逆斜温层控制技术研究,也研究了土壤跨季节储热的传蓄热机理和结构参数。在换热器、热管等相变储冷储热强化技术方面,国内的高效团队也开展了高效动态冰浆蓄冷换热性能研究与性能优化等。

在系统控制与优化方面,研究人员开展了储热储冷应用于太阳能热发电、火电调峰、风电消纳、分布式能源系统等领域的能源系统设计、参数优化和运行调控策略等方面的研究,同时也探索了热泵储电、卡诺电池、水体/土壤跨季节储能等以热能和冷能存储电能的新型储能系统。

(三)储冷储热2021年落地情况

在储热集成示范方面,我国的太阳能热发电项目均配备了2~16小时不等的储能系统,可实现24h不间断发电。2021年在敦煌建成了采用熔盐储热的50MW线性菲涅尔式太阳能热发电站,热熔盐温度550℃,冷熔盐温度290℃,熔盐储热可发电750MWh;在新疆哈密建成了50MW熔盐塔式光热发电,采用熔盐储热可实现12小时连续发电;在河北黄帝城建成1.06万m³水体储热的太阳能储热采暖项目,在北京建立了50kW/500kWh中低温热化学储热中试系统;在张家口建成100MW亚临界水蓄热子系统应用于100MW先进压缩空气储能系统;在张家口应用水合盐相变材料实现为冬奥会转播中心供暖。江苏金合公司已实现中高温复合相变材料及其系统技术(450℃~750℃)的规模化应用。

在储冷集成示范方面,在北京环球影城建成三联供系统耦合冰蓄冷系统,每年冰蓄冷系统"移峰填谷"的电量可达630万kWh时;北京用友软件园采用冰储冷技术,为18.5万m³建筑供热供冷;相变储冷材料、装备和系统研究进展迅速,基于相变材料的冷链运输技术已获得应用。

四、飞轮储能

(一) 飞轮储能路线基本情况

飞轮储能是新型储能技术之一，处于商业化早期。其是通过电动/发电互逆式双向电机，电能与高速运转飞轮的机械动能之间的相互转换与储存。飞轮储能具有功率密度高（可达 10kW/kg 以上）、瞬时功率大（单台兆瓦级）、充放电次数与充放电深度无关、能量转换效率高、响应速度快（毫秒级）、使用寿命长（千万次、20 年以上）、易维护、使用环境条件要求低（-20℃～50℃均能正常工作）、占地面积小、无污染等优势，但也存在自放电率高、能量密度较低。空载下相对能量损失大，不适合能量的长期存储。飞轮储能理论能量密度高达 200～400Wh/kg，但受材料和成本约束，安全稳定运行的飞轮储能密度通常不高于 100Wh/kg（一般为 30Wh/kg），放电时间较短，以秒级为主。综上，飞轮储能更适用于高功率、短时间放电或频繁充放电的储能。

飞轮储能技术具有有功与无功相对独立、负荷响应迅速、无污染等特点，近年来在电力系统中日益受到重视。国家发展改革委、能源局于 2021 年 7 月发布的《发展改革委能源局关于推动新型储能发展的指导意见》指出要"加快飞轮储能、钠离子电池等技术发展规模化试验示范"。

飞轮储能技术在发达国家已有几十年的发展历史，并在诸多领域获得了应用，如 F1 赛车能量回收、轨道牵引能量回收、微电网调压及并网、电网储能调频、应急 UPS（Uninterruptible Power Supply）电源等。从 20 世纪 90 年代开始，随着转子材料、支撑材料、电能变换技术取得重大突破，飞轮储能技术也随之取得重大进展，并在电力系统中最先被应用于电网侧储能。2011 年，Beacon 电力公司 20MW 电网侧飞轮储能项目在纽约投运，是飞轮储能应用史上具有里程碑意义的事件。

目前，飞轮储能技术在国内主要应用于数据中心、应急保障、轨道交通以及 UPS 等领域，在电网侧以及电源侧的应用案例则刚刚起步。在电源侧市场方面，2019 年天津大港电厂开始建设国内首个飞轮储能辅助火电机组调频示范项目。一般而言，火电机组的调频收益会随着储能系统的功率和容量增大而增大，但由于目前飞轮储能系统造价高昂，不可能配套超大容量的飞轮储能系统。根据相关研究成果表明，按照目前的飞轮储能系统造价，600MW 火电机组配套 3.015MW/20.374MWh 的储能系统，可获得最大收益。

（二）飞轮储能关键进展

国内学者的研究重点主要集中在大储能量飞轮本体、高速电机和调节控制技术等飞轮储能技术降本增效的关键技术节点。中国科学院工程热物理研究所突破了大储能量飞轮及高速电机关键技术，完成了 500kW/180MJ 飞轮储能工程样机方案设计及关键部件研制。

并网验证方面，由中海油新能源二连浩特风电有限公司牵头，中国科学院工程热物理研究所、清华大学等单位参与的内蒙古自治区重大专项"MW级先进飞轮储能关键技术研究"完成了系统方案设计及工程样机研制，预计将于 2022 年并网发电。该试验装置的成功并网发电和运行将极大地推动飞轮储能技术在电网及电源侧应用推广。

基础研究方面，国内学者在飞轮材料、电机损耗、动力学及控制等方面取得进展。洛阳船舶材料研究所等通过对复合材料进行拉伸性能试验，建立了复合材料储能飞轮力学模型。中国科学院工程热物理研究所进行了高强合金钢飞轮转子材料结构分析，表明了合金钢飞轮的安全性和经济性。清华大学团队分析了接触参数对储能飞轮转子碰摩行为的影响，为优化系统接触参数、提升系统稳定性提供了依据。

（三）飞轮储能 2021 年落地情况

集成示范方面，国内的飞轮储能最早应用于轨道交通行业的能量回收。2022年，华阳集团两套单机 600kW 全磁悬浮飞轮储能系统成功下线，将用于深圳地铁再生制动能量回收。

近年来，飞轮储能技术渐渐开始进入发电侧以及电网侧，国内多个相关示范项目在 2021 年取得了突破。由沈阳微控新能源技术有限公司承建的风电场站一次调频和惯量响应的飞轮储能应用项目顺利通过并网前验收，该项目坐落于大唐国际阜新风电场。

国家能源集团宁夏电力灵武公司光火储耦合 22MW/4.5MWh 飞轮储能项目开工，该项目是国内第一个全容量飞轮储能—火电联合调频工程，实现大功率飞轮单体工程应用。

国电投坎德拉（北京）新能源有限公司 MW 级飞轮储能系统成功交付，该项目飞轮储能系统规模为 1MW/200kWh，将应用于霍林河循环经济的"源网荷储用"示范项目大规模混合储能系统。

五、超级电容

（一）超级电容路线基本情况

超级电容器是一种重要的功率型储能器件，具有功率密度高、循环寿命长、充放电速度快等优点，在智能电网、轨道交通、新能源汽车、工业装备以及消费类电子产品等领域具有重要的应用市场，但其能量密度较低，产品一致性较差，目前难以规模化集成应用。2021年，我国在超级电容器的基础研究、单体制备技术、成组管控技术、系统集成与应用等方面取得了重要进展。

超级电容是利用电磁场储能的一种储能技术，有双电层电容器和法拉第电容器两大类。双电层电容器通过炭电极与电解液固液相界面上的电荷分离而产生双电层电容，在充/放电过程中发生的是电极/电解液界面的电荷吸、脱附过程。

法拉第电容器采用金属氧化物或导电聚合物作为电极，在电极表面及体相浅层发生氧化还原反应而产生吸附电容。法拉第电容的产生机理与电池反应相似，在相同电极面积的情况下，其电容量是双电层电容的数倍，但瞬间大电流放电的功率特性及循环寿命不如双电层电容器。

超级电容器在短时电能质量调节与控制、分布式发电及微电网、变电站直流电源系统等高峰值功率、低容量的场合具备较好的应用前景。

近年来，上海交通大学、成都电子科技大学等都开展了超级电容器的基础研究和器件研制工作。我国在浙江舟山、南麂岛的微网示范工程中分别采用了200kW、1000kW超级电容器作为其中一种储能方式，由于超级电容器能量密度低，所以其作用仅限于平抑风光波动。在成本价格方面，目前超级电容器系统成本为400~500元/kW，到2030年有望降至300元/kW以下。超级电容器储能技术目前还处于前沿探索阶段，随着材料技术的进步，超级电容器在提高能量密度和降低成本方面，还有很大的发展空间。

（二）超级电容技术关键进展

电极材料、水系超级电容器、柔性超级电容器、金属离子电容器等是目前超级电容器基础研究的重点方向。在电极材料方面，石墨烯或石墨烯复合材料仍然是研究的热点。中国科学技术大学利用电化学石英晶体微天平技术研究了溶剂化离子液体在单层石墨烯表面的电化学双电层响应机制。MXene作为一种新型二维过渡金属碳化物，具有超高的导电性、高的理论比容量以及高本征密度等特点。天津大学利用MXene水凝胶构建柔性多孔膜实现高倍率致密储能，在功率密度高达 41.5kW/L 时，基于电极材料的能量密度仍能保持 21Wh/L，是目前文献报道的水系对称型超级电容器的最高值。

金属离子电容器包括锂离子电容器、钠离子电容器、钾离子电容器和锌离子电容器等，由于金属离子电容器具有更高的能量密度被誉为是下一代超级电容器，备受研究人员关注。中国科学院电工研究所提出了一种基于自蔓延高温合成规模化制备石墨烯/碳复合材料的通用方法，通过正负极碳材料同时修饰石墨烯后比容量和倍率都得到提升，并基于此研制出 1100F 软包装锂离子电容器，基于器件质量的能量密度高达 31.5Wh/kg，优于目前已商业化的锂离子电容器。

在活性炭材料制备技术方面，河南大潮炭能科技公司等开发出木质活性炭功能化定向调控关键技术，围绕活性炭有效孔结构和表面活性中心定向调控，突破了水蒸气梯级活化、热解自活化、催化活化和气氛介导绿色活化等关键技术。在集流体技术方面，清华大学联合中天科技等公司，建立了物理沉积铝—氧化去除模板—梯度退火的泡沫铝制备技术路线，搭建了国际首套连续沉积、一体化制备装备与生产线，实现了宽幅达 500mm、厚度为 1~2mm 泡沫铝的产线制备，在超级电容器、高功率锂离子电池等领域具有重要的应用前景。在负极技术方面，中国科学院电工研究所融合内部短路预嵌锂和电化学预嵌锂，提出了一种新的电化学负极预嵌锂方法，可以大幅缩短预嵌锂时间、提高预嵌锂效率。复旦大学开发出 $TiNb_2O_7$ 与石墨复合的高功率负极，配合优化电解液技术，实现了 $-60℃ \sim 55℃$ 全气候温区工作的锂离子电容器。

（三）超级电容 2021 年落地情况

2021 年，国网江苏省电力有限公司自主研制的国内首套变电站超级电容微储能装置在南京江北新区 110kV 虎桥变电站投运，超级电容器由烯晶碳能电子科技无锡有限公司提供；西安合容新能源科技有限公司制备的超级电容器储能系统应用于连云港自贸区—直流电压波动治理系统，该超级电容器储能系统是国内首次针对直流微网的应用。

此外，超级电容器在新能源交通领域也取得了示范应用，由中国船舶重工集团公司设计研发的全国首艘超级电容新能源车客渡船下水试航，其采用上海奥威科技开发有限公司的超级电容器作为船舶动力电源。全球首批 335t 智能无人鱼雷车在大连华锐重工集团交付，项目采用了上海奥威科技研发生产的超级电容作为动力电源。

第三节　化学储能①

一、铅蓄电池

（一）铅蓄电池路线基本情况

铅酸蓄电池是由二氧化铅正极和海绵状纯铅负极组成，并且正、负极板浸入硫酸水溶液的电解液里。铅炭电池是将容性碳材料加入铅酸电池纯铅的负极板中而形成的新型储能电池。铅蓄电池的特点是技术成熟、成本低、安全可靠，但是放电功率较低、寿命较短，铅蓄电池的研发主要集中于铅炭电池，通过在负极添加高活性的碳材料，可以有效抑制部分荷电态下因负极硫酸盐化引起的容量快速衰减，并可以提高电池的快速充放电能力。铅炭电池兼具传统铅酸电池与超级电容器的特点，能够大幅度改善传统铅酸蓄电池各方面的性能。其技术优点在于高充电倍率、长循环寿命、高再利用率以及丰富的原材料储备。

铅炭电池与传统铅酸电池相比，在性能方面有较大提升，但是使铅炭电池性能提升的关键碳材料作用机制目前仍不明确，缺乏对铅炭电池储能机理的清晰认识，而且碳材料的加入易产生若干负面效应，如使负极易析氢、电池易失水等，这些都有待于研究解决。铅酸电池大电流充放电特性较差，因此实际工程应用中主要以铅炭电池为主。目前，虽然铅炭电池寿命有大幅提高，在一些用户侧削峰填谷场景也得到了一定应用，但是综合性能与电网功率型储能应用场景的要求仍有一定距离。

目前，铅炭电池成本价格为 800~13001 元/kWh，随着活性炭关键材料国产化、正极板栅材料和结构改进等，技术经济性还有进一步提升空间，主要是寿命进一步提升和成本下降，预计 2035 年系统建设成本降至 700~1050 元/kWh，满足大规模的工程化应用。尽管铅炭电池在循环寿命、功率密度和能量密度等各项关键性能指标上均优于传统铅酸电池，并在新能源示范工程项目中得到了验证，但铅炭电池目前的技术水平仍有待进一步提高，铅炭复合电极提高电池循环寿命

---

① 美国储能市场［EB/OL］.［2021-11-25］. https：//xueqiu.com/1343048419/204110879.

的内在机理并不十分明确，复合电极制造技术仍需进一步深入研究，而且适合铅炭电池用的炭材料制造技术只被美国 EnerG2 等少数公司所掌握，材料价格昂贵。铅酸电池、铅炭电池结构原理如图 5-4 所示。

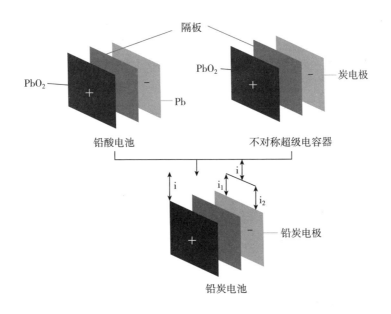

图 5-4　铅酸电池、铅炭电池结构原理

资料来源：清新资本。

（二）铅蓄电池技术关键进展

如何平衡好碳材料的两面性，使其既能改善负极孔结构，抑制硫酸盐化，提升大电流充电接受能力，充分发挥其延长电池寿命的优势，又能使负极保持较高的析氢过电位，抑制析氢失水的负面作用，是近几年基础研究的主要方向。目前，研究主要包括碳材料对负极活性物质的作用机理、电化学效应、结构特性，碳添加于负极活性物质的工艺、高倍率部分荷电态性能等方面。中国科学院福建物质结构研究所陈远强等分别采用聚吡咯/炭黑复合材料和聚苯胺/木素复合膨胀剂，以改善负极析氢问题及不可逆"硫酸盐化"问题，最终显著提高了铅酸电池的循环寿命，其中采用聚吡咯（PPy）/炭黑（CB）复合材料电池循环寿命可达 7578 次，比对照组的电池（负极只添加 CB）提高了约 109%。

高电化学活性和铅炭兼容的新型碳材料方面，国内的研究机构正在致力于开发适用于硫酸环境、大孔和中孔结构合理、比表面利用率高且离子电导性良好的新型碳材料。良好的铅炭相容性，使负极具备较高的析氢过电位，从而抑制析氢失水的副反应。在宽温区、超长寿命、高能量转换效率、低成本的铅炭储能电池方面，2021年国内开发了负极长循环配方技术，抑制硫酸盐化，同时研发更耐腐蚀的正极板栅合金，提升正极耐腐蚀寿命，并改善合金表面氧化层，提高界面导电性。

在高电压大容量系统集成技术方面，国内在试验装置上实现了电池系统电压高于1500V，单簇系统容量高于3MWh，系统能量转换效率不低于90%。在铅炭储能系统集成技术及智能管理技术方面，突破了充放电智能管理技术，使电池运行在合理的区间内，并延长系统使用寿命。

（三）铅蓄电池技术2021年落地情况

国外开展铅炭电池应用的时间较早，2011年在美国能源局资助下，宾夕法尼亚州Lyon Station储能示范项目中采用东宾公司3MW/1~4MWh铅炭电池储能系统，用于对美国PJM电网提供3MW的连续频率调节服务；澳大利亚新南威尔士州汉普顿风电场也采用了500kW/2.5MWh铅炭电池储能系统，用于平滑风力发电波动。

我国铅炭电池近年来才迎来大规模商业化应用，主要凭借其应用成本优势占据一定的用户侧储能市场。与锂离子电池相比，铅炭电池的充放电速度慢，一般需要6~8h才能实现容量的有效利用，而且能量密度低。铅炭电池在经过几年的快速发展后目前趋于沉寂，但安全性高、回收率高的特点使其在场地要求不高、有较长的充放电工作周期等场合仍然是有竞争力的储能技术。2021年，中国铁塔和中国联通通过公开招标，分别采购了1.097GWh和1.089GWh铅酸铅炭电池。2020年并网的雉城（金陵变）12MW/48MWh铅炭储能项目已实现正式运行。

二、锂离子电池

（一）锂离子电池基本情况

锂离子电池由正极、负极、隔膜和电解液四大关键材料组成。锂离子电池材料体系丰富多样，其中适合用于电力储能的主要有磷酸铁锂、三元（镍钴锰酸锂）、钛酸锂等。此外近年来还发展了一些高能量密度的新型锂离子电池体系。由于前文已经梳理过了锂离子电池整体产业链的发展情况，此部分主要从技术指

标方面和研发角度，来介绍已经有验证装置或者商业落地的部分锂离子电池
分支。

1. 磷酸铁锂电池

磷酸铁锂电池在充放电过程中，锂离子在正负极之间穿梭，其氧化还原过程
主要通过磷酸铁锂中铁的变价实现。磷酸铁锂电池中的核心材料是磷酸铁锂，是
一种橄榄石结构正极材料。其结构非常稳定，但电导率相对较低。由于磷酸铁锂
材料结构稳定，因此其循环性能和热稳定性较好，在长期使用过程中性能衰退较
为平缓，安全性能相比其他锂离子电池优势明显。同时，材料价格低，电池成本
较低。但由于磷酸铁锂导电性不高，因此不适宜在长期高功率场景应用。磷酸铁
锂电池适用于绝大多数能量型及功率型应用场景。早期磷酸铁锂电池主要应用于
电动汽车市场，并随着电动汽车产业的快速发展，其技术成熟度有了极大提高，
但随着电动汽车动力电池对能量密度的需求不断变高，磷酸铁锂电池在动力电池
领域的市场份额逐步缩小。在储能领域，磷酸铁锂电池凭借其安全性与近些年快
速下降的应用成本，已成为电力储能应用的主流，占据电化学储能电池绝大多数
市场份额。

2. 三元电池

镍钴锰酸锂材料中包含镍、钴、锰三种金属元素，因此采用三元电池这一约
定俗成的说法。三元电池的核心是镍钴锰酸锂正极材料，其本质上是一种与传统
钴酸锂相似的层状结构材料，具有较高的能量密度、电导率和功率特性，但由于
层状材料的结构稳定性较差，因此在长期循环中容易产生结构塌陷造成性能快速
下降，甚至在过充条件下可能发生热失控现象。三元电池主要应用在电动汽车动
力电池领域，在储能领域的应用国外居多，韩国早期储能工程中大量应用三元电
池，但火灾事故频发，其应用安全性受到质疑。国内部分火储联合调频项目中也
应用了三元电池，但因安全性问题突出，近年来市场份额日渐缩小。在三元电池
研发及生产领域，日本、韩国优势明显，松下、东芝及 LG 化学等企业早年占据
了主要的市场份额，近年来宁德时代在三元电池研发方面逐渐赶超，已达到国际
先进水平。目前，三元电池电芯成本 1000~1500 元/kWh，预计到 2030 年有望降
至 700 元/kWh 以下。三元电池目前总体技术和产业已较为成熟，主要应用于对
能量密度和功率特性要求较高的电动汽车动力电池，未来主要发展趋势是通过材
料改性进一步提升寿命和安全性能。

3. 钛酸锂电池

钛酸锂是一种尖晶石型负极材料，搭配三元正极材料后制备的电池称为钛酸锂电池。钛酸锂材料有着非常稳定的尖晶石结构，在充放电过程中几乎不发生体积变化，因此循环寿命超长，被称为"零应变"材料。同时，钛酸锂材料中锂离子可以在三维空间中扩散传导，因此电导率比其他常见锂离子电池高几个数量级，使钛酸锂电池的功率特性显著优于其他电池类型。

钛酸锂材料高稳定性晶体结构和较高的电导率决定了其功率特性优异，循环寿命比现有大多数锂离子电池大幅提高。同时，由于钛酸锂电池化学电位较高，因此难以在使用中产生锂枝晶，使其安全隐患大幅降低，但钛酸锂电池能量密度仅为常规锂离子电池的50%，同时生产工艺复杂，制造成本较高，使其技术经济性提升空间受限，难以大规模应用于常规电力储能。在未来电力储能某些特殊场景下，钛酸锂能够发挥其大功率、长寿命的独特特性。钛酸锂电池循环寿命（15000~30000次）较高，尽管其成本仍然较高，但在调频应用场景中具有较好适用性，得到了一定应用。目前，钛酸锂电池成本为2000~3000元/kWh，预计2030年有望降至1000~1500元/kWh。钛酸锂电池目前产业化程度不高，少量产品主要用于快速充电的电动汽车，未来主要发展趋势是通过材料改性和工艺优化进一步降低成本，提升产品成熟度。

4. 新型锂离子电池

新型锂离子电池主要包括锂—空气电池和锂—硫电池，是较为前瞻性的锂离子电池技术，主要面向超高能量密度应用需求的场景。目前尚处于起步阶段，未来技术成熟后将对锂离子电池产业及相关行业产生颠覆性影响。

锂—空气电池是一种用锂作为负极反应物，以空气中的氧气作为正极反应物的电池。由于锂离子和空气质量均很小，而金属锂可以提供数量庞大的活性锂离子，所以锂—空气电池的理论能量密度可以达到10000Wh/kg以上。但目前的研究发现，由于反应动力学因素的影响，其充/放电过程中阻抗很大，会出现严重过电位现象，充/放电能量转换效率只有约60%，且循环寿命很低。专家预计，锂—空气电池技术至少需要10年才能真正降低成本，达到实用化阶段。锂—空气电池具有质量轻、成本低的优点，但电池循环寿命差、效率较低，距离实际应用仍有相当长的时间。锂—空气电池作为一种高能量密度且环境友好的新型电池体系，在电动汽车等移动电源领域具有广阔的应用前景。但其循环寿命较低、应用成本较高，如要将其应用于储能领域，还需要在循环寿命等方面进行大量深入的研究。

锂—硫电池是指采用硫或含硫化合物作为正极，锂或储锂材料为负极，以硫—硫键的断裂/生成来实现电能与化学能相互转换的一类电池体系。与锂—空气电池相似，锂—硫电池主要优点是很高的比能量和较低的原材料成本，因此其在电动车领域有广阔的应用前景。但是，锂—硫电池目前循环寿命很低，并不适合作为储能电源，未来需大幅提高其循环寿命和效率，才能考虑其在储能领域的应用可能性。

（二）锂离子电池关键进展

在基础研究方面，关键电池材料和固态电池设计是当前研发的热点。在关键电池材料方面，复旦大学成功研制了高性能的纤维锂离子电池，通过揭示纤维锂离子电池内阻随长度的变化规律，构建出可以编织到纺织品中的新型纤维聚合物锂离子电池。北京大学研究团队提出了 $LiNi\alpha Mn\beta X\gamma O_2$（X 为单个或多个元素掺杂）无 Co 正极候选材料。中国科学院物理研究团队报道了溶解气体 CO_2 作为界面形成添加剂，在保证盐包水电解质的宽电化学稳定性窗口的前提下，减小了锂盐浓度带来的高成本问题。

在新型固态电解质开发方面，中国科技大学发现了 Li_2ZrCl_6 新型电解质体系，成本较低，可以用液相法制备。航天 811 所研制出高电化学稳定性低成本的 $Li_3Zr_2Si_2PO_{12}$ 材料，离子电导率达到了 $3.59\times10^{-3}S/cm$（20℃）。吉林大学则研制了超薄、高离子电导、高稳定性的锂离子交换沸石 X（LiX）固态电解质膜（LiXZM）。这三类固态电解质材料具有重要的应用价值，对于推动固态电池的发展具有十分重要的意义，同时也标志着我国锂离子电池领域在固态电解质材料方面的迅速进展。

在关键技术方面，正负极材料、快充技术、半固态电池技术等是当前技术研发的重点。在正极材料方面，从短期发展来看，高镍主流材料为 NCM811，随着对能量密度要求的进一步提升，Ni88、Ni90、Ni92 等正极材料已实现研发和量产，Ni96 等超高镍产品（镍含量≥90%）正在研发中。高镍/超高镍搭配硅碳新型负极，电芯的质量能量密度达到了 350~400Wh/kg。在负极材料方面，纳米硅碳负极材料实现了高首效、长寿命、低膨胀。在快充技术方面，蜂巢新能源宣称通过革新锂电池正负极、电解液等关键材料，可实现充电 10 分钟，续航 400 千米。在半固态电池研发方面，蔚来发布了基于原位固态化技术的 150kWh 的动力锂电池技术，电芯能量密度达 360Wh/kg 以上，使得搭载该电池的 ET7 轿车单次充电续航达到 1000km 以上。北京卫蓝新能源与浙江锋锂开发的混合固液电解质锂离子储能电池也达到了一万次的循环寿命，并实现了 100kWh 的小型储能系统的示范。

（三）锂离子电池 2021 年落地情况

2019 年，国内储能用磷酸铁锂电池出货量最大的三家公司分别为比亚迪、宁德时代和阳光电源，总出货量为 3.8GWh，同比增长 26.7%。在研发能力上，以比亚迪和宁德时代为代表的磷酸铁锂电池技术水平已达世界先进水平，拥有良好的性能指标。国内近年来典型的大规模磷酸铁锂电池储能项目包括江苏镇江 101MW 电网侧储能电站、鲁能海西 50MW 多能互补储能电站等。目前，对于磷酸铁锂电池，其电芯成本为 800~1000 元/kWh，预计 2030 年有望降至 600 元/kWh 以下。磷酸铁锂电池目前总体技术和产业已较为成熟，未来主要发展趋势是通过材料改性和工艺改进进一步降低成本，提升安全性能和寿命。

在系统集成方面，无模组技术（Cell To Pack，CTP）与比亚迪刀片电池的推广，实现了将磷酸铁锂系统能量密度提升到 150Wh/kg 以上，并兼顾安全性。宁德时代在晋江建设的 36MW/108MWh 基于锂补偿技术的磷酸铁锂储能电池寿命达到 1 万次，在福建省调频和调峰应用方面取得了较好的应用效果。此外，宁德时代推出了将锂离子电池和钠离子电池集成到同一系统中的解决方案。蔚来汽车发布了三元正极与磷酸铁锂电芯混合排布的新电池包（75kWh），构成双体系电池系统，可实现将低温续航损失降低 25%，也有望未来用于规模储能系统。

三、液流电池

（一）液流电池基本情况

液流电池是利用液态活性物质在离子交换膜的氧化还原反应进行储存和释放能量的装置。液流电池的优点体现在以下方面：①在电池反应过程中，离子仅发生价态变化，而无相变，且电极材料本身不参与反应，电池寿命长。②输出功率取决于电池堆的大小，储能容量取决于电解液储量和浓度，功率和容量独立设计。③在常温、常压条件下工作，无潜在的爆炸或着火危险、安全性好等。液流电池也具有能量效率低、能量密度低、运行环境温度窗口窄等缺点，而且相对于其他类型的储能系统，增加管道、泵、阀、换热器等辅助部件，使液流电池更为复杂，导致系统可靠性降低。目前，液流电池主要应用于对储能系统占地要求不高的新能源电站，用于配合新能源实现跟踪计划发电、平滑输出等。在众多液流电池可选择的体系中，全钒液流电池占据了国内相关集成示范作用的绝对主流。

据美国 DOE 预计，在储能时长为 4～10h 的电网规模储能方面，液流电池储能技术将具有比较优势。

（二）液流电池关键进展

探索开发低成本、高能量密度的长寿命液流电池新体系，对于实现液流电池未来可持续发展具有较为重要的意义。国内多家单位包括中国科学院大连化学物理研究所、中国科学技术大学、南京大学、西安交通大学、华南理工大学、西湖大学、中国科学院金属研究所等开展了包括有机系、多电子转移水系的液流电池新体系的开发工作。西湖大学利用分子工程修饰了吩嗪类有机氧化还原电对，基于此电对所构建的水系有机液流电池具有良好的稳定性。除有机液流外，以中国科学院为代表单位进行了高能量密度多电子转移水系液流电池的开发工作，开发出包括锌锰、锌碘、钛锰等多个体系。但需要注意的是，以上体系仍存在许多关键科学与技术问题需要解决。

面对双碳背景下新型电力系统对储能的重大需求，2021 年我国在液流电池领域技术研发领域投入明显增加。以中国科学院大连化学物理研究所、大连融科储能技术发展有限公司、北京普能公司为代表的单位在新一代高功率密度全钒液流电池关键电堆技术以及高能量密度锌基液流电池等方面取得了重要进展，开发出新一代可焊接全钒液流电池技术，较传统全钒液流电池，其膜材料选择可焊接多孔离子传导膜，双极板采用可焊接双极板，实现电堆的高效、自动化集成，系统可靠性进一步提高，电堆成本降低 40%。全钒液流电池的单个电堆功率超过50kW，单个储能标准模组的功率达到 500kW，有望继续增加到 1MW，这为降低系统集成成本、进一步推进液流电池产业化应用具有重要的意义。此外，其他体系包括锌基液流电池和铁铬液流电池等也取得了重要成果，相继开展了相关应用示范。

（三）液流电池落地情况

在目前广泛应用的全钒液流电池路线中，国内外普遍面临能量效率低、成本高等问题，除此之外国内还需要解决系统可靠性和关键材料国产化等问题。近年来随着电网侧对大规模、高安全、长时储能技术的需求急剧增加，吸引了大量研究单位和企业从事全钒液流电池产业化的开发。国内也完成了多个标志性全钒液流电池储能电站示范项目，其中融科储能两套 10MW/40MWh 网源友好型风场项目投运，北京普能交付了一套光伏、储能户外实证实验平台国家光伏、储能实证实验平台（大庆基地）的全钒液流电池储能系统，大连 200MW/800MWh 全钒液流电池储能调峰电站一期工程完成主体工程建设，进入单体模块调试阶段。此外，近期国内签约落地多个 100MW 级全钒液流电池电站，包括国电投集团襄阳 100MW/500MWh、中广核 100MW/200MWh 全钒液流电池储能电站等。

在成本价格方面，全钒液流电池系统成本约为 3500 元/kWh，随着离子交换膜、电极等关键材料研发和改进，预计 2035 年系统建设成本将降至 2000 元/kWh 以下。

四、钠离子电池

（一）钠离子电池基本情况

钠离子电池是最接近锂离子电池的化学储能技术，虽然在储能密度、技术成熟度等方面同锂离子电池还有差距，但由于其资源丰富、低温性能好、充放电速度快等优点，特别是随着锂资源问题热度的提高，钠离子电池得到了储能领域的高度关注。

虽然钠是元素周期表中紧跟锂排列的碱金属元素，但两者在物理化学性质上的差异也造成了相应电极材料在电化学性能上的差异。钠离子质量和半径较大，使钠离子电池的质量和体积能量密度不如锂离子电池。钠离子较大的半径还会引起电极材料在离子输运、体相结构演变、界面性质等方面的差异。因此，为了发挥钠离子电池自身的特性和优势，必须研究不同于锂离子电池的新材料体系。

类似锂离子电池，钠离子电池根据反应体系和电极材料的不同，也可以细分为不同种类，其中包括钠硫电池、钠盐电池、有机系钠离子电池、水系钠离子电池等。同样类似锂离子电池的竞争格局，钠离子电池各条技术路线由于其性能表现出各自契合不同储能应用场景的需求，暂时还没有形成诸如全钒液流方案在液流电池中的一家独大格局。

1. 钠硫电池

钠硫电池以熔融的液态金属钠（Na）和单质硫（S）分别用作负极和正极的活性物质，以固态的 $Beta-Al_2O_3$ 陶瓷作为隔膜和电解质。钠硫电池的比能量（即电池单位质量或单位体积所能存储的能量）高，其理论比能量为 760Wh/kg，实际已经超过 150Wh/kg，是铅酸电池的 3~4 倍。钠硫电池需要较高的运行温度（300℃~400℃）。

钠硫电池无放电污染、无振动、噪声低，有利于保护环境。钠硫电池单体的额定电压为 2V，将多个钠硫电池单体串并联组合后，可以得到不同容量的模块，通过模块串联可以实现兆瓦级，直接用于大型储能。按循环充放电次数每年 300 次、90% 放电深度计算，钠硫电池的寿命可以达到 15 年左右。

当然，钠硫电池也存在一些不足之处。钠硫电池只有在 320℃ 左右高温下才能正常运行，因为此时钠和硫都处于液态。如果陶瓷管破损产生短路，液态的钠和硫就会直接接触，发生剧烈的放热反应，瞬间产生 2000℃ 高温，相当危险。与其他蓄电池不同，钠硫电池的工作温度为 290℃ ~ 360℃，需要通过保温箱进行模块封装和集成，温控系统会直接影响钠硫电池的工作状态和寿命。

2. 钠盐电池

钠盐电池的主要组成部分包括液态的钠负极、金属氯化材料（$NiCl_2$ 和少量 $FeCl_2$）的正极以及钠离子导体 $Beta-Al_2O_3$ 陶瓷电解质。总体而言，钠盐电池（也称 ZEBRA 电池）结构与钠硫电池类似，但不同的是，ZEBRA 电池工作温度略低，为 270℃ ~ 320℃，正极部分由液态的四氯铝酸钠（$NaAlCl_4$）辅助电解液与固态的金属氯化物组成，其中氯化镍的应用研究最为广泛。

钠盐电池具有高安全性。钠盐电池具有短路温和放热和过充过放可逆等特点，确保电池在电气和机械滥用时的高安全性。电池以放电态组装，仅在正极腔室装填金属粉体、氯化钠和电解液，制造过程安全性高；同时，其开路电压较钠硫电池提高 20% 以上。维护成本低。电池内部短路时特有的低电阻损坏模式大大降低了系统的维护成本。

3. 水系钠离子电池

水系钠离子电池的工作原理和传统锂离子电池非常相似，同样基于钠离子在正负极中可逆嵌入、脱出的电池机理。在充电过程中，钠离子在内电路中从正极脱出，经过电解质嵌入负极，而电子在外电路中由正极运动到负极。放电过程则恰好相反，钠离子从负极脱嵌，经过电解质运动到正极，而电子经过外电路到达负极。在整个充放电过程中，电解质提供了钠离子的传输通道。

由于受到水的热力学电化学窗口限制，以及嵌钠反应的特殊性、容量、电化学电位、适应性、催化效应等的影响，电极材料选择面临挑战，进而影响水系钠离子电池的应用。根据目前已有的研究，水系钠离子电池负极材料覆盖了很多种类，包括活性炭、普鲁士蓝类似物、普通氧化物、有机物、钛、聚阴离子化合物、有机电极材料。

水系钠离子电池的研发在实验室层面取得了较大突破，特别是在性能指标方面，如比容量、循环寿命、效率等，已经具备了一定的工业化基础。水系钠离子电池的电解质毋庸置疑采用水作为溶剂，盐一般采用硫酸钠、硝酸钠、高氯酸钠、乙酸钠等。为了抑制水分解过程中的析氢、析氧等副反应，以及电极材料在水体系中的溶解，研究者们开发出了高浓度电解质，可以降低水的电化学活性，从而扩大电化学稳定性窗口，提高能量密度。

水系电解质与有机电解质相比有更快的离子迁移速率，更便宜、更安全，电池更容易制造以及可以使用更厚的电极，唯一的缺点是水的工作电压窗口较窄。使用水系电解质是较有效降低钠离子电池成本的方法之一，因此越来越多的研究转移到水系电池钠离子电池的研究中。

4. 有机系钠离子电池

有机钠离子电池的架构类似于水系钠离子电池，但其正、负极材料不受水分解电压的限制，选择范围广。常见的有机钠离子电池负极材料有碳、金属或非金属单质、金属化合物、NASICON 结构磷酸盐等。碳材料具有成本低廉、资源丰富、环境友好、性能稳定等优点，在有机钠离子电池负极材料的研究中起步较早。当然，研究人员发现石墨在钠离子电池电解液中基本不存在电化学性能，主要原因是石墨层之间的距离太小，溶剂化的钠离子太大，进入石墨层十分困难。

截至目前，各种硬碳的改性研究正在进行中，如中空纳米球状硬碳、分层多孔硬碳、米管状硬碳、氮掺杂片状硬碳等。金属或非金属单质作为有机钠离子电池负极材料，储钠平台低，理论容量大，储钠机理一般为合金化，目前研究比较多的是锑和磷。在金属化合物中，常见的有机钠离子电池负极材料有金属氧化物、金属硫化物、金属磷化物、钛基化合物等。这些化合物作为有机钠离子电池负极材料，优点是比容量很高，缺点是钠离子脱嵌过程中体积变化太大，材料自身的结构不能保持完整性，循环性能和倍率性需要进行改善。

总体而言，有机钠离子电池与锂离子电池具有相似的电化学反应机理，资源更为丰富，价格更为低廉，环境更为友好，但由于采用有机电解液，存在短路、燃烧、爆炸等安全隐患。

（二）钠离子电池关键进展

正极、负极和电解质材料作为钠离子电池的关键材料是当前基础研究的热点方向。正极材料研究主要分为三类：一是层状过渡金属氧化物（$NaxMO_2$），其可逆比容量高达 190mAh/g，平均放电电压一般为 2.8~3.3V，制备方法简单，是工程化开发的首选正极材料体系，研究发现阴离子氧化还原的引入可进一步提升材料的比容量；二是聚阴离子类化合物，其具有开放的钠离子扩散通道，平均电压高达3.7V，最具代表性的为氟磷酸钒钠，其可逆比容量约120mAh/g，可实现室温规模合成，是一类重要的候选正极材料；三是普鲁士蓝类正极材料，其优点包括可低温合成、平均电压可达3.4V，可逆比容量为100~160mAh/g，具有低成本化潜力，目前研究较多的为铁氰化物类，但该类材料的结晶水难以去除，压实密度较低，制备过程污染大、规模化应用还面临一定难度。

在负极材料方面，目前接近实用化的是硬碳材料。无定形碳基材料因资源丰富、综合性能优异，有望近期实现应用。零应变钛基材料也获得广泛关注，其中Na0.66［Li0.22Ti0.78］O2的可逆比容量约110mAh/g，循环性能优异。其他合金和转换类负极因体积形变较大，有机类负极因溶解等问题短期内尚难以实现应用。

在电解质方面，目前仍沿用锂离子电池在有机溶剂中加入盐和添加剂的配方，因钠离子具有较低的溶剂化能，使得使用低盐浓度电解液进一步降低电池成本成为可能。此外，在正负极材料与电解质间获得离子传输性能好且电子绝缘的薄而致密的固体电解质界面膜也是研究的热点和重点。

在液态金属电极方面，自2018年以来，华中科技大学等单位在国家重点研发计划项目"液态金属储能技术关键技术研究"的支持下，研究团队在电池特性与系统构建方面开展了深入研究，建立了多场耦合大尺寸液—液界面的动态特性模型，提出大容量电池界面稳定调控技术，实现了电池容量从2Ah到400Ah的放大；开发了表面陶瓷金属梯度化设计工艺，突破了液态金属电池高温密封绝缘关键技术，实现了大容量电池的长效封装；针对液态金属电池低电压、大电流特性，提出了双等效电路融合模型，建立了包含模型参数与SOC作为可估计状态的状态空间方程，实现了液态金属电池SOC的精准估计；在电池系统构建方面，构建了5.5kWh的电池组三维传热模块耦合一维电化学模型，实现了5kW/18kWh液态金属电池储能系统，为液态金属电池储能技术的应用发展提供了支撑。

中国科学院物理所、宁德时代、上海交通大学等单位长期致力于钠离子电池技术研发与产业化，在正极、负极、电解质等关键材料以及钠离子电芯和应用系统等方面取得多项研究成果。2021年，我国在钠离子电池单体电池和电池系统关键技术方面取得了多项重要进展，包括低成本及高性能正负极核心材料制备放大技术，电解液/隔膜体系优选技术，电芯安全可靠性设计技术，高安全、高倍率和宽温电芯设计制造技术，电池正负极材料的评价技术，大圆柱及大方形铝壳电芯的制造工艺技术，电池的安全性设计与评价技术，电池大规模筛选及成组技术取得了全面的突破，并建立了失效分析数据库。钠离子电池的能量密度已达到145Wh/kg；2C/2C倍率下循环4500次后容量保持率>83%。

（三）钠离子电池2021年落地情况

钠离子电池技术路线在国内的落地早已有之。2010年上海世界博览会期间，中国科学院上海硅酸盐研究所和上海电力公司合作，实现了100kW/800kWh钠硫电池储能系统的并网运行。2011年10月，上海电气集团与中科院上海硅酸盐研究所以及上海电力公司签订合资合同，成立上海电气钠硫储能技术有限公司，开始钠硫电池的产业化开发。2015年，上海钠硫电池储能技术有限公司在崇明岛风电场实现了兆瓦时级的商业应用示范。然而，由于成本方面的问题，在当时并未开展更为广泛的集成示范，在这之后，由于锂离子电池更高的能量密度和功率，钠离子电池落地进度也一度发展趋缓。

然而，随着近年来储能赛道整体的兴起，由于钠离子电池相对的安全性和在极端温度下的适应能力，钠离子电池在国内的发展重回快车道。

2021年，在产品开发应用方面，浙江钠创新能源公司已实现正、负极材料的百吨级制备及小批量供货，钠离子电芯也具备了兆瓦时级的制造能力，并率先完成了在低速电动车和30kWh、100kWh储能电站的示范应用。同时，在中国科学院A类战略性先导科技专项大规模储能关键技术与应用示范项目的支持下，中国科学院物理研究所与中科海钠在山西太原综改区推出了全球首套1MWh钠离子电池光储充智能微网示范系统，并成功投入运行。

产能落地方面，中科海钠、钠创新能源等企业建成了百吨级钠离子电池正极、负极和电解液材料中试生产线，中科海钠还正在建设千吨级负极材料生产线和电芯线。

2021年该领域的另一大重要里程碑，就是宁德时代（CATL）所发布的钠离子电池技术，该技术以普鲁士白为正极、硬碳为负极，预计能量密度可达160Wh/kg，常温下充电15分钟，电量可达80%以上；在-20℃低温环境中，拥有90%以上的放电保持率；系统集成效率可达80%以上；热稳定性远超国家强标的安全要求。总体来看，虽然宁德时代的第一代钠离子电池的能量密度略低于磷酸铁锂电池（180Wh/kg），但是在低温性能和快充方面具有优势，特别是在高寒地区高功率应用场景，因此宁德时代的钠离子电池发布引起了储能领域广泛关注。同时，中科海钠、钠创新能源、佰思格、众钠科技等钠离子电池初创企业在2021年也顺利完成其融资计划，为钠离子电池产业发展奠定了良好的基础。

第四节　其他新兴储能技术[①]

除以上储能技术外，国内外研究者们开展了多种储能新概念、新材料和新体系的探索与研究，发展了系列储能新体系，为规模储能应用提供了可能的技术选项。近年来，具有代表性的有多价金属离子电池、超导储能、氢储能等，在这里只做简要介绍。

一、多价金属离子电池

多价金属离子电池主要包括了镁、铝和锌离子电池等。这类电池充放电过程中的阳离子脱嵌伴随多个电子转移，且镁、铝与锌等元素在地壳中储量丰富、成本低廉、清洁环保，在规模储能领域具有良好的发展前景。

在镁离子电池方面，关键在于发展高性能、无腐蚀性、价格低廉的镁离子电解液。青岛能源所崔光磊等以 MgF_2 为前体，开发了非亲核、无腐蚀性镁离子电解液，实现了镁硫电池的稳定循环。进一步针对 MACC 体系中 $AlCl_3$ 与硫的亲核副反应导致电池不可逆的问题，清华大学张跃刚教授将 YCl_3 应用于 MACC 体系，显著提高了镁硫电池的电化学循环稳定性。

在铝离子电池方面，近年来国内外多个研究团队对正极材料（石墨、硫系、过渡金属化合物、有机物等）、负极材料（金属铝、铝基合金等）以及电解质等进行了一系列研究。其中，正极材料是制约铝离子电池性能的关键。北京科技大学 Sun 等于 2015 年利用石墨化碳纸正极，离子液体为电解液，实现了可逆性良好的高电压（约 2V）新型铝—碳电池。随后，进一步发展了铝—硫、铝—硒、铝—碲、铝—过渡金属硫族化合物等系列以及铝离子固态电池，为实现超高容量提供了新途径。

锌离子电池具有成本低廉、安全性好，特别是基于水溶液体系的锌离子电池

---

① 美国储能市场［EB/OL］．［2021-11-25］．https://xueqiu.com/134304819/204110879.

近年来备受研究者关注。水系锌离子电池的正极材料主要包括锰基氧化物、普鲁士蓝衍生物、钒基氧化物、聚阴离子化合物等。在负极方面，金属锌的枝晶问题以及溶解—沉积库仑效率低严重限制了实际应用。现阶段，抑制锌枝晶生长的主要策略包括：构建三维导电基底，调控锌的成核与生长；采用电解液添加剂延缓锌枝晶的生长；设计高浓电解液，降低电解液与锌离子的反应活性，提高电极稳定性等。

二、超导储能

超导储能技术原理是将一个超导体圆环置于磁场中，降温至圆环材料的临界温度以下，由于电磁感应圆环中有感应电流产生，只要温度保持在临界温度以下，电流便会持续下去。该技术实现对电磁的直接存储，具备高的转换率和响应速度。但持续放电时间仅能维持数秒且对环境温度要求严格，成本高、运行维护复杂。目前，超导储能主要用于解决电网瞬间断电和电压暂降等电能质量问题对用电设备的影响和提高电网暂态稳定性。

近年来，美国、德国及日本等开展大量关于超导磁储能的研究和应用，美国已有多台 100kWh 等级的微型超导磁储能系统在配电网中实际应用，改善配电网电能质量。日本中部电力公司、关西电力公司以及国际超导研究中心也陆续开展了超导磁储能的研究与应用，其最大单机功率突破 20MW。国内在该领域的研究尚处于起步阶段，近年来先后开展了超导磁储能实验室样机开发及小容量的应用示范。相关研究单位主要有中科院电工所、清华大学、华中科技大学、中国电科院等。超导储能整体技术处于起步阶段，储能介质和器件等关键技术有待突破，离实用化还有较大差距，成本目前较高，即为 6500~7000 元/kW。受高温超导材料性能、价格影响，当前超导储能距大规模实用化尚有距离，需要深入研究符合电力系统特征和超导储能运行模式的功率变换、状态监测、保护控制、模块化构成等关键技术，掌握与电网匹配运行的实用化技术，探索和研究关于超导储能技术的新原理和新装置。

三、氢储能

氢储能技术是通过电解水制取氢气，将氢气存储或通过管道运输，高峰时段可通过氢燃料电池进行热（冷）电联供的能源利用方式。该技术适用于大规模储能和长周期能量调节，是实现电、气、交通等多类型能源互联的关键。其具有能量密度高、运维成本低、过程无污染、可长时间存储等诸多优点，但目前还存在关键材料和核心部件依赖进口、可靠性与耐久性与国外产品差距大等问题，亟需进一步研究。氢储能技术主要包含电解制氢、储氢及燃料电池发电技术。该技术可用于新能源消纳、调峰填谷、热（冷）电联供、以及备用电源等诸多场景。

目前，国外处于氢储能商业化应用阶段，而国内氢储能技术还处于示范阶段，主要以百千瓦级风电制氢示范为主，河北张家口沽源县正在建设 10MW 风电一碱性制氢综合利用示范项目；在安徽将建设国内首个 MW 级固体聚合物电解水制氢以及燃料电池发电示范；在浙江建设百千瓦级氢利用系统示范，预计 2021 年 12 月底前完成。在成本价格方面，目前，电解制氢的成本价格为 25~40 元/kg，燃料电池发电成本大于 8000 元/kW，成本较高，根据《中国氢能源及燃料电池产业白皮书》预测，预计至 2035 年，电解制氢成本不高于 15 元/kg，燃料电池成本降至 800 元/kW。氢储能技术将向高效、低成本、零污染、长寿命方向发展，亟需突破核心部件制备、系统可靠性和耐久性、与电网协调互动、安全防护等技术，同时完善技术标准、检测体系，推进其在电力系统应用。

第六章 中国储能产业链分析

储能技术主要分为热储能、电储能和氢储能，电储能又分为电化学储能和机械储能（又称物理储能）两大类别（见图 6-1）。近年来，国内电化学储能发展迅速，而在电化学储能中，又以磷酸铁锂为主的锂电储能是当今最为成熟、应用最广泛的电化学储能技术，以其使用寿命长、能量密度高、响应快等优点在现有电化学储能装机中占比接近 90%（见图 6-2）。此外，在电化学储能中的钠离子电池储能、液流储能也有其独特的应用场景或成本特性，引起众多资本竞相在相关产业链上进行布局和投资。

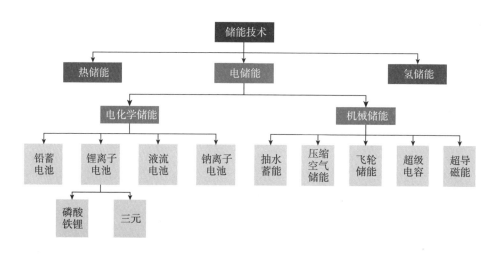

图 6-1 2011 年储能技术一览

资料来源：案头研究；清新资本。

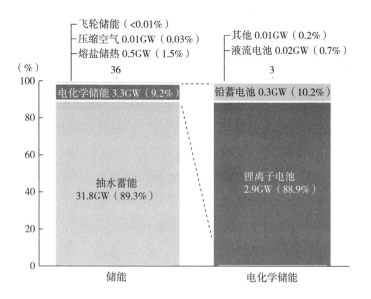

图 6-2　中国储能累计装机量及占比（截至 2020 年底）

资料来源：CNESA《2021 年储能白皮书》；清新资本。

第一节　锂电储能

一、行业概述

作为电化学储能领域中使用最广泛的储能技术，以磷酸铁锂为主的锂电储能以其使用寿命长、能量密度高、响应快等优点在全球和我国现有电化学储能装机中皆占有主导地位。根据 CNESA 数据，截至 2021 年，全球锂电储能累计装机规模达到 23.22GW，在全球新型储能累计装机规模中占比 90.9%，中国锂电储能累计装机规模为 5.17GW，在我国新型储能累计装机规模中占比 89.7%（见图 6-3 和图 6-4）。

从竞争格局来看，一方面，全球储能市场竞争逐渐加剧。2019~2021 年，全球储能电池 CR3 从 72.7% 降至 54%；另一方面，中国企业的竞争力和市场份额不断提高。以往全球储能电池市场主要由日韩厂商霸占，如三星 SDI、LGES、松

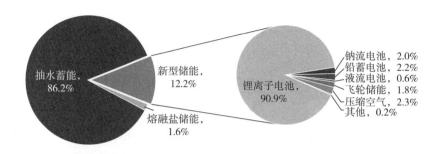

图6-3　2000～2021年全球电化学储能累计装机规模占比

资料来源：中关村储能产业技术联盟（CNESA）；清新资本。

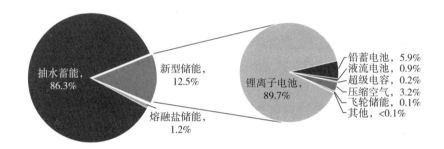

图6-4　2000～2021年我国电化学储能累计装机规模占比

资料来源：中关村储能产业技术联盟（CNESA）；清新资本。

下电器（Panasonic）等海外龙头企业，但随着中国政府对储能行业支持的加强、电池厂商在储能业务布局的加快、储能产业链成熟度上升带来的成本优势逐渐显现，以宁德时代为代表的中国储能系统生产制造商在全球储能电池市场份额逐渐扩大，其中，全球储能电池市场份额变化最大的是宁德时代，从2019年的5.5%增加至2021年的24.5%，位列全球储能市场份额第一（见图6-5）。

　　从产业链角度看，我国锂电储能上游部件格局成熟。中游缺乏专业、成熟的锂电储能集成上市企业。下游风光可再生能源并网、电网调峰调频以及用户侧分布式电源并网等应用场景将为锂离子电池产业发展贡献较大增量（见图6-6）。

　　目前国内涉及储能业务的企业大致可以分为两类，即以生产储能电池发展的企业和以生产储能逆变器PCS发展的企业。生产储能电池的企业包括宁德时代、比亚迪、派能科技等，其市场竞争力在于深耕电池生产领域多年，具备技术、成本和品牌优势。PCS生产企业有阳光电源、科华数能、上能电气等，这些企业拥有专业储能逆变器研发生产经验，从而形成了相关行业壁垒。

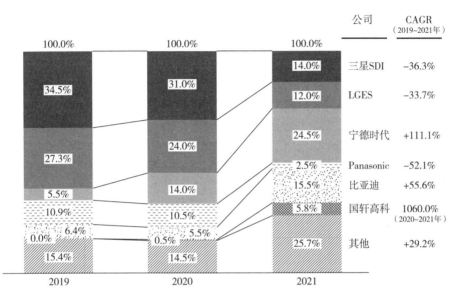

图 6-5　2019~2020 年全球储能电池厂商市场份额变化情况

资料来源：SNE Research；EVTank《中国储能锂离子电池行业发展白皮书（2022 年）》；清新资本。

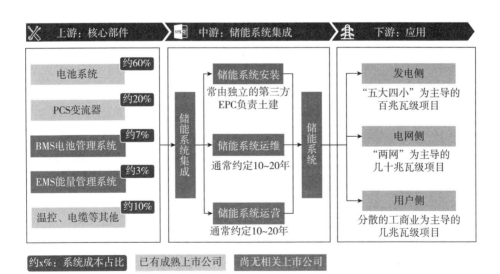

图 6-6　中国锂电储能产业链

资料来源：案头研究；清新资本。

二、产业链上游企业

(一) 上游情况概述

近年来，得益于国家能源政策对新型储能支持力度的加大、锂电储能商业模式的逐渐清晰和技术创新等因素，锂电储能上游发展较为成熟和模式化，整体来说，不同厂商的储能部件差别不大，成本成为市场选择上游厂商的主要考虑因素。那么锂电储能系统的成本主要来自哪些部分呢?

锂电储能系统主要由电池系统、PCS 变流器、BMS 电池管理系统、EMS 能量管理系统、温控等其他部件组成。其中电池系统成本占比最高达 60%，其次为 PCS 变流器 20%，电池管理系统和能量管理系统分别占比 7% 和 3%，其他部件占比 10%。

就电池系统而言，随着规模经济边际成本下降和相关生产企业制造经验的增加，全球锂电池制造成本逐年下降，销售价格也呈现下降趋势（见图 6-7）。根据彭博新能源财经发布的《2021 年锂离子电池组价格调研》报告，2021 年全球锂离子电池组平均价格为 132 美元/KWh，相比 2020 年的 140 美元/KWh 下降了6%。在过去十余年中，锂离子电池组价格已经从 2010 年首次开展调研以来的1200 美元/KWh 下降了 89%。其中，中国市场的电池组价格最便宜，为 111 美元/kWh。2017~2020 年全球锂离子储能电池单价如图 6-8 所示。

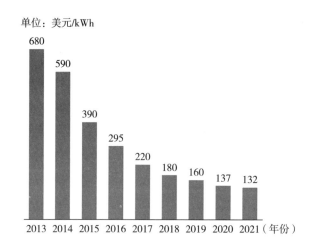

单位：美元/kWh

图 6-7　2013~2021 年全球锂离子电池成本

资料来源：BloombergNEF；派能科技；清新资本。

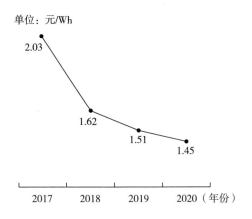

图 6-8　2017~2020 年全球锂离子储能电池单价

资料来源：BloombergNEF；派能科技；清新资本。

　　目前，由于全球新冠肺炎疫情带来的影响和国内需求的持续增长，磷酸铁锂等电芯原材料价格出现上涨，产生的价格滞后效应将会很快体现在 2022 年电池组价格上。自 2021 年以来，磷酸铁锂价格从 3.7 万元/吨上涨至 10.7 万元/吨，涨幅高达 189.19%，上涨趋势在 2022 年延续，在 3 月达到 16.3 万元/吨，较 2021 年末上涨 52.3%[①]。彭博新能源财经预测原材料价格将会在 2022~2023 年继续上涨，市场将需要较长时间才能实现电池组价格下降到 60 美元/kWh 的梦想。虽然目前由于价格滞后效应，加上宁德时代、比亚迪等锂电池生产头部企业得益于规模生产效应和原材料固定合作企业等因素，拥有较强耐压能力，价格的上升还并未传导到下游用户身上，但在短期内由生产企业抗住压力，长期来看，大部分企业都将面临严重的生产压力。为此，还是希望未来锂电电芯扩产降本、钠电池量产降本和梯次电池建立安全标准等。

　　PCS 变流器作为储能系统成本占比仅次于电池组的部分，可以实现储能系统和电网之间的交直流转换。从 2012 年开始起步以来，随着储能技术的成熟、储能系统成本的下降和政府相关补贴的增加，PCS 变流器市场日渐成熟，平均毛利率水平达 20%~30%，考虑到储能市场的爆发潜力，早期资本仍可介入投资。根据头豹研究院的分析，作为储能系统核心部件之一，PCS 变流器具有广阔的市场

---

　　① 李子卓．东亚前海化工周报：磷酸铁锂持续景气、原油价格大幅上涨［R/OL］．［2022-03-07］．https：//pdf. dfcfw. com/pdf/H3_ AP202203071551159110_ 1. pdf？1646666782000. pdf.

·175·

前景，预计 2025 年国内新增市场规模将达到 60.5 亿元。

隶属于占比 10% 的其他部分，储能系统的热管理同样不可忽视。众所周知，温度对于储能电池的容量、使用寿命、功率等都会产生很大影响，随着储能电池随市场需求而增加容量，对于温度的控制要求也越发严格。目前，已经规模性运用的储能电池热管理方式主要是风冷和液冷，风冷成本低，而液冷冷却效率高。另外，还有热管冷却和相变冷却尚处于实验室阶段。同样，热管理行业也潜力巨大，根据天风证券预测，2021 年全球储能温控市场空间 14 亿元，其中风冷占比 80%，液冷占比 20%；预计 2025 年市场规模将达到 211 亿元，其中风冷占比 58%，液冷占比 42%。目前来看，由于尚处发展早期，该领域企业集中在传统温控生产企业，主要是精密空调设备、工业制冷设备和汽车热管理企业。

（二）锂电池生产企业

目前，中国是世界上最大的锂电池生产和制造国。2014 年，中国锂离子电池总体出货量在全球的占比为 42.1%，这一数据在 2021 年达到 59.4%。其中，储能电池的出货量在全球占比持续提升，由 2014 年的 35.0% 提升至 2021 年的 63.8%（见图 6-9）。

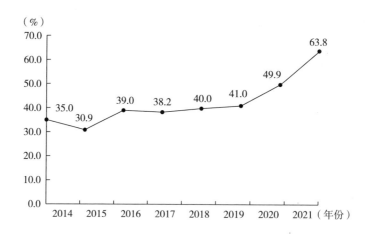

图 6-9　2014~2021 年中国锂离子储能电池出货量占全球比重变化趋势

资料来源：EVTank；清新资本。

就磷酸铁锂电池而言，2020 年第一季度全球约 85% 的磷酸铁锂电池来自中国供应链，锂电制造基本由头部厂商把控，其中宁德时代以 8.6GWh 的出货量占比 49.4%，比亚迪以 4.8GWh 的出货量占比 27.6%，国轩高科以 2.0GWh 的出货量占比 11.5%，CR3 约为 90%（见图 6-10）。

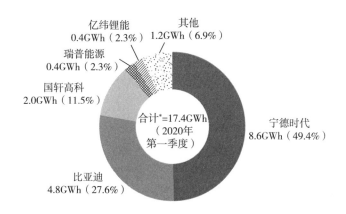

图 6-10　2021 年第一季度国内市场磷酸铁锂电池出货量（包含动力电池出货量）
资料来源：高工产研锂电研究所；案头研究；清新资本。

1. 宁德时代新能源科技股份有限公司（CATL）

宁德时代成立于 2011 年，是全球领先的新能源创新科技公司，其专注于新能源汽车动力电池系统、储能系统的研发、生产和销售，致力于为全球新能源应用提供一流解决方案。2018 年宁德时代在创业板上市后，目前稳居创业板市值排名第一，同时也是创业板首家市值破万亿的公司。宁德时代在成立十年期间，凭借自身的产品质量、产业链布局、创新研发、财务盈利等竞争优势，在全球动力电池领域占据了领先地位。2022 年 2 月 7 日，全球动力电池企业最新排名出炉，宁德时代连续五年位居世界第一。随着全球储能市场爆发增长和大规模储能系统、电化学储能电池等先进技术发展，宁德时代卡位储能赛道，将主营动力电池业务和储能业务提到同等高度并进行全面战略布局。

（1）全产业链布局。宁德时代通过入股、收购以及合资建厂等方式，布局国内外矿资源，以增加自身对原材料的供给能力和议价能力。从 2018 年开始，宁德时代在锂电池产业链上游加快布局，投资了北美锂业。2021 年，其投资了洛阳钼业位于刚果金的铜钴矿。上游除了矿资源，宁德时代也加大了电解液、正负极材料、隔膜的投资。为了增强整个一体化布局的抗风险能力，宁德时代同时布局了从中游锂电设备、储能电池、电机、电控，到产业链下游的整车、储能系统、电池回收利用、换电站等领域。通过全产业链布局，公司的规模效应日益显著，从供给侧、产能侧、产品质量控制形成了正态闭环。

（2）扎根储能赛道。在国内外新能源产业升级和储能市场加速增长的背景下，宁德时代在储能赛道的投资效益逐渐凸显，有望成为继动力电池领域后第二业务增长点，持续为公司业绩提供新的动力。2011年，宁德时代中标张北风光储输示范项目，标志公司正式进入储能赛道。2014年后，公司储能储量逐渐扩大，创收持续提升。在2020年，公司顺应国家储能行业政策支持，不断完善产业布局，与国网综能合作成立国网时代（福建）储能发展有限公司和新疆国网时代储能发展有限公司，并将以可再生能源和储能为核心的固定式化石能源替代、以动力电池为核心的移动式化石能源替代、以电动化和智能化为核心的应用场景扩展作为公司未来发展的三大战略方向。公司还通过战略合作、建立合资公司、签订长期供货合约等方式布局储能业务。自2016年以来，储能系统业务的收入和毛利润占总业务的比重不断扩大，而核心动力电池占收入和毛利比重下降；2021年，公司储能系统营收达136.24亿元，占总营收1205.72亿元的比重为11.30%（见图6-11）。

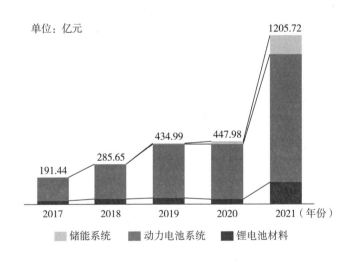

单位：亿元

图6-11 宁德时代各项业务营收情况

资料来源：公司公告；清新资本。

（3）海外市场。在全球新能源产业链布局加速的背景下，宁德时代也加快了海外业务的扩张和研发布局。公司先后在国内成立了多个研发中心和制造基地，又在海外市场政策支持下打通了海外市场，在美国底特律、德国慕尼黑、法国埃尔福特等成立了生产基地。2017~2021年，其海外扩张效益显著，海外收入从1.6%提升至21.4%。2021年年报显示，宁德时代海外业务收入同比增长252.45%达278.72亿元，营收占比由2020年同期的15.71%提升至21.38%。海外业务毛利率相对国内更高，达30.48%，公司在动能电池和电化学储能领域均获得了较高的收益（见图6-12）。

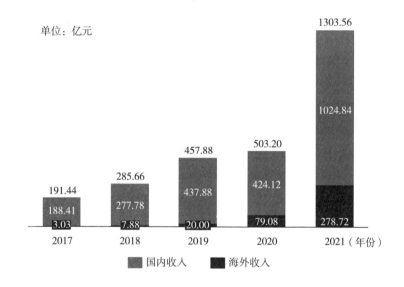

图6-12 宁德时代国内、海外业务情况

资料来源：公司公告；清新资本。

（4）持续创新。大力开发核心技术宁德时代非常重视产品和技术工艺的研发，建立了涵盖研发、设计、验证、制造的完善体系，拥有多个国家级和省级研发中心与科研工作站。根据其2020年年报，公司研发费用占营收比重的7.09%。为应对市场需求，抢占未来发展先机，宁德时代创建了对标国际实验室标准的21C创新实验室，主攻金属锂电池、全固态电池、钠离子电池等下一代电池研发。2021年7月，其第一代钠离子电池发布，具备高能量密度、高倍率充电、优异的热稳定性、良好的低温性能与高集成效率等优势，但其市场价格仍高于主流的锂电池价格，需继续投入研发达到降本的目的。目前，宁德时代已启动相应的产业化布局，根据市场需求规划产能，预计很快将实现量产。

2. 比亚迪股份有限公司

比亚迪股份有限公司（简称"比亚迪"）成立于1995年2月，是中国新能源科技的领导企业。公司主营业务包括新二次充电电池、光伏业务、电子集成组装业务，也包括传统燃油和新能源整车业务，同时持续投入其他新能源产品、储能系统领域等赛道。20多年间，始终专注技术研发，同时着眼于全球化布局，实现多业务同步发展。在2003年，比亚迪成为全球第二大充电电池生产商，也成为港交所和深交所营业额和市值超千亿元的上市企业。

（1）垂直一体化产业布局。比亚迪一直耕耘于产业链的整合，历经20多年，逐渐形成稳定且具有竞争力的垂直一体化产业链结构。公司从中游电池业务、上游下游双向拓展完成全产业链的覆盖。上游原材料供应部分，公司通过合资、并购、入股等方式加深相关矿资源企业公司联系，与青海盐湖、西藏矿业等多个公司合作，保证锂资源的供给，也降低了原材料价格波动的风险。在垂直产业链布局下，比亚迪在电池、电机、电控三方面形成了成熟且自治的产业结构。在下游方面，比亚迪凭借自身研发实力和制造能力，积极发展整车、二次储能、电子领域、轨道交通业务，打通了业务之间的壁垒，实现产业生态链良性循环，各业务之间相互配合和促进，协同优势和规模效应显著。

（2）以储能电池为核心布局储能赛道。比亚迪专注的储能板块以电池为核心，涵盖了电芯/EMS/BMS/PCS等业务研发和制造，并且在行业中具有领先地位，全产业链布局优势显现。2018年，比亚迪在青海投资"年产12GWh动力锂电池建设项目"；2020年7月，比亚迪与金风科技战略合作，布局国内储能业务市场；2020年8月，比亚迪电网级储能产品BYDCube发布，定位于海外家储领域。2021年比亚迪储能电池装机量10~12GWh，同比增长250%；公司二次充电电池和光伏储能业务收入165亿元，同比增长36%，营业收入占比8%左右；全球出货量位居中国企业第三，全球PCS提供商位于中国企业第三，海外市场储能系统供应商位居中国企业第二，欧洲市场家庭储能产品出货量位居第二。

同时，比亚迪核心产品刀片电池有望在储能系统领域大放异彩，并进一步打开储能业务发展空间。在2020年8月比亚迪发布了电网级储能产品BYDCube，容量2.8MWh，占地16.66平方米，较于行业内40尺标准集装储能系统单位面积能量密度提升了超90%。2021年后，刀片电池在储能应用持续助力，将相应电池容量提高至6MWh，进一步推动了整个系统的储能效率和系统成本下降。比亚迪始终坚持研发投入，持续拓展储能赛道，对于刀片电池在储能系统应用的前景，长期持续看好。

（3）全球布局。比亚迪从始至终坚持自主研发道路，在国内市场稳定发展，同时也布局全球市场。至今已在全球六大洲建立了 30 多个工业园区和生产基地，完成了生产和服务中心的全球战略布局。2011 年向美国首次推出出口集装箱式储能解决方案，开启了海外市场布局第一步。比亚迪持续深化海外布局战略，通过扎实的产品质量和服务能力，在海外市场快速获得了品牌信任，海外业务包括家庭储能业务、工商储能系统、集装箱式储能系统、太阳能电站等。在海外市场中，欧洲市场成为比亚迪储能的主要市场，储能产品也推广至北美、澳大利亚、日本等国家。

3. 上海派能能源科技股份有限公司

上海派能能源科技股份有限公司（简称"派能科技"）成立于 2009 年，2020 年作为储能第一股在 A 股上市。公司主要从事电芯、模组、能量管理系统及储能系统的研发与应用，提供以锂电为核心的储能系统解决方案，并且掌握了储能锂电池开发生产、BMS 研发、系统集成三大核心环节。对于储能产品板块，派能科技主要业务定位于海外家用储能市场，是全球领先的家用储能系统制造商。公司海外扩张和产业布局战略较早，主导优势明显，目前家用储能业务以打入欧洲、非洲、美洲、东南亚等市场，具有较高品牌影响力。2020 年在家电储能市场中，家用储能产品出货量占全球总量的 12.9%，位居全球第二，仅次于特斯拉。

（1）全方位布局家用储能。派能科技从 2019 年到 2020 年完成了从"垂直产业布局"到"建设全面储能产品线"，再到"全方位布局储能解决方案"的三个阶段转型，逐步扩大公司在全球家用储能市场的产品优势。2010 年，公司推出了首款通信备电产品；2013 年首套家用储能电池系统在欧洲商用。2017 年，公司加速海外市场需求侧的扩张，发展境外客户和合作企业，同时加速"储能一站式"解决方案的战略目标，实现了随后 3 年出货量、盈利的稳步上涨，并在 2020 年成为全球市占率第二的家用储能设备供应商。2021 年公司经营良好，实现营业收入 20.62 亿元，同比增长 84.14%，总利润 3.56 亿元，同比增长 14.16%。

（2）领军海外家储市场。派能科技主要面向的核心客户包括 Sonnen（欧洲最大的储能系统集成商）、Segen（英国最大光伏供应商）等大型优质企业，主攻欧洲市场，主要产品已经通过 IEC、欧盟 CE、欧洲 VDE、美国 UL、澳洲 CEC、日本 JIS、联合国 UN38.3 等全球主流安全标准认证，在全球市场中取得了大量的品牌信任。海外地区平均用电成本较高导致了家用储能市场的需求量爆发，特别是在高昂电价的欧洲、美国、澳洲等，家用储能设备的需求主要是解决用户自给自足的发电需求，并且对冲电价上涨的风险。在政策方面，各国也都在鼓励提高电力自发自用的应用，因此家用"光伏+储能"的组合拥有了稳定的市场基础。随着全球电价的上涨和储能设备的成本下降和快速发展，欧洲、美国、日本等市场也成为全球家用储能的核心市场。其中，欧洲和非洲是派能科技重点海外布局区域，其 2020 年第一季度海外市场销售占比前三的是欧洲、非洲、北美洲，市场占有率分别为 51.9%、24.6%、3.9%（见图 6-13）。2021 年派能科技境外收入 16.69 亿元，占总收入的 80.92%，境外主营利润 5.76 亿元，利润占比 94.52%。

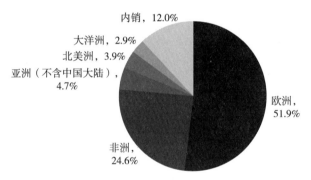

图 6-13　2021 年第一季度派能科技各地区销售收入占比

资料来源：公司招股书；清新资本。

（3）重视研发，打造核心技术。派能科技专注锂电池存储领域研发，在磷酸铁锂技术上具有核心优势，拥有相关知识产权和全产业链核心研发技术，2020年研发费用约占营收比重的 7%。具备模组、电芯、电池管理系统等储能产品研发制造解决方案于一体的技术。目前，公司的研发方向致力于研究磷酸铁锂储能电池寿命延长、安全性提升和调频应用研发，掌握了包括纳米涂层、磷酸铁锂储能、电芯技术、电池模组技术、电池管理系统技术等 17 项核心技术。从 2020 年上半年，公司共获 16 项发明专利，127 项知识产权，实用新型专利 89 项。

（三）PCS 生产企业

中国储能变流器集中化程度较高，在 2020 年国内新增储能变流器中，排名前八位的供应商占据了 73.9% 的市场份额（见图 6-14）。目前，中国 PCS 上市企业为30家，而根据2022年的CNESA《储能产业研究白皮书》，在2021年，中国新增投运的新型储能项目中，装机规模排名前十位的储能PCS提供商，依次为上能电气、科华数能、索英电气、南瑞继保、阳光电源、盛弘股份、华自科技、智光储能、汇川技术和许继（见图6-15）；全球市场中，储能PCS出货量排名前十位的中国储能PCS提供商，依次为阳光电源、科华数能、比亚迪、古瑞瓦特、上能电气、盛弘股份、南瑞继保、汇川技术、索英电气和科士达（见图6-16）。

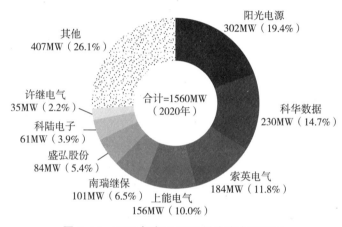

图 6-14　2020 年中国 PCS 供应商市场份额

资料来源：头豹研究院；案头研究；清新资本。

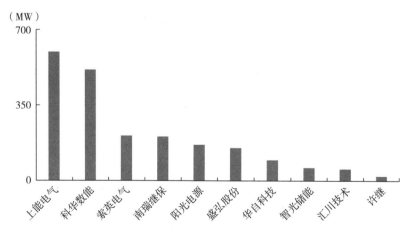

图 6-15　中国储能 PCS 提供商 2021 年度国内新增投运装机量排行榜

资料来源：中关村储能产业技术联盟（CNESA）；清新资本。

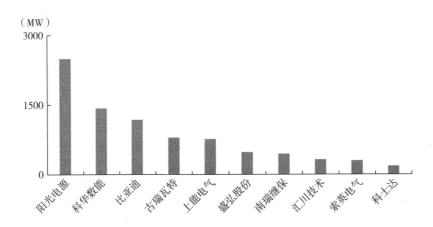

图 6-16 中国储能 PCS 提供商 2021 年度全球市场储能 PCS 出货量排行榜

资料来源：中关村储能产业技术联盟（CNESA）；清新资本。

1. 上能电气股份有限公司

上能电气股份有限公司（简称"上能电气"）前身于 2012 年成立，专注于电力电子电能变换和控制领域，为用户提供光伏并网逆变、光伏电站运维、光伏电站开发、电能质量控制、储能双向变流等产品和解决方案。公司主要产品包括光伏逆变器、储能双向变流器及储能系统集成、电能质量治理产品等。2014 年，上能电气成功整合 500 强企业艾默生网络能源光伏业务，承接其一流技术和经验，实现公司科研、管理能力的战略性提升。2017 年着力布局储能业务，进军储能市场。2018 年在印度班加罗尔成立其首个海外光伏逆变器制造基地。2020年在深交所挂牌上市。目前，公司拥有深圳、成都、无锡三大研发中心，无锡、宁夏、印度班加罗尔三大制造基地，产品出货已覆盖中国、印度、越南、韩国、巴西、泰国、乌克兰等主要光伏市场。2021 年，成立了西班牙、迪拜公司，加快了进军欧洲和中东市场的步伐。

（1）光伏逆变器业务。其是公司的主要业务，包括组串式、集中式、集散式逆变器、智能汇流箱、电站运维管理平台等。根据 IHSMarkit 的排名，自 2016 年以来，上能电气在中国大陆市场排名始终保持在前三。根据 BridgetoIndia 的报告，公司 2021 年在印度市场逆变器并网量排名第二，占比约 18.23%。2021 年，公司在该项业务总营收 8.83 亿元，同比减少 1.06%，占总营收的 80.85%。

（2）储能业务，其是上能电气成长最快的业务，主要包括直流变换器、集中式储能变流器、组串式储能变流器、储能电池集成系统。上能电气生产的储能产品主要应用于发电侧，其 PCS 相关产品已大规模应用在"光伏+储能""风电+储能"等领域。根据中关村储能产业技术联盟的统计，在 2021 年国内市场新增储能 PCS 投运装机量供应商排行中，上能电气位列第一。2021 年，公司在该项业务总营收 1.41 亿元，同比增长高达 135.30%，占总营收的 12.96%。

（3）电能质量业务。主要包括有源电力滤波器、静止无功发生器、智能电能质量矫正装置、智能电能质量控制器等，相关产品已广泛应用在华为数据中心、隆基制造中心等大型项目中。2021 年，公司在该项业务总营收 0.39 亿元，同比增长高达 19.16%，占总营收的 3.62%。

2. 阳光电源股份有限公司

阳光电源股份有限公司（简称"阳光电源"）成立于 1997 年，主要从事逆变器的自主研发和制造，并凭借技术优势进行横向拓展，逐渐向相关下游领域延伸，主要产品有光伏逆变器、风电变流器、储能系统、水面光伏系统、新能源汽车驱动系统、充电设备、可再生能源制氢系统、智慧能源运维服务等。公司于 2011 年在深交所上市，2014 年与三星合资建厂后开始进军储能业务。2015 年光伏逆变器出货量全球第一，并在 2019 年成为全球首家逆变器设备出货量超过 1 亿 kW 的企业。

（1）光伏逆变龙头。阳光电源产业布局主要包括光伏逆变器、电站和储能系统。作为公司核心业务，光伏逆变器一直是阳光电源关注的重点，产品线覆盖户用、组串、集中逆变器等，可满足不同的场景需求。为保持持续竞争力，阳光电源不断创新产品特性，提升其综合性能。其产品先后通过 TÜV、CSA、SGS 等多家国际权威认证机构的认证与测试，已批量销往全球 150 多个国家和地区。2021 年阳光电源光伏逆变器全球发货量为 47GW，其中国内为 18GW，海外为 29GW，出货量全球市占率 30%。截至 2021 年 12 月底，公司在全球市场已累计实现逆变设备装机超 224GW。依托光伏逆变器积累的技术优势，阳光电源推出了各类大型风光电站及配套运维等全套服务，产品覆盖国内 30 多个省份或地区，更打入国际市场，深入"一带一路"沿线区域，截至 2021 年 12 月，在全球累计开发建设光伏、风电项目超 2500 万 kW，位列光伏开发商序列全球第一。2021 年，阳光电源在光伏逆变器等电力转换设备营收 90.51 亿元，同比增长 20.44%，在电站投资开发方面营收 96.79 亿元，同比增长 17.65%。

（2）集成优势，布局储能。依托优秀的光伏逆变器生产经验和电力电子技术协同能力，阳光电源于 2015 年和三星合资建厂踏足储能领域，专注于锂电池储能系统研发、生产、销售和服务，可提供储能变流器、锂电池、能量管理系统等储能核心设备，实现辅助新能源并网、电力调频调峰、需求侧响应、微电网、户用等储能系统解决方案，目前已经在全球累计完成超过 1000 个储能系统集成项目，以工商业及电源侧的大型储能系统产品为主，分布中国、北美等多个国家和地区。2021 年，阳光电源储能系统发货量实现几何级增长，当年全球发货量达到 3GWh，为三峡乌兰察布源网荷储一体化示范项目、东南亚 136.24MWh 最大光储融合电站、以色列 430MWh 最大储能项目等全球多个项目提供整体解决方案，且签约单个最大项目容量达到 900MWh。2021 年，公司在储能领域营收 31.38 亿元，同比增长高达 168.51%。

（3）海外布局。在 2018 年以前，阳光电源产品以内销为主，自 2018 年以后开始拓展海外市场，针对海外市场对分布式电源和户用电源的需求，加强与地区渠道商之间的合作，抢抓海外新兴市场。2021 年，公司海外的印度生产基地产能已扩充至 10GW，同时，泰国工厂 10GW 投产。目前，公司已在海外建设了 20+分子公司，全球五大服务区域，60+全球服务中心，180+授权服务商，多个重要的渠道合作伙伴，产品已批量销往全球 150 多个国家和地区。[①] 2021 年，其在海外地区的营收达 91.77 亿元，同比增长 39.02%，约占总营收的 38%。

3. 科华数据股份有限公司（简称"科华数据"，是其全资子公司）

1988 年科华数据前身在福建漳州成立，起初专注进行 UPS 的研发和制造，并于 2006 年成为国内较大的 UPS 制造商之一。2007 年，其凭借积累的制造经验和核心技术，推出了光伏逆变器和风电变流器，从此踏入新能源领域。2010 年公司在深交所上市。2016 年在北上广成立数据中心，推进云数据基础服务全国布局。2021 年聚焦新能源领域，提供全系列、全场景储能解决方案。目前，科华数据主要有三大业务板块：云基础服务、智慧电能、新能源。

（1）云基础服务板块。其是科华数据发展战略的重要方向，主要提供模块化数据中心、集中箱数据中心、动环监控、电池箱、配电柜等一系列产品与系统解决方案。凭借 10 年以上的数据中心建设运营经验，已在北上广及周边城市建设八大数据中心，于全国 10 多个城市运营 20 多个数据中心，拥有机柜数量超过 3 万架，数据中心总建筑面积超过 23 万平方米，形成华北、华东、华南、西南

---

① 阳光电源长期投资价值分析/全面剖析基本面［EB/OL］.［2022-08-27］. https：//www. so-hu. com/a/580238315_ 121433094.

四大数据中心集群。据计世资讯统计，科华数据在 2020~2021 年中国微模块数据中心市场份额排名第一。公司公告显示，2020~2021 年，科华数据与腾讯就数据中心相关采购、建设项目签订了总计约 14.4 亿元的协议。2021 年，公司数据中心业务收入 30.48 亿元，同比增长 9.1%，占总营收的 62.64%。

（2）智慧电能板块。主要包括 UPS、EPS、高压直流电源、一体化电源系统等产品及系统解决方案，应用领域覆盖金融、通信、公共、轨道交通、工业、核电等。科华数据于 1996 年率先推出数字化智能 UPS，成为 UPS 行业内第一家获得"国家级重点高新技术企业"的企业。据统计，2020 年，科华市占率为 14.9%，位列国内 UPS 市场第一。2021 年，公司智慧电能业务收入 10.88 亿元，同比增长 24.4%，占总营收的 22.35%。

（3）新能源板块。主要包括光伏逆变器、光伏配件、储能变流器、储能电池等。2021 年上半年，科华数据全球首发了全新一代 1500V350kW 组串式逆变器解决方案，成为当前全球单机功率最大的组串式逆变器。在储能方面，公司可以提供发电侧、电网侧、用户侧的多类产品，满足大部分场景需求。公司全资子公司科华数能在储能 PCS 领域表现优异，位居 2021 年国内新增投运装机量 TOP2 和全球出货量 TOP2。当前，科华数据光伏全球装机量超过 21GW，储能全球装机量超过 2.6GW/3.8GWh。得益于行业发展和国家政策，公司在新能源业务实现收入大幅增长。2021 年，公司新能源业务收入 6.63 亿元，同比增长 48.5%，占总营收的 13.62%。

（四）热管理企业

储能系统热管理领域目前主要由拥有传统温控设备管理和生产经验的企业把控，生产的产品同质性高并且已经具备规模，对于后发企业来说，若要从这些已经拥有充分生产经验的先发企业手里分一杯羹，需要从市场需求入手，开发独特的产品功能和特性。目前，储能市场热管理企业来自不同领域，其中主要分为三类：一是以英维克为首的 IDC 温控类；二是以柯诺威、埃泰斯（空调国际子公司）、松芝为首的汽车热管理类；三是以黑盾环境、同飞股份、高澜股份为首的工业空调类。这里，我们主要介绍一家新兴企业——柯诺威。

柯诺威新能源科技有限公司（简称"柯诺威"）于 2021 年 4 月成立，是中国新兴的汽车、储能热管理系统解决方案提供商，产品涵盖商用车电池包热管理系统、储能液冷温控系统，以及三源热泵集成式整车热管理系统。公司通过直销的方式向下游销售热管理系统，客户覆盖了国内头部商用车换电公司、大部分商用车整车厂以及储能厂商。

柯诺威目前主要产品为重卡电池水冷机组，储能液冷机组已有储备，2022年获得宁德8kW机组定点即将量产。公司下一代产品为三源热泵集成式热管理系统，具有完全独立的知识产权，能实现16种满足整车要求的模式切换，同时保证最优能效比，目前已经对接北奔、上汽红岩、博雷顿等市场主流商用车主机厂。在重卡电池包热管理系统领域，柯诺威仅次除埃泰斯、松芝外，2021年9月至2021年2月累计出货约1689台商用车电池包热管理系统，占有率约13%。领先于埃泰斯，2022年柯诺威将新推出极寒版和长电池寿命版热管理系统，分别解决了北方冬天-40℃场景的电池热管理，以及适配宁德时代最新的三面液冷电池包技术。极寒版和长寿命版热管理系统可以解决目前电动重卡最核心的低温以及寿命痛点，给公司带来新的销售增量，预计借助这两款产品公司市场份额可以进一步提升。

目前，公司收入水平还未能覆盖三费，销售费用率月均占比在9%～14%，管理费用率月均占比9%～17%，研发费用始终维持在一个较高水平，在15%～20%，体现了公司在技术研发上面的投入。截至2021年底和2022年2月，主要出货产品为5kW和8kW水冷机组、配套高压分线盒以及膨胀水箱总成，产品收入分别为1410万元和713万元并且毛利率稳定在26%。2022年公司将推出的储能液冷产品毛利水平将在45%左右，预计2022年会提升公司整体的毛利率。

（五）其他

除上文介绍的主要构成部件以外，储能系统的其他部分投资价值就相对较低。线束及连接器、集装箱均为发展成熟、壁垒较低的制造业，在储能系统中成本占比较低，缺乏投资价值，而BMS基于简单的电压、电流、温度数据进行电池状态管理，算法同质化程度较高，目前市场已初具规模。近年，BMS行业也在不断优化软件算法，朝着高集成化、高精度、智能化的方向发展。当前市场上正在开发的发展技术有三种：①云端BMS，即基于大数据，实现电池全寿命周期的监控和数据收集，提高预测精度。②域控制器，也就是将汽车的BMS、MCU、VCU功能集中整合到一个设备上，形成一个集中监控管理系统。③无线BMS，顾名思义，减少线缆和连接器等，简化结构，可以增加设备可扩展性。2021年，中国企业BMS国内出货量排名前四的企业分别是高特电子、科工电子、协能科技、高泰昊能（见图6-17），全球出货前四名的企业分别是协能科技、高特电子、科工电子、高泰昊能（见图6-18）。

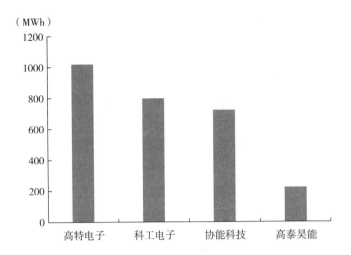

图 6-17　2021 年中国企业国内储能第三方 BMS 出货量排名

资料来源：储能领跑者联盟（EESA）；清新资本。

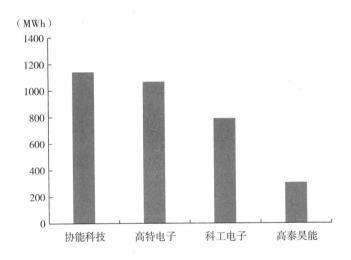

图 6-18　2021 年中国企业全球储能第三方 BMS 出货量排名

资料来源：储能领跑者联盟（EESA）；清新资本。

1. 杭州高特电子设备股份有限公司

杭州高特电子设备股份有限公司（简称"高特电子"）成立于 1998 年，持续致力于电池监测设备和管理系统产品的研发和生产，是较早涉及该领域的企业之一。公司持续投入研发，掌握电池特性和失效机制、电池算法、系统架构等核心研发技术，为能源、通信、车企等行业提供了丰富可靠的解决方案。高特电子在 23 年间累计申请国内外专利 100 多项，发明专利 56 项，同时参与超过 20 项行业或团体标准的制定。

（1）BMS 储能业务。高特电子是国内较早进入储能行业的企业之一，布局于 BMS 储能业务、芯片业务和数据服务，一直深耕于电池检测和电池管理领域。目前，公司已掌握了包括分布式电池管理系统、双向主动均衡技术等核心技术，在储能行业中获得了品牌认可。高特电子目前共布局三个主要业务，分别是电动汽车管理 BMS、储能电站电池管理 BMS 和蓄电池在线监测系统。研发的 BMS 产品已覆盖各类储能应用场景和系统集成商、电池产商等产业链上游客户。2021年全年完成各类储能 BMS 销售合同为 1.9GWh，实现项目交付超过 1.3GWh。公司于 2022 年在 10kV、35kV 高压直挂储能项目成功落地的背景下，第一季度业绩明显增长，同比增长 100%。

（2）多项核心技术。高特电子为了提高储能系统的可靠性和安全性，并且降低系统复杂性和成本，在 2010 年开始就耕耘于储能电池主动均衡技术。研发至今，电池状态 SOX 计算和主动均衡技术在行业中取得了重大突破，并且获得了自主知识产权的 BMS 专用芯片、双向主动均衡芯片、1500V 主动均衡 BMS 等产品，完善了电池管理系统的场景应用，也成为储能领域唯一拥有电池失效分析诊断模型核心专利技术的高新技术企业。此外，公司还独创电池 SOC 自学习算法，有效把控了电池的生命周期，减小了 SOC 计算的误差，从而延长了储能系统中电池寿命，提高了储能的效率和安全性。

2. 杭州协能科技股份有限公司

杭州协能科技股份有限公司（简称"协能科技"）成立于 2012 年，专注于 BMS 技术研发、制造，并提供专业的电池储能管理维护解决方案，同时具备多项自主知识产权核心技术。至今，已经申请使用专利 22 项，软件著作权 24 项，实用新型专利 22 项，业务覆盖全球 25 个国家。与国内外多家大型汽车生产商、知名能源企业、电池供应商等保持深度广泛的合作，助力新能源产业的发展和技术创新。

（1）储能产业布局。协能科技通过几十年的研发投入和行业经验积累，目前已形成风光储能、电动汽车、后备电源领域的布局结构，针对不同领域场景提供相应的 BMS 解决方案和超过 10 个系列的 BMS 产品。在公司成立之初，便开始扎根锂电动力电池梯级利用赛道，进行产业布局和技术研发。公司已经掌握了大量梯级利用技术，显著延长了对电池生命周期的把控，提高了电池利用效率。截至 2021 年 8 月，协能科技在国内的储能项目总计落地 500 个左右，同时在海外 10 多个国家和地区推广，累计装机量大约 1.3GWh，位居国内前列，公司是松下集团唯一的 ODM 供应商，也与知名企业如吉利集团、国家电投等进行了长期合作。2020 年国家电投、龙海国投等机构对协能科技进行了高额融资，同时吉利集团也和协能科技加深了战略合作，成立了合资公司。2021 年，协能科技在储能领域业绩达到 2.5GWh，并在海外市场中突破 900MWh，成为工信部梯级利用白名单企业。2021 年获得光速中国和至圣资本 B 轮共计 1 亿元人民币融资。从市场反馈来看，几轮资金支持为公司提供了动力，在储能领域，协能科技发展未来看好。

（2）核心技术。协能科技卡位电池储能领域主动均衡系统，在深入研发投入作用下，实现了电池均衡算法，掌握了自治的高度集成芯片技术，解决了双向高强度电流均衡控制的问题，提高了 BMS 产品的可靠性并降低了产品功耗成本。与此同时，协能科技突破了高压储能技术，在 2019 年底研发出了首个 1500VBMS 产品，并实际应用在高唐光伏配套储能项目上，这标志着公司在高压储能领域取得突破进展。在 2020 年 1500VBMS 产品在市场中迅速扩张，并获得了行业认可。

三、储能系统集成商

（一）储能集成商概述

作为锂电储能产业链中游环节，储能系统集成商主要是将电池系统、PCS、BMS 等组件按照不同的应用场景和客户需求组合为一整套储能系统设备，并保证其安全、可靠、高效运行。目前，国内储能系统集成商主要包括两大类。

第一类是储能系统供应链上的生产企业，如电池生产企业宁德时代、比亚迪等，PCS 生产企业阳光电源、固德威等，电力企业南瑞、中天、许继等，这类企业各有它们的优势所在。电池生产企业，在拥有储能系统核心部件生产技术和市场份额的情况下，进入储能集成领域能够在技术、成本和品牌效应方面抢占先机。PCS 生产企业，由于主营业务产品常用于风光电等新能源领域，深谙能源控制技术，在储能集成领域的竞争中也会由于拥有独特的技术优势而处于上风。电力企业自不必多说，多为两大电网公司的第三产业，背靠电网，长期扎根于电力领域，比其他企业更加熟悉电网的运行情况和技术特性，在针对电网的市场竞争中拥有先天优势。

第二类是以专业储能系统集成商为目标的初创企业，如海博思创、奇点能源等，这些初创企业于2018~2019年开始入局，2021年受益于"双碳"政策开始有一波井喷。不同于第一类储能系统集成商，这类企业目标纯粹，在初期就将储能集成技术定为公司主业，专注该领域的技术开发，所以拥有强大的专业技术竞争力。

就赛道布局情况来看，上市公司更擅长发电侧/电网侧的大型项目，而初创企业则更适合做用户侧的小型快周转项目。

根据CNESA发布，在2021年国内市场中，储能系统出货量排名前十位的储能系统集成商，依次为：海博思创、电工时代、新源智储、阳光电源、科华数能、林洋亿纬、中天科技、兴储世纪、平高集团和采日能源（见图6-19）。

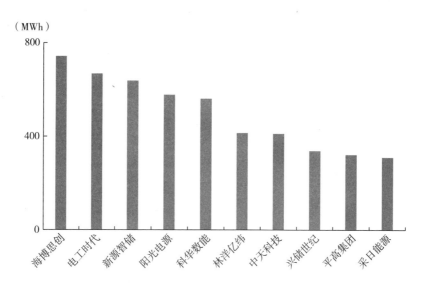

图6-19 2021年度中国储能系统集成商国内市场储能系统出货量排行榜

资料来源：CNESA；清新资本。

根据CNESA发布，在2021年海外市场中，储能系统出货量排名前十位的中国储能系统集成商，依次为：阳光电源、比亚迪、沃太能源、科士达、库博能源、南瑞继保、南都电源、科陆、科华数能、双登集团（见图6-20）。

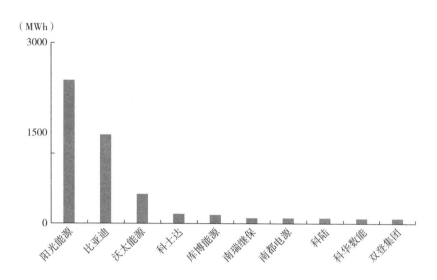

图6-20　2021年中国储能系统集成商海外市场储能系统出货量排行榜

资料来源：CNESA；清新资本。

（二）国内发电侧储能系统集成商

1. 山东电工时代能源科技有限公司

山东电工时代能源科技有限公司（简称"电工时代"）成立于2016年5月，是专注于储能赛道、深耕于储能技术研发和储能设备生产的一家新能源科技企业。公司主营业务聚焦电网侧、电源侧、用户侧配套领域，以储能电池、储能变流器、EMS等产品为核心，致力于为客户提供智慧储能的解决方案、系统集成和运维的服务。

公司由山东电工电气集团牵头，联合宁德时代、北京索英、福建时代星云三家储能行业知名企业合资成立。宁德时代是锂离子电池龙头，在储能设备研发制造拥有强大护城河技术；北京索英拥有国内领先的储能变流器等核心产品；福建时代星云以锂电池储能为核心，在电池检测、换电领域实力雄厚。山东电工时代公司集合了三家公司优势，近年来业务发展迅猛，已落地多个储能电站项目，涵盖电网侧、新能源发电侧等多个方向。

电工时代专注于储能设备与系统集成一体化战略布局，同时围绕储能"3S"架构系统，已初步形成包含系统集成技术、工程建设、储能核心设备研发生产的全产业链发展结构，目前核心业务以电源侧能源服务和应急供电为主，此外在电网侧和用户侧也均有布局。

公司在储能系统集成和工程建设已积累了丰富的技术优势和行业经验，落地项目中多个为国内首个，包括国内首个推出 1500V 高压储能系统并在工程应用，国内首个通过全流程第三方检验检测的储能电站，国内首个投运的全锂电、全移动、预装式储能电站等。在储能电源侧领域尤为突出，已落地多个示范性大型电源侧储能项目，如 2021 年德州"源网荷储"一体化电源互联网示范项目、华电滕州 100MW/200MWh 储能电站项目、2022 年山东省首个县级"纯绿色电网"三峡能源 100MW/200MWh 储能电站示范项目。

2. 新源智储能源发展（北京）有限公司

新源智储能源发展（北京）有限公司（简称"新源智储"）于 2021 年 7 月成立，是由海博思创与中国电力国际开发有限公司合资成立的以储能电站研发、集成与运营为核心的新能源平台型科技公司。公司目前已具备从电芯到系统全面集成和研发生产的能力，可通过"发、输、配、用"四大场景进行储能整体解决方案的提供。

公司背靠中国电力，是其储能战略板块的核心，持续聚焦"风光水火储一体化"的新型储能应用创新战略，定位于"轻资产、市场化、科创型"战略，在储能系统集成和动力电池系统大力投入研发创新，拥有 10 年以上的电池管理系统开发经验的研发团队，在储能系统集成、系统热管理技术等方面已实现行业领先。目前，公司的热管理控制和算法策略已经成为其核心优势，能够对储能电池精准控制并且提高性能和安全性。此外，公司完全自主研发的大数据运维平台，也提高了储能系统产品的智能化程度和有效降低了运营成本。成立至今，公司已落地多个项目，例如，2021 年 12 月 27 日并网山东省首批储能电站示范项目——山东海阳 100MW/200MWh 储能电站示范项目；青海省内单体容量最大共享储能电站——新源智储青海格尔木 100MW/200MWh 储能电站；火储联合辅助调频储能标杆示范项目——江苏常熟 30MW/30MWh 调频储能电站项目。

新源智储自 2021 年 7 月以来，仅成立半年，就已成为储能行业最大的黑马，其储能业务规模已达 66.8 万 kWh，已贡献约 4200 万元净利润。在《2022 年储能白皮书》中，新源智储在中国储能系统集成 2021 年国内市场出货量排名中位列第三、在国内新增投运装机量排名中位列第五，其已进入储能市场领先位置。据新源智储 2022 年业务规划，预计全年业务规模将达到 300 万 kWh 以上，成长潜力巨大，有望进一步在行业中提高地位。

（三）国内电网侧储能系统集成商

1. 北京海博思创科技股份有限公司

北京海博思创科技股份有限公司（简称"海博思创"）成立于 2011 年 11 月，作为国内领先储能系统集成商与服务商，为客户提供一站式储能电站研发、设计、集成、运营解决方案。海博思创专注能量管理系统、电池管理系统、动力电池评价体系、热管理仿真技术等前沿科技，聚焦于新能源动力电池系统、锂电储能相关产品的研发和生产。产品集中在发电侧、电网侧、用户侧和海外四个维度。

在全球储能市场爆发的背景下，海博思创持续在储能各项细分领域进行战略布局和研发投入。在发电侧，公司专注于电网调频的应用，积极与行业相关系统集成商进行战略合作。在电网侧，公司布局于储能系统集成和 BMS 领域，与中国电力和南方电网成立合资企业，绑定电网侧储能项目。在用户侧，开始与相关客户进行联合布局，致力于提供具有性价比的用户端储能系统集成方案。同时，海博思创也布局了海外市场的储能赛道，公司业务拓展至全球，产品出口北美、欧洲、东亚等区域，逐步扩大全球布局战略。

近年来，海博思创持续大力投入研发和创新，已掌握多领域研发和项目经验，包含了电子、电池技术、大规模集成电路、大数据分析技术、AI 等多个领域，积累了电池管理技术、电池成组技术、热管理仿真等多项自主知识产权的专利和技术。公司持续致力于通过核心技术提高电池储能寿命，提高能源利用效率和储能系统安全性。同时，公司拥有 TUV 目击测试授权实验室和 CNAS 认证，持续为公司产品研发提供稳定的保障。截至目前，公司在储能调频领域处于市场领先地位。至今，已产出专利 118 项，软件著作权 72 项，持续为储能系统行业提供优秀的技术与项目案例。

凭借其在储能行业的品牌口碑和技术耕耘，同时顺应全球储能市场蓬勃发展的浪潮，海博思创在 2020～2021 年迎来了高速发展，荣获国内储能系统集成市场出货量排名榜首，出货量约 1500MWh。在全球储能市场，以 10.5% 的占有率位居第三。2021 年 10 月，海博思创获得了云和资本、北京海淀国资委、清控银杏、蔚来资本等资本方的青睐，完成 Pre-IPO 融资，准备上市，未来前景看好，有望成为储能市场的先锋企业。

2. 江苏中天科技股份有限公司

江苏中天科技股份有限公司（简称"中天科技"）于 1992 年起步于光纤通

信，业务涉及海洋装备、新能源、新材料、智能电网、信息通信、智能制造等领域，是我国电力电缆的主要生产企业之一。1999 年研发生产海底光缆，进入海洋系统；2000 年，研制开发光纤复合架空地线光缆（OPGW），进入电网传输领域；2002 年在上海证券交易所上市。发展至今，公司跻身全球海缆（能源领域）最具竞争力企业 10 强、全球线缆产业最具竞争力企业 10 强、全球光纤光缆最具竞争力企业 10 强，在全球新能源企业 500 强中位居 116 位。

（1）海洋、光通信板块及电网建设业务。中天科技是国内较早开始海缆相关产品研发和制造的企业之一，通过多年的经验积累和持续的研发投入，掌握多项领先工艺技术，建立起以大水深、多芯数、大长度、超高压、软接头以及特种海缆生产制造为主体的核心技术体系。成功研制出国内首根自产长距离三芯 110kV 海底光电复合缆、国内首条投用的三芯 220kV 海底光电复合缆、国内首创 ±400kV 柔性直流海底电缆，是国内首家完成 ±525kV 直流海缆型式试验并通过鉴定的企业。目前，除南通的制造基地外，正在筹备和建立广东汕尾和江苏大丰海缆制造基地。2021 年，公司在海洋系列总营收 94.19 亿元，占总营收的 20.40%，同比增长 101.82%。

在光通信业务方面，公司生产预制棒、光纤、光缆等产品，拥有具备完全自主知识产权的光纤预制棒工厂，以及行业首家特种光纤、智慧光缆智能工厂，客户包括移动、联通、电信等运营商，着力实现公司打造数字化通信成熟网络的目标。2021 年，公司在光通信业务方面总营收为 74.76 亿元，占总营收的 16.20%，同比增长 23.05%。随着国内 5G 网络逐步应用覆盖及数据中心等新型基础设施建设的加快，中天科技在光通信方面的市场需求潜力巨大，收益有望再创新高。

在电网建设方面，公司拥有完备的输电、配电产品产业链优势，积极参与以特高压为主网架、以新能源为主体的新型电力系统建设，产品包括 OPGW、特种导线、电力金具、绝缘子、避雷器、配电开关、电力工程设计与服务等。公司生产的 OPGW 在线运行超过 50 万千米，市占率全球第一。2021 年，公司在电网建设方面总营收 111.6 亿元，占总营收的 24.17%，同比增长 11.74%。

（2）新能源领域。中天科技于 2011 年进入新能源领域，形成以光伏、储能、锂电铜箔为主的业务布局。在光伏方面，公司核心产品包括氟膜、光伏背板等，主要应用在光伏电站、太阳能电池组件等，目前拥有超过 400MW 的优质分布式光伏电站。在储能方面，搭建了包含电池正负极材料、铜箔、锂电池、BMS、PCS、储能集中箱等核心部件在内的完整产业链，其产品广泛部署于发电侧、电网侧和用户侧。其中，在发电侧，公司成为业内少有的同时布局风电和光伏两大产业的企业。在电网侧，公司经营多年，全部参与了"十四交十六直"共 30 项特高压工程，"十三五"期间共计鉴定 32 项产品，其中 22 项产品达到国际领先水平，考虑到目前电网侧储能市场潜力巨大，中天科技有望凭借多年在电网的客户积累，成为电网侧储能头部供应商。2021 年，公司在新能源领域总营收为20.88 亿元，占总营收的 4.52%，同比增长 27.19%。

（四）国内用户侧储能系统集成商

用户侧储能市场容量广阔、客户群体分散、单体项目较小、回款周期较短，是最适合初创企业发展的细分领域。同时，由于用户侧储能发展极早，赛道可容纳 10 家以上的上市公司，目前行业龙头收入仅为 1 亿~2 亿元，尚无绝对头部企业涌现。

1. 深圳库博能源科技有限公司

成立于 2014 年的深圳库博能源科技有限公司（简称"库博能源"）是一家能源互联网科技公司，专注于"工商业客户电力运营数据服务、分布式储能、需求侧响应、虚拟电厂"四大业务单元的运行与研究，产品包括分布式储能系统、能量调度系统和储能运营系统服务，以用户侧为主，发电和电网侧为辅。

用户侧为了大规模建设储能设备的其中一个原因是缺乏有足够资质的运行机构，所以从布局储能开始，库博能源的第一大关注点就是运营指标，经过对用户端运营需求的分析，改进产品装备环节，进行差异化设计和功能细分。据此，公司开发出了核心产品，即 PowerCombo™ 分布式储能系统，该系统模块化设计，安装维护简单，且兼容性良好，便于按需扩容，同时支持云端调度和移动运维，其故障场景闭锁功能提高了系统可靠性。

从成立至今，库博能源积累了很多从关键产品到系统集成的生产、制造、营销、运营的经验，为了进一步扩大市场份额，公司近年大力推广，争取更多在国内发电侧、电网侧乃至海外的客户。2021 年 5 月，公司成为国内第一批拿到UL9540A 认证检测报告的企业，充分显示了其对储能安全的重视和在集成设计方面的能力。2020 年，海外市场业务占库博业务的 10%，拿到该报告后，其海外业务突飞猛进。2022 年 5 月，库博能源新一代微电网储能系统在 Intersolar Europe首次亮相，是国内首个通过 UL9540 认证的储能系统，该系统设计高度集成、采用模块化设计，相比以前的设备，运行和维护都更为容易。

目前，公司已经成长为国内顶尖的储能设备集成商，2021 年 7 月，库博能源入选工信部第三批专精特新"小巨人"企业名单，在 2021 年中国储能系统集成商海外市场储能系统出货量中排名第五，拥有广州、苏州、成都三大分支机构和深圳、成都两大研发中心，已经为 1500 多家不同行业客户提供能源协同解决方案，合计构造超过 100MWh 分布式储能系统。公司当前已经完成数千万元 A 轮融资，由启明创投领投，松禾资本跟投，源合资本担任本轮独家财务顾问。

2. 乐驾能源

乐驾能源成立于 2015 年，是一家基于 AI 算法和储能系统集成技术，为客户提供软硬一体的锂电储能全生命周期资产建设和安全高效运营的服务商，目前拥有员工 80 人左右，其中研发人员占比超过 60%。

在 AI 算法端，乐驾能源团队具有锂电电芯级评估和筛选技术、锂电池热失控预测算法以及基于 SoH 电池寿命的智能充放电技术。公司拥有基于 AI 算法的四级安全预测，包括"月级预测""周级预测""小时级预测""分钟级预测"。"月级预测"主要通过算法监控储能设备电池电芯的充放电一致性情况进行偏差分析，判断电池的衰减特性；"周级预测"则围绕储能系统内部和电池内部图谱特性，分析电池低效或失效特点，并引导管理系统进行运维和管控；"小时级预测"和"分钟级预测"主要针对电池热失控进行提前预测，并会联动储能系统中的消防装置进行处置，以减少电池起火的概率和其带来的危害。乐驾能源的 AI 管控算法架构已经在多个新能源车企、换电站、储能站和梯次利用产品中持续运营数年，积累了大量的实战经验，其"小时级预测"的热失控算法准确防范了多起站级热失控事件。在过去五年里，乐驾能源为北汽、一汽、滴滴、奥动等客户提供 10GWh 以上的锂电资产安全管控服务，算法准确率>95%。

此外，乐驾的 AI 算法还能用于梯次电池检测，公司通过与全球 TOP5 储能公司 Powin 耗时 1 年共同研发了全套梯次电池的检测标准与操作流程体系，是市场上唯一一个具备商业化梯次检测能力的第三方厂商。当前动力电池回溯体系仍不完善，乐驾基于自身的产业布局和优势算法，在梯次电池流通体系中建立了一定口碑，过去一年分选检测电芯约为 700MWh（实际出货约为 8MWh），市场退役电芯约为 20GWh，检测占比约为 3.5%。

储能系统集成技术是基础，而长期安全、高效运营分散在各地的储能资产，需要依靠智能化的系统平台和一流的 AI 算法。乐驾不仅有 AI 电池预测与管控算法，还有自行研发的智慧能源数字化平台，能对用户负载的能量进行实时监测、模拟、预测和控制，实现需求侧管理以及能源资产的最高效利用。据悉，乐驾拥有近 20 个相关专利、应用新型专利及计算机软件著作权。

同时，用户侧储能的主要目的之一是利用电价差来降低自身用电成本，进而产生经济效益，为此乐驾能源还面向客户打造了能源管理收益平台，可通过系统联动实现经济效益最大化，目前该平台已在多个项目中落地使用。其新一代的能源协同控制求解器，结合"数据—机理"双驱动的电池性能及安全预测平台，通过四年多的落地应用经验，具备了大规模、高密度、强管控的 AI 新能源资产管理的能力。

在储能硬件端，乐驾能源自研自产的模块化大中型储能系统已落地国内外超过 30 个兆瓦级项目，在能源协同控制求解器的算法加持下，工商业储能平均内部收益率达到 8%～12%，目前已形成技术研发中心、生产工厂和制造基地的布局。

目前，乐驾能源的软硬件一体化技术可提供完整的源网荷储一体化解决方案。针对不同应用场景，乐驾能源的"AI+储能"可实现光储联运、储充联运、储能与电网联运等协同控制。其储能系统采用模块化设计，最小的电储能单元为 150kWh 和 200kWh，对应系统功率为 0.5C 和 1C。通过自由的组合，公司的储能单元能够完成从室内小型储能系统到室外集装箱级储能系统的建设。目前，乐驾能源已经完成了 30+个海内外兆瓦级项目的建设和运营，包括安博中国物流园区、中国移动成都 IDC 机房、欧洲马耳他岛屿电网储能等，并实现工商业侧资产 8%～12%的平均内部收益率。2022 年 3 月，乐驾完成数千万元的 A 轮融资，由清新资本领投，青桐资本担任财务顾问。

（五）大型储能系统集成商出海

目前，中国储能系统集成商在海外的市占率较低，在 5%～10%。集成商出海，需要考虑落地国家电网体系和中国的不同，存在一定技术和管理上的瓶颈问题。首先，系统集成商需要对相关国家的电网特性和系统能耗进行分析检验，并准备详细的定制化技术合同与施工方案，整个过程非常耗时耗力。其次，海外集成，对安装设备、人员技术等都会提出更高要求，前期准备周期长、成本高。虽然存在一定的难度，但海外储能市场潜力巨大，还是吸引了众多企业纷纷布局，抢占先机。整体来看，海外储能市场基本可以分为两类：一是美国、欧洲、日韩、澳洲等在内的成熟市场；二是巴西、印度、非洲、埃及等新兴市场。在成熟市场中，欧洲、日本和澳洲在政策、电网、经济特点等共同作用下，储能需求主要在家储领域；美国和韩国市场则呈现出以表前市场为主、需求稳步增长的特点。据高工储能报道，2010～2020 年，美国电化学储能累计装机约为 2.8GW，其中能量时移占45%，辅助服务占27%；2015~2020年，美国表后户用储能需求旺盛，CAGR达到227%；同样地，2010~2020年，韩国累计装机3.79GW，表前能量时移占56%，表后工商业储能占31%，其中，能量时移装机增长迅猛，2013~2020年CAGR达到104%。在新兴市场方面，随着经济发展，电网改造需求迫切，加之新能源兴起，相关国家的储能市场也出现了需求的快速上升。例如，截至2020年底，巴西市场可再生能源的总装机量为150.05GW，势必会带来配套储能需求的增长。

在众多出海寻求机会的储能集成商中，阳光电源和比亚迪表现极为亮眼。在CNESA发布的2021年中国储能系统集成商海外市场储能系统出货量排行榜中，阳光电源和比亚迪分别位列第一和第二。在前文中，我们已经对比亚迪和阳关电源的基本情况做了简要介绍，在这里不再赘述，仅对其储能业务出海部分进行展开。

1. 比亚迪

2009年，比亚迪在深圳坪山厂区内建造了一个风、光、电池储能组成的能源试验田，并在其间运行了国内首个兆瓦级锂电储能电站——1MW/4MWh储能电站，进行国内铁锂电池在储能领域大规模应用的初次尝试。作为第一个尝试将铁锂电池应用到储能领域的企业，比亚迪在2010~2013年，完成了其所有储能核心技术的开发和积累，并且通过了一系列可行性验证。至今，比亚迪在储能领域开发出了包括户用储能、工商业储能和公用级别储能集装箱等可满足各种需求的产品线，并实现规模化、商业化应用，相关业务遍布全球50多个国家，总销量超过1.7GWh。

在比亚迪的储能业务布局中，海外市场一直是重中之重。2011年，比亚迪得到美国雪佛龙4MWh的储能业务订单，首次向海外出口集装箱式储能，从此打开了海外市场的大门。深耕海外储能市场十一年，比亚迪凭借技术、成本、效率等优势，在海外成熟市场和新兴市场逐渐站稳脚跟。例如，在美国PJM调频市场，比亚迪的产品占据了半壁江山；与美国Invenergy合作完成的两个储能项目获得了多项大奖，其中2015年在伊利洛伊州La Salle郡的31.5MW/12.06MWh Grand Ridge储能项目获得北美储能论坛"年度集中式储能创新奖"，并被全球顶尖的新能源期刊《电力工程和新能源世界杂志》评为"年度最佳新能源项目"；2017年在西佛吉尼亚州的31.5MW/12.06MWh Beech Ridge调频储能项目，共使用了18套比亚迪1.8MW调频储能模组，被德国清洁科技研究所（DCTI）评为

"2017年度全球储能科技驱动者"，获得中国能源研究会颁发的国际储能创新大赛"评委会大奖"，以及"2018储能应用创新典范TOP10"。2018年，比亚迪成功签约巴西首个锂电集装箱式储能项目，即1.26MW/1.36MWh装箱式储能项目，该项目是巴西首个Utility级别的锂电储能项目，也是比亚迪进入巴西市场的首个项目。随着海外市场的需求持续走高，比亚迪海外业务也在不断增加。2022年，比亚迪接连拿下英国43MW、50MW、18MW集中箱储能项目；2022年5月，交付北美地区GWh级太阳能储能电站项目。根据"比亚迪储能"公众号消息，截至北京时间2022年5月30日，比亚迪电网级储能产品BYD CUBE T28在北美地区整体供货规模已超过1.6GWh。为满足日渐增长的订单需求，比亚迪于2022年初投产了储能行业最大流水线生产基地，该基地集生产、试验于一体，将成为华南地区先进规模化新型储能产品研发生产代表基地之一。

综合分析比亚迪进军海外储能的战略来看，主要有两个方面的特点。首先，在企业定位方面，比亚迪在海外市场的定位并非单一产品供应商，而是整合自身的产业和技术资源，充分利用新能源风口品牌影响力、系统集成能力等优势，为客户提供综合价值更高、难度更大、安全可靠的一站式解决方案和服务，由此和当地相关企业龙头开展竞争，获取市场份额。其次，针对产品本身，比亚迪非常重视终端消费者需求，不是局限于提供统一的工业化产品，而是将视角前倾，从市场和产品视角深度分析客户需求，在设计端和服务端都为客户提供趋向定制化的服务，真正做到关心客户的关心，最终帮助客户解决自身问题，并据此获得正向推动，提升消费。

2. 阳光电源

阳光电源涉足储能行业已久，早在2006年，公司就向日本输送了第一批储能系统设备。2014年，与三星SDI签订合作协议，投资3.8亿元在国内开设了两家合资公司，三星阳光和阳光三星，正式进入储能系统集成领域，业务由变流器延伸到PACK、BMS以及集装箱储能系统，为客户提供一站式解决方案。两家合资公司各有侧重，三星阳光负责提供电力设施用锂电子储能电池包，阳光三星负责提供电力设施用变流系统和一体化系统。从逆变器龙头发展到储能行业领军企业，阳光电源在储能变流器和储能系统集成两方面出货量都稳居国内企业榜首。据CNESA统计，阳光电源2021年储能系统全球发货量为3GWh，储能变流器全球发货量为2.5GWh，再次成为国内企业在这两项当之无愧的第一，连续六年实现"双冠王"。

  阳光电源的储能系统主要应用场景是电源侧和工商业侧大型储能系统，在美、英、德等成熟市场获得广泛使用。其在北美的工商业储能市场份额超过20%，拥有密苏里州 1MW/2.2MWh、马萨诸塞州 15MW/32MWh、得克萨斯州 10MW/42MWh、佛罗里达州 5MW+1.5MW/3.836MWh 大型光伏储能等多个项目，在北美地区形成了工商业、电网侧储能及发电侧光储结合的全方位布局。公司也在积极拓展，不断加大营销和渠道投入，希望依托原有的逆变器渠道，与全球光伏及储能经销商强化合作，在利润空间更大的户用储能领域夺取更多市占率。例如，在澳大利亚，阳光电源就和分销商开展深度合作，使其在澳大利亚市场的户用光储系统市占超过 24%。2021 年，公司持续在储能领域发力，签约多个储能项目，单个项目最大容量高达 900MWh；在海外首发液冷储能新品中，创新性地嵌入"簇级管理器"，解决了电池"木桶效应"难题，支持新旧电池混用，进一步降低 LCOS，可广泛应用于全球主流市场，实现辅助新能源并网、电力调频调峰、需求侧响应、微电网等全覆盖；推出 5~10kW/9.6~102.4kWh 家庭储能系统和 50kW~1MW/2~5h 分布式储能系统，在全球市场得到批量应用。2021 年，公司在储能系统营业收入达到 31.4 亿元，相比 2020 年，增长 168.5%，储能业务的比重也由 2020 年的 6.06%上升至 13%。其在储能系统的出货量更是呈几何式增长，2020 年全球出货 800MWh，到 2021 年，该数据达到 3GWh，大增 275%①。

  复盘阳光能源在储能领域的成功，可以发现其在电气能力、电力电子、交直流控制和调度方面，都拥有不小的优势，可以将储能系统与电力系统源荷网等各个环节进行匹配，使其相互兼容、数据互通、逻辑一致。目前，公司在储能系统集成领域，采取的是"无电芯"战略，就是变流器、PACK、EMS、BMS 均由公司自主研发，以保证整个系统深度耦合，电芯部分则采购自瑞浦、亿纬、海基等电芯制造商。这种策略可以使阳光电源专注于风电变流器和储能系统本身，但同时也存在一个隐患，就是随着储能行业竞争的加剧，相关大厂是否还愿意继续供货给阳光电源仍是一个未知数。相比其他储能集成厂商，阳光电源在市场开拓方面也有先发优势。作为全球光伏逆变器制造龙头企业，阳光电源在海外众多市场拥有极大的品牌优势和客户群，而储能业务的客户和公司既有的逆变器客户具有极高的重叠性，使其在海外进行储能业务拓展时，可依靠积累的成熟渠道，顺利

---

① 几何级增长！阳光电源储能系统发货量连续 5 年中国第一！［EB/OL］．［2022-04-20］．https://chuneng.ofweek.com/news/2022-04/ART-180220-8120-30558196.html.

拿到相关市场的认证，并迅速推广开来，达到事半功倍的效果。

（六）家用储能系统集成商出海

对于国内的大部分家庭而言，户用储能系统仍旧是一个较为陌生的概念，但是户用储能系统在海外相当多国家和地区已经逐渐走向寻常百姓家中，一般单体储能规模在 5~10KWh。

据 IHSMarkit 数据显示，2020 年，全球户用储能装机量已经达到了 2.5GWh（见图 6-21），主要集中在德国、意大利、英国、日本、澳大利亚和美国等。其中，德国、美国、日本和澳大利亚的户用储能合计占比达 74.8%。

图 6-21　2015~2020 年全球新增户用储能装机量和同比增速

资料来源：中信证券研究部；清新资本。

从 2015 年的 0.4GWh 到 2020 年的 2.5GWh 年新增装机量，海外的户用储能市场已经完成了初始的爬坡阶段，进入高速增长期；根据相关机构预测（国海证券、东方证券等），至 2025 年，全球户用储能年新增装机量将有望达到 30GWh。如果我们回顾几年前海外户用储能市场方才崭露头角之时，不难发现，不少中企在当时已经抢先出海布局，在这条细分赛道上占有了自己的一席之地。

在户用储能市场中，国内企业相比于国外企业，优势主要有两点：一是低廉的制造成本，二是国内完整的制造业上下游配套赋予中企的产品快速迭代能力。

成本所赋予中国企业的优势很好理解。户用储能产品主要面向 C 端用户，其本身就会对设备的购置成本较为敏感；同时，政府作为户用储能设备的补贴方，也会倾向于将性价比更高的设备列入补贴名录，这样不仅会更有利于储能设备的普及，同时也能够优化补贴支出。

与此同时，产品的快速迭代能力对中企出海的成功至关重要。实际上，海外的各个国家和地区由于其气候条件、电网特性、能源结构、补贴政策和政治环境等因素存在巨大的差异，各个国家户用储能市场的认证标准和用户关注点也高度异质化。对于早期出海的中企，拥有产品的快速迭代能力，就意味着其在进入新市场时能够拥有更大的试错空间，即能通过市场反馈及时更新自己的产品设计，使产品能在短时间内摸清陌生市场的特点，并在当地站稳脚跟。

在这个过程中，有许多中企成功地蹚出了一条属于自己的路，如在户用储能设备电芯方面的比亚迪，或是户用储能逆变器当中的锦浪科技和固德威。得益于中国企业在海外户用储能领域的竞争优势，目前处在这条赛道内的诸多企业都在该领域内保持着45%左右的高毛利率（派能、固德威、锦浪等）。

如果我们把目光放到户用储能设备整机上，无疑绕不过两家企业：派能科技（Pylontech）和沃太能源（AlphaESS）。在2020年全球户用储能设备（整机）出货量的排名前六的设备商中，派能科技和沃太能源也是唯二的两家中国企业，其中派能科技出货市占率达到13.0%，而沃太能源出货市占率达到4%（见图6-22）。

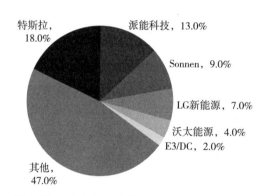

图6-22　2020年全球户用储能系统出货量占比

资料来源：德邦研究所；清新资本。

在前文中，我们已介绍过派能科技的基本情况，但在中企户用储能系统出海的过程中，我们有必要再次提及派能科技。

回顾派能科技的成长史，中兴是一个绕不过去的话题；直至今日，中兴新通讯仍然是派能科技的第一大股东。在派能2009年刚刚成立时，中兴在通信网络和运营商服务领域已经开始深度开拓北美以及欧洲市场，在当地积攒下了丰富的运营经验，并与当地的政府和机构建立了良好的合作关系。

派能的高管团队大多具备中兴背景，同时公司还从中兴处获得了一批有丰富国内及海外营销和运营经验的管理团队。在派能科技转至户用储能赛道后，凭借这批人员对海外市场情况的了解和在当地的运营能力，派能成功获得了欧洲最大的几家户用光储系统集成商的认可，并将自己的储能电芯产品嵌入到他们的供应商体系中，从而利用当地龙头的品牌和渠道，来拓展自身产品的市场空间。派能先后开发了欧洲最大储能系统集成商 Sonnen、欧洲领先的光伏提供商 KrannichSolar、英国最大光伏提供商 Segen、西班牙领先的光伏和储能提供商 SolarRocket 等大型优质客户，派能的产品从而广受欧洲与非洲市场认可，并以系统集成商为媒介接触下游销售商，最终在海外市场成功推出了派能自己的户用储能设备。

在派能借助大平台进军新市场的同时，后起之秀沃太能源所选择的路径则有所不同。沃太能源股份有限公司（简称"沃太"）成立于 2012 年。虽然创始人留德期间曾在西门子、阿淘珐、西班牙福能集团任职，但沃太仍可以称得上是起于微末，毕竟在其成立之初，创始阵容只有三个人加上一间 1000 平方米的厂房。

2015 年对于沃太来说是个至关重要的年份。彼时，沃太能源的储能系统刚刚完成试产和小批量出货，公司亟须决定下一步市场方向。在反复对比地区电价水平，光照资源条件、电网的稳定性、政策的友好性之后，沃太在这一年设立了德国和澳洲子公司，重点深耕欧洲和澳洲市场。

为了快速在当地站稳脚跟，沃太位于法兰克福的德国团队在组建后，完全采用本土化方式运营，直接在当地为客户和经销商进行产品培训、售前、售后服务，并开发客户渠道。在市场拓展初期，沃太选择与当地的中小型家庭光伏安装商合作。对安装商来说，储能不仅仅是简单的设备附加，光伏+储能比独立太阳能的价值更高。借助当地安装商的"小、快、灵"优势，沃太在当地市场中逐渐占据一席之地。

2018 年，沃太在澳大利亚市场开始发力。除了开拓中小安装商和零售商，并部署悉尼团队以展开售后服务以外，沃太甚至还设法将自己的产品搬上南澳大利亚的电视节目进行宣传。2018 年底，南澳大利亚政府宣布，来自德国的储能企业 Sonnen 和来自中国的沃太能源成为南澳大利亚"家用电池计划"排他期阶段两大户用储能系统供应商，这意味着只有沃太与 Sonnen 的户用储能产品可以在南澳大利亚享受政府补贴。

派能和沃太无疑在出海时选择了两种不同的商务拓展模式，而这两种不同的模式，无论是派能借中兴和 Sonnen 的资源走"顶层路线"，还是沃太通过抢占新兴市场、铺设当地团队的"快速抢滩"也罢，归根结底目的都是一样的，那就是要尽可能快、尽可能早地拿到认证、打通渠道、占据补贴、最终获得消费者的品牌认同。

除此之外，派能与沃太的成功之路，至少还有两处相同点。

第一，挑选市场时"先光后储"的逻辑。对于目前的主要海外户用储能市场而言，户用储能获利的核心是居民高昂的夜间用电价格与户用光伏日间上网电价的套利，而如果该市场中户用光伏尚未大规模普及，单纯依靠峰谷电价差取得的收益则很有可能无法对用户造成足够的吸引力。派能与沃太选中的德国和澳大利亚市场，则既有着高电价（德国和澳大利亚的平均居民电价位居全球前列，分别高达 0.33 美元/kWh 和 0.22 美元/kWh），又有着世界前列的户用光伏普及率（德国和澳大利亚的累计户用光伏渗透率分别为 11.1% 和 21.1%）。

第二，产品本身的模块化、家电化迭代方向。在如德国和澳大利亚的发达国家市场中，人工安装成本是户用储能产品销售中无法忽视的一个因素。对于早期的户用储能设备而言，由于其接线复杂，选址和安装要求高，必须雇佣专业电工上门进行安装，而安装时可能会涉及动辄数百甚至上千美元的安装费用。近几年来，沃太和派能的储能系统产品一直保持较高的迭代强度和速度，在优化产品外观的基础上，沃太和派能都致力于简化户用储能产品的安装复杂程度，使其支持模块化扩展功能，和近似白色家电的"即插即用"式安装。这不仅能够有效降低用户的安装成本和使用门槛，也能够进一步降低企业在当地市场展开售后服务的成本。

（七）便携储能出海

便携式储能，是内置锂电池、可配套太阳能板使用的小型储能设备，相比充电宝而言，功率和容量都更大，不仅能够为消费电子产品充电，更可以驱动大部分的家用电器；相比户用储能产品而言，虽然容量和功率都偏小，但便携式储能系统"一体化色彩"更强，产品更小更轻便，更加便于携带。

便携式储能中小功率产品售价多在 300~3000 美元，电池容量在 300~1000Wh，可支持99%的数码产品充电，不仅有 USB 接口，而且加入了包括 AC、DC、Type-C、USB、PD、车用点烟器插头、安德森接口等多种接口，户外可使用1~2天。大功率产品或串联上加电包，带电量在 1000~3000Wh，可为电煮锅、电磁炉等供电。以功率为 1500W 的电磁炉为例，可支持 40~120 分钟烹饪，较好地满足大功率设备灵活用电需求。除提前充电外，便携式储能亦可配套太阳能板使用，太阳能板单片输出功率在 60~200W，以便当电池电量用尽时，在户外利用光伏对储能进行充电，组成小型太阳能发电系统。

从技术角度分析，便携式储能由于其功率小、容量低，尤其是其离网运作的特点，技术门槛并不高。在现阶段，便携式储能市场各龙头厂商在产品之间的差异化主要体现在电源容量、充电时长以及成本上，但如果拆分各家产品，会发现在主要功能上的差别实则并不大，而更多的比拼点集中在了使用体验上，如快充时长、产品外观、重量、蓝牙音响、无线热点功能等。这一特点也可以从龙头的研发费用上看出端倪：2020 年全球便携式储能市占率第一（销售占比 20%）的华宝新能斩获了 10.7 亿元营收，然而其当年的研发费用仅为 2343 万元。

中国具有发达的消费电子制造业，上下游产业链配套齐全，基础设施完善，同时具备人工成本优势，所以对于便携式储能赛道中的中国玩家而言，把"大号充电宝"做的又便宜又好用并不是一件太难的事情，也正是因此，中国企业已经占据了全球 90% 以上的便携式储能设备的产量和出货量。

然而，技术门槛的缺失进一步凸显了赛道内品牌以及渠道优势的重要性。谁能更快地抢占目标用户群体，谁就能更好地运用渠道运营 M2C 销售，更多、更快地布局线上跨境电商和自媒体平台，通过广告投放、签约赞助、流量竞争实现用户触达，谁就能做得更大、更强。如果我们回顾便携式储能发展的过程就会发现，这实际上也是中国便携式储能产品的出海历程。2020 年全球便携式储能主要生产国家和地域分布如图 6-23 所示。

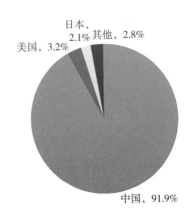

图 6-23 2020 年全球便携式储能主要生产国家和区域分布

资料来源：东方证券研究所；清新资本。

华宝新能成立于 2011 年，最早的主营业务是帮助客户定制充电宝 ODM 业务，主要是为客户贴牌代工生产充电宝，产品均由华宝新能自主设计、研发与生产，成品贴客户的商标进行销售。

近年来，充电宝上游锂电池和组装电子元件的成本降低，充电宝的生产门槛也随之降低，华宝新能面对的是进入白热化的市场竞争。2015 年，经过对行业的缜密分析，同时也经过当前充电宝业务模式的反思和总结后，华宝决定将主导业务从充电宝国际 ODM 代工业务向便携式储能转型。

2016 年，华宝推出首款锂电池产品，计划快速占领市场。针对海内外市场差异，利用经营充电宝业务所积累下的行业经验，华宝通过品牌整合与公司并购，分别推出电小二、Jackery 两款产品，并以通过 Jackery 的高颜值产品路线直接面向海外市场。同时，华宝新能积极布局自主品牌的多元销售渠道，与知名厂商 JVC、Harbor Freight Tools、Home Depot、Lowe's 等建立品牌合作关系，不断拓展日本、美国、中国的线下销售市场。

自 2018 年起，华宝开始大规模布局线上营销，资源精准定位便携式储能。为了打出品牌知名度，形成更高的品牌溢价，华宝新能进行了大量的站外投放。2019~2021 年，华宝新能源用于市场推广的费用，从 2019 年的 0.26 亿元猛增到了 2021 年的 2.67 亿元，使其仍在千万级别徘徊的研发费用相形见绌[①]。

除在亚马逊等电商平台内的推广费用外，华宝的推广费用还用于各大线上媒体、红人推广等。以 2021 年上半年为例，华宝新能在所有电商平台的站内费用总额为 4776 万元，而在平台之外，线上媒体的广告费达到 1741 万元，红人推广费 834 万元，加上媒体的制作与投放的 2448 万元，站外的支出比站内还要高。在投放手段上，线上开始向 YouTube、Facebook 和 Instagram 等社交平台发力，线下则在美国好莱坞山道路、旧金山街道和日本东京地铁等人流量较多的场所投放广告[②]。

与强大的营销战略相呼应的是华宝新能同样令人惊叹的增长。2019~2021 年，华宝新能营收分别为 3.18 亿元、10.69 亿元、23.15 亿元，稳坐便携式储能全球出货量的第一把交椅。

---

① 便携储能吹来投资新风口，难逃消费电子速生速死魔咒 | 36 氪深度［EB/OL］.［2022-04-23］. https：//zhuanlan.zhihu.com/p/503297534.
② 技术活！深圳 10 亿大卖亚马逊站内推广费率仅 6.82%！［EB/OL］.［2022-03-21］. https：//zhuanlan.zhihu.com/p/484490449.

如果说华宝的成功是业界宿将凭着经验和直觉挖掘到的一个全新的赛道，那么正浩的成功，就是初生牛犊凭着全新的创业路径逆袭的故事。

2017 年，在公司成立一年后，正浩科技就推出了其第一款便携式储能产品睿 RIVER，发布于众筹平台 Indiegogo。睿 RIVER 在平台上受到消费者的广泛好评，并成功获得了 108 万美元的预购金。在众筹平台上获得消费者正面反馈的正浩随即出货，并将其产品在 The Home Depot 的线下门店和线上商城上架。

众筹平台模式，以这样一种形式登上了便携式储能行业的舞台。诸如 Indiegogo 和 kickstarter 这样的众筹平台，为新兴赛道的初创公司提供了一个几乎免费的试错空间，而一旦用于众筹的产品收到了消费者的正面关注，用于投资产线的第一笔资金也会随之而来。然而，众筹平台还有一个不那么明显的作用，那就是可以帮助公司调整、验证和对接其为产品所设想的用户客群。

正浩科技显然意识到了后者。在正浩获得了 2017 年的成功之后，其用户画像渐渐变得清晰：高消费水准、户外爱好者、对科技感有一定喜好。2019 年和2020 年，正浩在众筹平台 Kickstarter 和 Makuake 平台上发布了两款功能更多、性能更强的便携式储能产品，同时依然瞄准同一批客户群体。正浩对于户外爱好者消费群体的精准把握和不断坚持，也得到了消费者的回应：产品在 Makuake 平台上两度打破历史销量纪录，同时在两个平台上累计众筹金额超 1000 万美元。2021 年，正浩科技营收达到约 15 亿元人民币，在便携储能行业居全球市占率第二。

由于用户画像明确，正浩的产品能够做到为这一客群进行针对性的产品定制，并针对该客群的不同生活场景开发不同的产品线。例如，德 DELTA 系列注重较为硬核的户外体验，更加注重恶劣环境下的用电，最大容量达到 2016Wh，并搭载了智能逆变技术以满足户外营地的多变用电需求，而睿 RIVER 系列则注重轻便的使用体验，以满足郊游出行需求。实际上，正浩于 2022 年新推出的岚 WAVE 便携空调产品，也是基于这一逻辑所开发的产品。与此同时，正浩各产品线也保持了一致的外观设计风格，审美简约时尚，并带有清晰的品牌特色，很好地迎合了中高端消费者审美需求。这一开发逻辑使正浩在同类品中赢得更高单价，度电容量平均售价可达 2000 元人民币。

总体而言，华宝与正浩，是用两个不同的方式做了同一件事情。华宝所做的，是把一款性价比不错的产品推到足够多的潜在消费者面前，而正浩所做的，则是为一个清晰的用户群体去开发足够有吸引力的产品；归根结底，这些策略都是为了渠道搭建、流量运营与品牌建设。2020 年全球便携式储能企业出货量占比和收入占比如图 6-24 和图 6-25 所示。

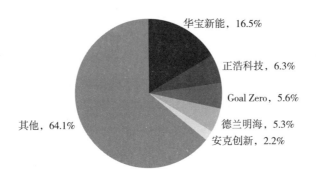

图 6-24　2020 年全球便携式储能企业出货量占比

资料来源：东方证券研究所；清新资本。

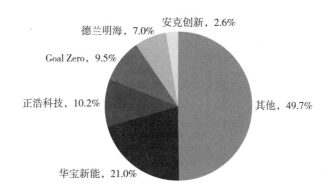

图 6-25　2020 年全球便携式储能企业收入占比

资料来源：东方证券研究所；清新资本。

（八）储能系统集成商情况总结和对比

纵观市场上各类储能集成商的发展轨迹，综合观察和分析其地域、场景、规格等特性，我们认为本轮储能市场的崛起具有以下三个特征：

（1）储能是中国与全球共有的需求，尽管发达地区和发展中地区的诉求有所差异。

（2）中国占据全球储能产业供应链的制高点，因此具备广阔的创业和投资空间。

（3）不同细分领域的能力象限不同，因而会孕育出不同的细分龙头。

在这场硝烟弥漫的大战中，安全、品牌和成本是通用性的底层逻辑。其中，"安全"是硬道理，便不作赘述。在高速增长且良莠不齐的市场里，品牌力的塑造无疑是赛道头部企业的"枪与炮"——这需要企业对某一细分场景的深耕，不断根据场景和客户需求迭代产品设计、销售网络和服务水平，并持续提升市占率和市场口碑。成本控制能力则决定了品牌在持续的市场拓展过程中的竞争力——如何让终端客户买到价廉物美的产品的同时，给予渠道商更高的利润，提升其市场拓展积极性，而又保证公司可以不依赖股权融资，就具备自我造血能力，推动研发和产品升级的增长飞轮。

我们打开不同的场景，会发现储能也具有浓厚的场景色彩，那么它的商业模式和胜负之锚也多了相应的特征：

（1）出海家储和便携储能类消费品。

家储的购置逻辑可类比空调，一方面用户的购买决策十分审慎且高度重视品牌口碑，另一方面落地的安装和维保服务能力也必不可少。因此，许多海外家电和装企纷纷涉足家储业务，并在中国寻求 OEM 供应商。初期的 OEM 供给能力较为紧缺，具有先发优势的厂商均能取得不错的利润，但长期来看，企业不得不考量是否投入营销经费来打造自有品牌，以对抗源源不断的新企业对行业毛利润的扰动。

便携储能的购置决策则更为灵活，类似户外活动用品、小型备用电源，中国企业的品牌打造难度相对较低；以目前尚且高昂的锂电成本来看，其主要的受众依旧集中在发达国家和地区，消费者的品牌意识较强，因而品牌的构建需要牢牢把握市场窗口红利期。

（2）工商业储能类企业服务。

以峰谷套利为主的电费节降、电能质量与稳定性保障，是所有制造业共同的诉求。因此，我们可以把工商业储能看作一项通用型的企业服务，并且将具备运营能力和运营资质的储能企业收益，等同于类 SaaS 模型——初期的硬件设备收入，可类比企业服务的首次定制化开发和销售；后期长达 10~20 年的运营收益分成，可类比 SaaS 型的年续费收益，收益呈现高毛利、高稳定性的特征。

如此看来，这一赛道的企业若要脱颖而出，其能力象限必然具备龙头企业的特征——在产品上呈现高度标准化、产品化和集成化，在销售布局上呈现高度的网络集群化，并在垂类行业细分中具备快速的口碑打造能力和产品渗透力。

（3）发电侧储能类风光等源侧电力基础设施。

发电侧储能作为政策驱动的风光配套设施，在销售决策体系上可高度类比风光发电设施。国内的发电侧储能买方相对集中，且采用招投标竞价模式，因此呈现以毛利和账期换收入规模的特征，企业需要具备面向政府端的销售能力和雄厚的资金储备。海外的发电侧储能相对更市场化，毛利和账期也相对健康，但更考验团队的本地化商务运作能力、项目开发能力和交付能力。

（4）电网侧储能类辅助服务基础设施。

在以煤电为主的能源体系中，煤电机组的辅助服务收益就贡献了每年200亿~300亿元的规模效益，机组改造的回报年限在1~2年。随着新能源发电量占比的提升，辅助服务市场规模将倍数增长，储能将逐渐成为辅助服务的中流砥柱。但与之相对的是，电网侧储能需要应对每天上千次的充放电调频调峰策略，因此更考验储能系统的循环寿命和响应策略。除了技术门槛之外，电网侧的商务环境也更为封闭，因而细分龙头的增长确定性和稳定性均有一定保障。

从现在看未来，储能的发展尚且处在从0到1的发展阶段，新老企业前赴后继地参与了增量市场的开拓与竞争之中，生机与乱象交织，规范与标准渐朗，三大趋势将不断洗刷赛道竞争格局：

（1）产品化：在头部企业的精耕之下，各细分领域的产品特性，围绕用户需求逐步迭代升级，并相对固化。

（2）品牌化：细分场景的龙头凭借产品力和渠道力，形成品牌效应，挤占二三线企业的发展空间。

（3）普适化：伴随储能企业数量和体量的增长，用户对储能的认知不断提升，且随着磷酸铁锂电芯价格的周期性走低，将不断提升储能在消费侧和工商业侧的渗透率。

四、产业链下游企业

（一）下游情况概述

在传统意义上，当我们谈及储能的下游应用场景，主要是指发电侧、电网侧和用户侧，但随着整个新能源生态闭环的不断完善，围绕电池资产全生命周期的商业模式变得更为丰富，衍生出了集储充和再循环为一体的电池银行——以电车电池和换电站为核心资产和主要盈利点，兼有峰谷套利和辅助服务的增值盈利方式，并实现对退役电芯的溯源梯次利用和再生循环利用，从而实现对电池全生命周期的强管控和收益最大化。

（二）换电站

换电站，简单来讲就是为电动汽车进行电池更换的服务站。2007 年，世界首家换电运营公司，BetterPlace 于美国加州成立，但在 6 年后就宣布破产清算。电动汽车龙头老大特斯拉也于 2013 年宣布要探索换电模式，但在 2 年后放弃研发。就国内市场而言，2013 年，国家电网也提出换电模式，但由于国家政策扶持充电而陷入低谷。究其原因，主要在于当时市场电动汽车销售量小、各厂家电池型号不统一、初期投资成本高，导致换电站无法大规模普及。2020 年，中国国务院发布的《政府工作报告》中，提出"增加充电桩、换电站等设施"，为换电领域带来了一丝曙光。接下来的一年多，关于换电的多项政策相继出炉。2021 年 11 月，国家市场监管总局发布《电动汽车换电安全要求》，成为我国首个换电领域的国家标准。随后，嗅觉敏感的相关企业纷纷宣布加入战局，蔚来、吉利等国内龙头电动汽车制造公司相继推出换电车型，中石化也宣布与相关企业合作，开展换电站建设和运营工作。可以说，换电领域真正迎来了一次新的机遇，成长空间巨大。根据中国电动充电基础设施促进联盟统计数据，2021 年 1~7 月，全国换电站保有量由 306 座迅速增长至 763 座，发展势头显著。预计在 2026 年换电车型保有量将达到 867 万辆，换电站需求 33920 座，运营端市场规模 4455 亿元（见图 6-26）。

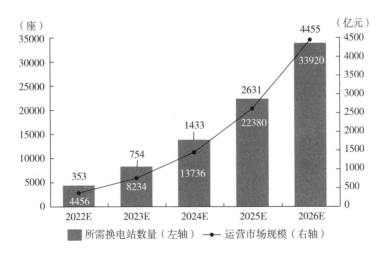

图 6-26　2022~2026 年中国换电站需求和运营规模预测

资料来源：前瞻产业研究院；清新资本。

目前，国内换电站市场主要有四类竞争企业：一是车企，如蔚来；二是第三方服务商，如奥动新能源和杭州伯坦；三是储能电池制造商，如宁德时代；四是大型央企，如国家电网、中石化等。就市占率来看，其中前两类几乎垄断全部市场份额，奥动新能源占比45%，蔚来汽车占41%，杭州伯坦占14%。近几年，除了被大众所熟知的电动汽车发展迅速外，还有另外一类电动车也开始迅猛发展，它就是电动重卡。2021年电动重卡销量持续走高，达9650辆，同比增长273.3%。据科尔尼预计，未来电动重卡将在中国市场迅速占据份额，截至2030年将达到18%的渗透率。随着电动重卡渗透率的增加，市场上也随之出现了另一类侧重重卡换电的企业，如上海玖行能源科技公司（简称"玖行能源"）和上海启源芯动力科技有限公司（简称"启源芯动力"）。

1. 上海玖行能源科技有限公司

上海玖行能源科技有限公司，成立于2014年，深耕于新能源汽车充电设备的研发、制造、运营领域，致力于构建电动汽车充电物联网生态和运营+服务一体化的网络生态云平台。公司专注于智能车载终端、交/直流充电桩、移动物联网/云平台，通过人、车设备、云平台间的互联互通与互动，致力于为客户提供安全、高效、可靠的充电设施系统解决方案，是新能源汽车领域领先的设备供应商和充换电站服务提供商。2018年，国家电力投资集团产业基金入股玖行能源，正式拉开了玖行能源进军电力重卡换电领域的序幕。如今，公司在电动重卡换电站领域已取得阶段性突破，通过研发制造和全国各类项目的落地，在重卡充换电领域取得了行业信任和认可。

（1）布局换电领域。2018~2022年，玖行能源持续布局重卡换电领域，并将其作为公司主要战略布局任务。公司在设备研制与生产、充电站工程勘察、方案设计、系统集成、工程建设、运营管理及维修保养等业务形成成熟的电动车充电全流程业务体系，全国数座充电站项目已经落地。公司布局了物联网于机器人领域，目前可通过机器人实现电池顶部替换，同时公司也专注于换电站全流程业务布局，与宁德时代合作，实现不同使用场景下，灵活换装不同电量组合的电池包。通过与华为合作，研发换电智能云平台运营系统，实现电池包动态集中管理，延长电池生命周期，进一步提高换电站运营和服务质量。2019年3月，由玖行能源自主研发的全国第一款智能电动重卡换电站正式发布。2019年12月，全国首座商业化运营的重卡换电站在北京密云交付使用。目前，国内已有29家重卡企业支持玖行标准，近两年玖行在重卡换电领域交付电动重卡超3500辆，换电业务在全国超过 20 座城市推广。2021 年与知名企业湘电股份签署了合作协议，预将在重卡换电领域进行深度战略合作。

（2）三大核心技术。公司掌握 AGV 换电、重卡顶换、协议自动三大核心技术。玖行能源掌握核心 AGV 换电技术，成功解决重型卡车满载或标载情况下电池供能效率和路况复杂情况下稳定续航的痛点。玖行能源自成立初，一直专注于换电技术的自研，从换电站服务运营一体化解决方案和产品的生产，到充电系统软件研发均通过公司自身开发。在换电领域掌握了核心技术，覆盖了换电领域全产业链。

对于重卡换电领域，目前主要以顶换模式、侧向换电、底盘换电三种主流模式。玖行能源是首家推出"重卡顶换"模式的企业，并在该领域持续研发投入。顶换模式复合重型卡车车型结构，换电模式更为合理和高效。另外，该模式也降低了换电成本，提高了安全性。在码头集装箱顶换模式尤其出众，通过公司打造的柔性化、兼容化的吊装换电设备，快速高效地完成顶部换电流程。

由于换电行业中各大产商换电标准化各不相同，通信协议、电池协议、电路协议不统一是目前换电行业中急需解决的痛点。玖行能源成功研发出了右侧换电放射器做协议转换功能，能够将不同场景下整车供应商、电池产商的电池通信协议自动检测并且转换。

2. 上海启源芯动力科技有限公司

启源芯动力是国家电力投资集团有限公司旗下专注"绿电交通"领域的综合智慧能源服务商，主营换电重卡研产销、电池资产管理、充换电设施运营及定制化绿色金融等绿色交通领域的新产业和新业态。启源芯动力注册时间为 2020 年 10 月，但其前身于 2016 年就正式进入了"绿电交通"领域，并在吴泾完成了全国首个可盈利光储充一体化项目。2017 年牵头产业链生态，启动换电重卡、智能充换电站研发，完成了首批电动车研产销一体化。2018 年成功研发生产全球首辆换电重卡，推出全球首款吊装式重卡换电站，战略投资玖行能源，扩大生态圈。2019 年开始换电重卡商业化、规模化推广，开始电池银行及充换电设施布局。截至 2021 年，累计签约推广车辆超过 12000 台，累计建成充换电站 100 座，牵头研发产品超过 100 款，推动换电标准制主，市占率达 80%。实现钢厂、矿山、港口、电厂、城市、干线等业务场景全覆盖。

启源芯动力可以提供多品类换电重卡及电动工程机械。例如，与一汽解放、东风商用车、中国重汽等 19 家国内车企合作，采用"实车+租赁电池+换电"的方式降低购车成本；与龙工、柳工、山推等 6 家工程机械主机厂合作，推出纯电动工程机械,采用超长寿命的锂电池作为动力源,降噪的同时降低对环境的污染;推出 120 吨级矿卡内置可持续迭代升级的智能操作系统,打造零排放的"绿色矿山",单车每年可减排约 1400 顿二氧化碳,节省 197 万元能耗成本。公司建造的智能充换电站,通过与发电企业合作,可有效降低运营成本;5 分钟一键全自动快速充电,又可提升运营效率,增加市场竞争力。此外,公司还拥有电池资产全生命周期管理,可实现电池经营性租赁服务、全生命周期实时监测评估、动态估值、电池梯次价值实现等一体化服务。值得一提的是,启源芯动力还创造性地开发了定制化绿色金融服务,为相关客户提供换电重卡、换电站等融资租赁服务,采用分期付款等方式,进一步争取客户,提升市占率。公司目前拥有多个已完成或在建项目,比如助力北京公铁绿链公司实现整个砂石骨料全绿色产业链的打造,采用"纯电动、零排放"的新型重卡和换电站,使因污染严重而面临关闭的密云威克矿山起死回生。2021 年 10 月助力唐山市政府成功申报并获得首批"新能源汽车换电模式应用试点城市"。

2022 年 1 月 28 日,宁德时代注资数千万元人民币,成为启源芯动力新股东。背靠大型央企国电投和储能行业龙头企业宁德时代,再结合当前国家对于碳达峰碳中和等环保领域的政策倾斜,市场对于电动汽车换电的愿景和需求,可以预见,启源芯动力将持续保持发展势头,成为换电领域的佼佼者。

(三)退役电池的梯次和再生利用

目前,海外市场如美国、欧盟等拥有相对完善的电池回收政策和标准,而国内由于起步较晚,还没有建立完善的政策标准和市场机制。对于锂电储能而言,三元电池一般采用拆解回收的方式,而拥有广阔发展前景的磷酸铁锂由于产品特性和经济效益等原因,可采用退役后梯次利用再拆解回收的方式实现经济利益最大化。随着国家碳中和目标的提出和储能市场的快速发展,加之上游原材料价格上涨等因素,废弃锂电循环再利用必然成为未来发展的重点。预计到 2030 年三元电池回收金属经济空间在均价情况下将达近 600 亿元,磷酸铁锂电池梯次利用市场空间将达到 339 亿元,其拆解回收后的金属材料市场空间将达到 144 亿元(见图 6-27)。

目前,国内电池回收市场可以分为三类模式:

一是电池生产企业回收,如宁德时代、比亚迪等。该种模式有助于相关企业提升上游原材料议价能力,降低成本。

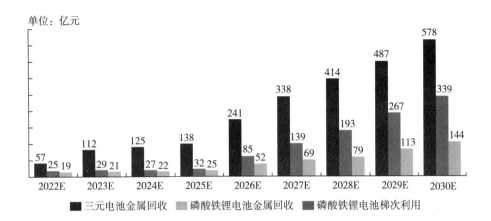

图 6-27 2022~2030 年中国废弃锂电循环再利用市场空间

资料来源：前瞻产业研究院；清新资本。

二是锂电材料企业回收，如格林美、宁德邦普、中伟股份等。这种模式可以帮助材料企业回收资源，降低成本。

三是梯次利用，如中国铁塔，相比铅酸电池，可有效降低成本和减轻污染。根据中国铁塔数据，截至 2021 年底，中国铁塔已在全国 31 个省份，总共使用了 51 万组梯次电池，累计使用量达到 3GWh，相当于 5 万辆乘用电动车的废旧电池。

虽然电池回收行业潜力巨大，但国内符合规范的回收企业占比却很少。根据企查查等平台数据，目前我国共有 4.06 万家动力电池回收相关企业，其中 2021 年新注册的有 2.44 万家，但根据工信部 2018~2021 年公布的合规名单，符合行业规范的总共 47 家，占比不到 1.2‰。

1. 南通北新新能源科技有限公司

南通北新新能源科技有限公司（简称"南通北新"）成立于 2012 年 2 月 13 日，由启东市北新无机化工有限公司于 2019 年更名而来，经营范围覆盖新能源科技领域的技术研发、技术咨询转让服务、金属边料回收等业务，生产产品包括硫酸镍、硫酸钴、碳酸锂等。公司专注于能源金属的回收、再生、循环制造，形成了一套能源金属再生利用的闭环研究和产业化流程。

南通北新致力于布局动力电池产业和新能源科技产业，业务覆盖长三角区域，持续扩大动力电池回收和梯级利用业务。公司专注于可再生能源和储能、动力电池、"电动化+智能化"三大核心板块的布局战略，发展固定式化石能源替代、市场应用集成解决方案。自 2012 年以来,南通北新坚持 ESG 责任投资理念,在研发创新上不断投入,开创了自有的短流程、全回收、高提纯、低能耗、零排放的工艺体系。公司核心客户来自前驱体、正级和镍钴等行业知名企业,同时也通过了 LG 驻场验证,加入了戴姆勒的供应链体系。

南通北新专注于 100%资源循环方式,结合动力电池和正极材料有价元素高效提取、材料性能修复、残余物质无害化处理等技术,研发出了正极材料回收再利用工艺,有效降低了回收成本,缩短了工艺路线。该工艺流程技术,高效提取了镍、钴、锰、锂等主要金属元素,并且通过先进的除杂技术,将提取元素制备成高纯正极的原材料,具有短工艺、全回收、高提纯、低能耗、零排放的特点。南通北新是江苏省唯一一家有能力通过一次性连续工艺全组分回收的动力锂电池再生利用的企业。

2021 年 3 月 29 日,南通北新新能源科技有限公司已完成 A 轮融资,此次融资 1 亿元,由盈科资本战略领投,清新资本跟投。

2. 宁德邦普

2013 年 12 月,宁德时代通过子公司宁德和盛以股权受让及增资的方式收购了位于广东佛山的邦普集团,建立宁德邦普,将产业链延伸到锂电池回收业务。彼时的宁德时代营收为 8.7 亿元,总资产 28.8 亿元,而广东邦普营收为 5.4 亿元,总资产 7.4 亿元,该次并购耗资 4 亿元,是宁德时代发展过程中非常重要的节点。宁德邦普循环聚焦于回收、资源和材料三大板块,依托宁德时代的上中游发展布局,打造了全产业链循环互补的垂直式体系。公司独创"定向循环"技术,通过该技术破解了"废料还原"的废旧电池回收领域难题,成为全球首家破解的企业,且其废旧电池核心金属材料综合回收率高达 99.3%以上。

在宁德邦普的三大业务板块中,回收为其核心业务,即通过公司独创的逆向产品定位设计和定向循环模式,将回收电池中可利用的材料再应用到原生制造领域。资源业务是其战略业务,即将产业布局到上游锂、钴等矿产资源,降低供应风险,助推宁德时代实现产品链优势,保障产品的稳定供应。材料业务是其关键业务,也就是凭借独创的"定向循环"关键技术,生产用于三元锂电池的正极材料,抢占新能源汽车的电池供应市场份额。所谓"定向循环",就是把已经退役的废旧电池经过预处理、湿法冶炼等步骤先制作成前驱体,再制作成正极材料,最后将该材料用于新电池的生产,从而实现电池全生命周期的闭环,简单地说,就是"从哪儿来到哪儿去"。

在宁德时代的全产业链商业布局中，宁德邦普确实不如动力电池、储能电池业务吸引市场的眼球，但是正如前文所说，随着第一批动力电池的退役，电池回收处理的业务将拥有巨大发展潜力，潜在市场规模高达上千亿。宁德时代通过邦普，实现了从上游材料到下游回收利用的生态闭环，它先进的生产技术和市场运营经验、巨大的电池市占率可以为邦普的业务发展铺设道路，反过来，邦普从废旧电池中提取出来的材料，又可以交由宁德时代电池生产线实现再利用，两者相互补充相互促进，实现了螺旋式上升（见图6-28）。可以说，通过与宁德时代的双向促进，邦普实现了"核心资源获取能力、协同一体化运营能力、战略驱动执行能力"的三大核心竞争力。近几年，宁德邦普也确实发展迅速，实现了12万吨废旧电池处理，国内综合回收占比达到51%，在全球已设立广东佛山、湖南长沙、宁德屏南、宁德福鼎、湖北宜昌、印度尼西亚莫罗瓦利、印度尼西亚纬达贝七大生产基地；拥有国家企业技术中心、新能源汽车动力电池循环利用国家地方联合工程研究中心、电化学储能技术国家工程研究中心邦普分中心、中国合格评定国家认可委员会（CNAS）认证的测试验证中心、广东省电池循环利用企业重点实验室等科研平台。

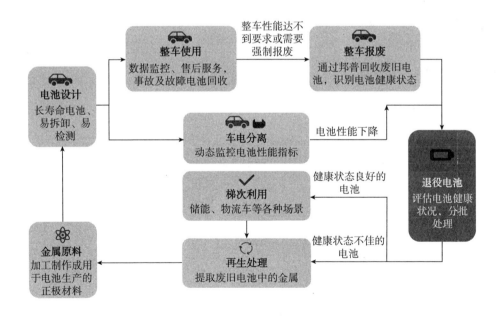

图 6-28　宁德时代生态闭环链

资料来源：宁德时代官网；清新资本。

3. 格林美股份有限公司

格林美股份有限公司（简称"格林美"）成立于 2001 年，以废旧电池回收和钴镍钨金属循环再造起家，逐步发展出废旧电池回收与动力电池材料制造、电子废弃物循环利用与高值化利用、报废汽车回收处理与整体资源化、钴镍钨回收与硬质合金制造、废水废渣废泥五大产业链。2010 年，格林美在深交所上市，并于 2017 年实现战略转型，推进"城市矿山+新能源材料"双轨战略，将废旧电池回收和动力电池材料再造的新能源板块布局作为公司的核心业务。2017~2021 年，新能源材料板块发展迅速，营收占比从 51% 上升至 71%，利润占比则从 62% 上升到 77%（见图 6-29）。

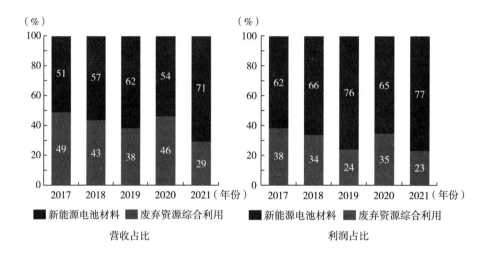

图 6-29　2017~2021 年格林美两大板块营收占比和利润占比

资料来源：公司公告；清新资本。

为适应市场变化，格林美提出了在未来五年，实施"坚定三元（三元前驱体与三元正极材料）、稳固四钴（四氧化三钴）、做大回收（动力电池回收）、思考磷铁（磷酸铁锂）"的发展战略。

在新能源材料板块，格林美主要业绩来自三元前驱体业务。近年，全球新能源汽车销量和渗透增长，动力电池装机量也随之增加。根据 EVSales 数据，2021 年，全球新能源汽车销量达到了 600 万辆，相比 2020 年翻了一番，渗透率也增加到接近 8%。中汽协也发布数据，显示到 2021 年，我国新能源汽车销量达 350

万辆，远高于 2020 年的 132 万辆。预计 2022 年后，我国新能源汽车的渗透率能增至 20%，动力电池市场需求将超过 1TWh，如此巨大的市场需求将带来巨大的三元前驱体需求，但前驱体领域行业集中度较高（CR3 为 50% 左右），外加高镍化趋势所建铸的行业技术壁垒，龙头企业将在此波需求中大大获利，格林美就是其中一员（见图 6-30）。2021 年，格林美三元前驱体材料出货量超过 9.1 万吨，相比 2019 年增长 51.58%，位居全球第二。据申港证券估计，到 2025 年，其出货量有望达到 40 万吨，占全球出货量的 20% 以上，继续保持龙头地位。格林美采取的"金属价格+加工费"计价模式，也使其利润受原材料价格波动的影响很小，毛利率始终维持同行业最高水平，达 20%~25%。

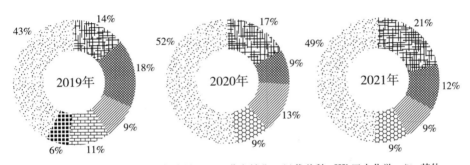

图 6-30　2019~2021 年全球三元前驱体出货量企业占比

资料来源：申港证券研究所；清新资本。

在电池回收领域，格林美拥有三家符合工信部资质要求的回收公司，在业内独树一帜。五大再生利用基地电池拆解再利用的产能达到 21.5 万吨，梯次利用产能到 1.8GWh。在国内，格林美与超过 500 家车场和电池厂合作，保证废旧电池的来源。在海外，与邦普、ECOPRO 合作，通过技术入股等方式，积极开拓印度尼西亚和韩国电池回收市场。2021 年，公司动力电池回收量达到 8407 吨，相比 2019 年增长 698%；梯次利用量达到 1.06GWh，相比 2019 年增长 864%；总营收为 8706 万元，同比增长 288%。结合动力电池退役潮的到来，预计 2022~2024 年，公司的电池回收业务将持续保持超过 15% 的增长率。

2021 年，格林美拆分旗下电子废弃物回收和报废汽车业务，将电子废弃物回收拆解集中到子公司江西格林循环产业股份有限公司，该子公司在 2021 年拆解电子废弃物856万台套，国内市占率超过10%。2021年7月，江西格林循环产业股份有限公司向深交所提请上市，若上市成功，格林美将持股61%。

第二节 钠离子电池

一、行业概述

如前文所述，随着国家碳中和要求的提出、国内储能市场需求的增加和锂电储能电池原材料价格的上涨，锂电储能生产企业的压力逐渐增大。在终端项目经济性压力带动下，钠离子电池重新进入市场的视野，成为储能行业的新风口。相比分布不均、丰度低的锂资源，钠在地壳中的储量高达2.74%，储量丰富且分布广泛[①]。同时，钠离子电池在安全性和循环寿命方面也能够达到现阶段相关储能和动力电池领域的标准，但钠离子由于物理特性，质量和半径更大，比锂离子更活泼，因此能量密度较低，在电池生产过程中需要增加额外的辅材来保证其性能，无法单独用在对能量密度要求高的场景，从而导致成本暂时不具有优势，这也是钠离子电池在和磷酸铁锂电池竞争中一直处于下方的重要原因（见图6-31）。

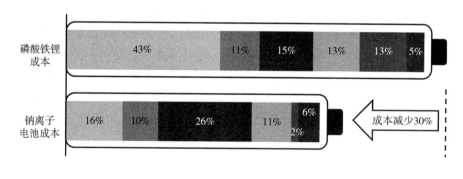

图6-31　钠离子电池成本比磷酸铁锂低30%

资料来源：国泰君安证券研究；清新资本。

---

① 刘强. 储能放量时代新势力，钠离子电池产业化提速——行业深度报告 [R/OL]. [2021-06-07]. https://pdf.dfcfw.com/pdf/H3_ AP202106071496538281_ 1.pdf.

与锂离子电池类似,钠离子电池主要由正极、负极、电解液、隔膜四大部分构成,其中正极和隔膜部分,所需产业链和技术要求与锂离子电池类似,较为容易就能实现生产链的通用和转移。负极部分,钠离子电池主要使用硬碳材料,成本低于锂离子电子的石墨材料。

虽然目前磷酸铁锂电池仍在市场中占据绝对统治地位,钠离子电池在未来一段时间内,只能作为锂离子电池的补充,在诸如轻型电动车、二轮车、基站电源等对储能密度要求不高但对成本较为敏感的场景中使用,但从长远来看,钠离子电池的原材料可得性好、BOM 成本低、安全性更强,且产业配套与锂离子电池类似,其发展将随着产业布局的加快、制作工艺的成熟、国家标准的制定等,展现出巨大的市场潜力。根据《中国钠离子电池行业发展白皮书(2022 年)》测算,到 2026 年,钠离子电池的市场空间可达到 369.5GWh,理论市场规模或将达到 1500 亿元。钠离子电池有望在 2025 年之后实现产业化。预计到 2025 年钠离子储能电池的占比将达到 5% 以上,之后,钠离子电池将进入快速发展阶段,电芯成本有望降至 0.4 元/瓦时,并在特定应用场景中打败锂离子电池。

目前,国内进入钠离子电池生产领域的企业主要分为两类:第一类是锂离子电池生产企业,比如宁德时代,这些企业上下游产业链和客户结构稳定,可依托现有锂离子电池生产线较快地实现钠离子电池的规模量产,有利于抢占市场;第二类是专注于钠离子研发生产的新兴企业,如中科海钠。这些企业具有技术优势,研发范围包括钠离子电池正极、负极、电解液、隔膜等方面,比第一类企业较早实现量产,且走在世界前列。

二、正极材料

钠离子电池和锂离子电池之间最大的区别即正极材料的使用。钠离子电池正极采用钠离子的活性材料,目前主流的钠离子电池正极材料主要为过渡金属氧化物,过渡金属磷酸盐、普鲁士蓝化合物等。其中,使用范围最广的是层状金属氧化物,国内相关领域主要厂家诸如中科海钠、钠创新能源等企业都采用该种材料作为钠离子电池的正极材料。相比锂离子电池,采用钠化合物作为正极材料的钠离子电池拥有巨大成本优势。根据中科海钠数据,钠离子电池的正极材料成本比锂离子电池低 60% 左右。

1. 中科海钠科技有限责任公司

中科海钠科技有限责任公司(简称"中科海钠")于 2017 年 2 月成立,是国内首家专注钠离子电池研发和制造的高新技术企业。依托于来自中科院物理所的核心技术，公司拥有多项专利，目前已经成功开发出了 NaCP08/80/138 等不同规格型号的钠离子软包电池，以及钠离子圆柱 NaCR26650、NaCR32138 电池，综合性能处于国际领先水平，能量密度可达到 145Wh/kg，是铅酸电池的 3 倍左右，循环寿命是铅酸电池的 10 倍，能够实现 5~10 分钟快充，可应用到低速电动车、电动船、家庭储能、电网储能等场景。

中科海钠生产的钠离子电池，主要采用复合钠层状正极材料和软碳负极材料。在正极材料方面，中科海钠是国际上第一个发现二价铜和三价铜氧化还原电对在含钠层状氧化物中高度可逆的企业。据此，公司采用廉价金属铜、铁、锰，设计了 NaCuFeMnO 正极材料，成本仅为锂离子电池的 40% 左右。在负极材料方面，使中科海钠采用无烟煤作为原料，研制出了无烟煤基软碳负极材料。无烟煤成本低廉，每吨的平均价格仅在 1800 元左右，用它制造无定形碳负极材料可实现大幅降低电池生产成本。中科海钠初创团队成员之一的唐堃曾经在公开演讲中提出，低成本的正负极材料，外加电池结构等的优化和生产工艺的持续创新，中科海钠生产的钠离子电池 BOM 成本比锂离子电池低 30% 以上。

在钠离子电池量产方面，中科海钠处于行业领先水平。2018 年 6 月，公司发布全球首款以钠离子电池为动力的低速电动车。2019 年 3 月，研制了世界首座 30kW/100kWh 钠离子电池储能电站。在 2019 年就已实现百吨级的正、负极材料和兆瓦时级产能，2020 年 9 月实现每月可生产 30 万只电芯的产能，达到量产水平。2021 年，发布 1MWh 钠离子储能系统，并与华阳股份成立合资公司，目前可生产钠离子电池正极、负极各 2000 吨，未来也可以根据需求情况进行扩产。2021 年 12 月 18 日，中科海钠与三峡能源、三峡资本及安徽省阜阳市人民政府达成合作，将共同建设全球首条钠离子电池规模化量产线。该产线规划产能 5GWh，分两期建设，一期 1GWh 将于 2022 年正式投产，该生产线的钠离子电池成本预计在 0.36~0.4 元/瓦时，如果实现，钠离子电池将在价格上开始具备与锂离子电池竞争的能力①。

正是因为中科海钠的巨大发展潜力，成立短短五年，公司就已获得多轮融资。2017 年，其收获国科嘉和、中科院物理研究所天使轮投资；2020 年 Pre-A 轮融资，

---

① 佘炜超. 蓄势待发，即将快速成长——钠离子电池行业深度报告 [R/OL]. [2022-09-24]. ht-tps：//pdf. dfcfw. com/pdf/H3_ AP202209251578656742_ 1. pdf？1664115242000. pdf.

收获中科创星、梧桐树资本注资数千万人民币；2021 年 A 轮融资，梧桐树资本追加注资数亿元人民币；2022 年 A+轮融资，获得哈勃投资、海松资本、聚合资本投资。目前中科海钠估值已超 50 亿元，与 2021 年 3 月相比涨了不止 800%。

2. 浙江钠创新能源有限公司

2018 年 5 月，上海交大的一个钠离子电池研发团队联合上海电化学能源器件工程技术研究中心、上海紫剑化工科技有限公司和浙江医药股份有限公司注册成立浙江钠创新能源有限公司（简称"钠创新能源"），致力于钠离子电池技术产业化，核心产品主要有钠离子电池前驱体、正极材料、配套电解液、钠离子电池等，目前拥有 30 余项发明专利，范围涵盖钠离子电池正极材料、钠电池电解液、电池设计和制造、系统集成与管理等。

与钠离子电池行业领军企业中科海钠不同，钠创新能源没有布局负极材料，而是聚焦正极材料和电解液。公司使用的材料也与中科海钠不同。中科海钠正极材料为铜铁锰层状氧化物，而钠创新能源为铁酸钠基层状氧化物和磷酸钒钠，电池密度可到 130~160Wh/kg，循环次数超过 5000 次，表现与中科海钠的电池相当。另外，中科海钠负极使用无烟煤基软碳，而钠创新能源使用硬碳。

从成立至今，钠创新能源发展迅速，2019 年 4 月，其正极材料中试线建成，并实现满负荷运行；2021 年 5 月，发布全球首套钠离子电池—甲醇重整制氢综合能源系统；2021 年 6 月，百吨级前驱体和正极材料合作生产基地完成，目前已经实现 1 吨/天的生产率；2021 年 7 月，与爱玛科技联合发布了用于电动自行车的钠离子电池动力系统，预计 2022 年出货 100 万套。值得注意的是，作为钠离子电池重要的应用场景，国内电动两轮车在 2021~2025 年平均每年的电池需求量预计为 40GWh。2021 年 9 月，钠创新能源完成亿元级 Pre-A 轮融资；2021 年 11 月，签约建设年产 8 万吨级正极材料生产基地，项目总投资为 15 亿元人民币，占地 300 亩，将建设正极前驱体、正极材料相关产线，同时公司还在规划一条 1GWh 的电芯产线。

3. 湖南长远锂科股份有限公司

湖南长远锂科股份有限公司（简称"长远锂科"）2002 年在长沙成立，2021 年 8 月在上海证券交易所科创板上市。公司背靠中国五矿集团，主要从事高效电池正极材料的研发、制造和销售，20 多年来持续专注于正极材料的研发，目前公司已形成以三元电极、钴酸锂正极和球镍三大业务为核心的行业格局，业务深度绑定国内龙头电池产商，是国内三元材料领导企业。

公司专注于正极材料的多元化布局，主要产品包括三元正极材料及前驱体、磷酸铁锂正极材料、钴酸锂正极材料、球镍等，具有多项三元前驱体共沉淀技术与晶面调控技术的发明专利，产品应用于锂电动力电池、工业储能、电子产品等领域。长远锂科采用定制化开发的窑炉及正极产线，单线产出高于行业水平，使单吨成本较低。通过持续研发，公司实现了技术突破，解决了三元正极材料在电化学性能方面的问题，产品性能得到大幅提升。近年来，公司也积极关注行业发展和前沿技术，已布局了钠离子电池材料、全固态电池等新一代材料科技。此外，长远锂科还持续专注于原材料端的布局，加上背靠五矿集团，实现了在资源供给的有效保障和产品独立生产的双重优势，有效地降低了生产成本。从长期来看，公司上游成本端的综合成本竞争力优势越发显著。

长远锂科是国内较早从事电池正极材料研发制造的企业之一，具备三元正极材料从研发到生产，再到三元正极材料的生产能力。其于 2015 年成功将三元正极材料打入锂离子电动电池领域，于 2018 年顺利进入宁德时代、比亚迪等龙头锂电池供应商体系，供应链高度绑定。2016~2019 年，长远锂科位居国内三元正极材料出货量前两名，在 2016 年、2018 年国内三元正极材料出货量均居第一名。公司于 2017 年 12 月收购的金驰材料曾处于国内三元前驱体行业龙头地位，为长远锂科提供了前驱体核心技术和产能，完善了三元正极材料核心环节，使三元正极产品竞争力优势提升。同时，公司积极开拓海外业务，积极与海外客户绑定，公司目前已经与丰田、三星 SDI、LG 化学等知名外企达成战略合作，并成为三元正极材料长期供应商。长远锂科绑定下游重点客户战略效果显著，产能和规模效应不断释放。

2021 年，公司锂电行业主营收入为 67.97 亿元，收入占比 99.36%。2021 年，公司全年营业收入总计为 68.41 亿元，同比增长 240.25%，总利润为 7.78 亿元，同比增长 571.34%。根据需求增长与长远锂科规划布局，预计到 2025 年公司正极材料将达到 11 万 t 产能，动力三元材料市场占有率保持全球第一（在 20%以上）[1][2]。

---

① 曾朵红，黄细里，阮巧燕. 比亚迪：十年技术积淀，业务多点开花 ［R/OL］. ［2022-05-11］. https://new.qq.com/rain/a/20220512A02BNT02.

② 立足三元龙头优势，再塑铁锂增长曲线 ［R/OL］. ［2022-06-20］. http://121.5.8.105/report/detail_m.php? id=2239332.

三、负极材料

负极主要考虑负极材料和负极集流体。锂离子电池的负极材料一般为石墨，而钠离子电池的负极材料有碳基材料、过渡金属氧化物、合金等。其中，合金会与钠离子发生反应，导致体积膨胀，影响材料的稳定性；金属氧化物容量低。所以，目前钠离子电池主流的负极材料为碳基材料，尤其是无烟煤基无定型碳材料是当前市面上性价比最高的钠离子电池负极材料。对于负极集流体，锂电池为铜箔，而钠离子可以采用铝箔。从成本上说，铝箔价格低于铜箔，成本更低。

1. 贝特瑞新材料集团股份有限公司

贝特瑞新材料集团股份有限公司（简称"贝特瑞"）成立于 2000 年 8 月，隶属于中国宝安集团股份有限公司，2015 年在新三板上市正式发行股票。贝特瑞是一家以锂离子电池负极材料和正极材料为核心业务的新能源材料研发、生产和销售一体化的供应商，同时也是全球锂电池负极材料的龙头企业。其主要产品包含天然石墨负极材料、人造石墨负极材料、硅基负极材料等，广泛应用于动力电池、储能电子、电子设备等领域。

公司在锂电池正负极材料和石墨烯等新能源、新材料领域，处于行业领先地位，获得国内外发明专利 213 项，授权专利 73 项，主导或参与多项国际或国家标准，拥有天然或人造石墨技术、硅碳负极材料技术、高镍三元正极技术。贝特瑞是国内较早投入研发、生产和销售硅碳负极材料的企业之一，于 2014 年通过三星 SDI 认证，标志贝特瑞碳化负极技术进入国际领先水平，目前已经研发了三代产品，正在突破第四代产品技术，且已与松下达成战略合作，批量供货松下电池。2007 年，贝特瑞投入磷酸铁锂正极材料研发，是国内较早开启该业务研发的厂商之一，目前已经形成了以 NCA 和 NCM811 为核心的高镍三元正极材料和磷酸铁锂正极材料两大类产品构成的正极材料产品体系。

（1）深耕负极材料业务，其他业务多元发展。公司核心业务基于锂离子电池正负极材料，自成立初一直深耕负极材料的研发和生产，历经 20 余年的持续研发投入，形成了以天然石墨负极材料、人造石墨负极材料和新型负极材料三大板块为核心的电池负极材料生产结构。公司自 2013 年以来，负极材料出货量已经连续 8 年居全球第一，2021 年，公司负极材料出货超过 16 万吨，市占率高达 21%，毛利率为 31.35%，远超同类企业。此外，公司一直致力于正极材料业务和硅碳负极业务，随着产能释放，规模化效应逐渐释放，有望进一步提高企业竞争优势。2021年，公司负极材料实现营收64.59亿元，同比增长104.96%，毛利率为31.35%，同比降低3.7%，主要是受产品均价下降影响。2021年公司产能为14.47万吨，2021年末在建产能为26万吨，预计2022年有效产能将超过30万吨①。

（2）垂直产业一体化布局。贝特瑞一直专注于垂直产业一体化布局，在原材料供应环境中，公司积极与上游企业进行战略合作，目前已经打造了集矿资源供应、天然鳞片石墨加工与球形化、纯化以及生产一体化的全产业链布局，涵盖天然石墨产业链和人造石墨产业链。在下游板块，公司也积极与优质客户进行产业链绑定，近年来，先后与宁德时代、国轩高科、亿纬锂能等国内知名锂电池供应产商进行战略合作，成功构建一体化锂电池厂商供应链，垂直产业链结构优势显著体现，有效降低了产品生产成本。除境内锂电厂商外，贝特瑞也持续布局境外业务，积极与松下、三星SDI、LG化学等知名国际企业合作，逐渐形成了以移动锂电池为主、以消费电子电池为辅的全球业务布局。此外，公司也在储能、电子回收、钠离子正负极材料等前沿领域进行了赛道布局。

2. 深圳翔丰华科技有限公司

深圳翔丰华科技有限公司（简称"翔丰华"）成立于2009年，2017年首次公开发行股票且在深交所创业板上市，公司主要从事锂电池负极材料的研发、制造和销售，是国内先进的锂电池负极材料提供商，公司核心产品主要涵盖天然石墨和人造石墨，拥有国家专利50余项，在电动交通工具、新能源汽车、电动车、数码电子、工业储能等领域具有广泛应用。

翔丰华自成立之初便始终专注负极材料研发业务，研发投入每年稳步增长。公司有多种多样碳类材料，产品包括天然石墨和人造石墨两大类别。2021年翔丰华在中国天然石墨市场占有率为17%，人造石墨市场占有率4%，部分产品质量处于行业领先水平（见图6-32和图6-33）。2021年公司石墨负极材料收入占比高达总收入的99%，远高于其竞争企业，虽然公司负极材料业务收入和毛利率的绝对值对比同行业较小，但是其成长性和业务战略看好。同时，公司也"卡位"了钠离子电池碳类负极材料供应链赛道，目前开发出了高性能硬碳负极材料，正处于产品测试阶段。翔丰华战略专注度高，有望在负极材料领域持续走好。

---

① 李开宇. 贝特瑞（835185.BJ）：硅基+高镍，打开负极龙头新空间［R/OL］.［2022-06-16］. http://pg.jrj.com.cn/acc/Res/CN_ RES/STOCK/2022/6/16/04aa4c76-6bc1-4270-908c-a34c6ff4afd9.pdf.

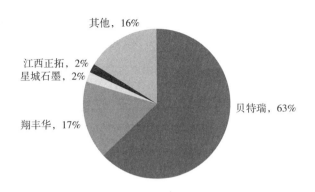

图 6-32   2021 年中国天然石墨竞争格局占比情况

资料来源：华经产业研究院；清新资本。

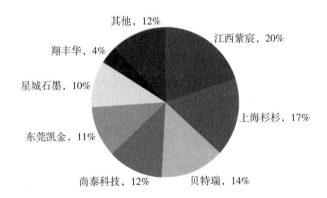

图 6-33   2021 年中国人造石墨市场份额占比情况

资料来源：华经产业研究院；清新资本。

随着近年新能源汽车、储能等下游需求的增长，负极材料的需求也迎来了爆发式增长。翔丰华近几年来，积极顺应新能源、碳减排政策，与下游客户进行战略合作。目前，已经与宁德时代、比亚迪、LG 化学、三星 SDI、赣锋锂业等多家知名电池供应商进行深度合作，实现了负极材料供应链的深度绑定。翔丰华在 2020 年已经成为了 LG 化学第一大客户，为其生产天然石墨产品，销售占比高达 46%。2021 年公司营业总收入为 11.18 亿元，同比增长 168.78%，净利润增长 8.87%[①]。

①   深圳市翔丰华科技股份有限公司 2021 年年度报告［R/OL］.［2022-03］. http：//static. cninfo. com. cn/finalpage/2022-03-03/1212493802. PDF.

3. 上海璞泰来新能源科技股份有限公司

上海璞泰来新能源科技股份有限公司（简称"璞泰来"）成立于 2012 年 11 月，于 2017 年 11 月在上交所上市。公司自成立以来，扎根锂电池关键材料和自动化工艺设备环节，开拓了高性能膜材料、锂离子电池、电池材料及专用设备技术领域的技术开发等主营业务，涉及清洁能源、节能环保和储能等领域。公司是行业内少数掌握并规模化使用箱式炉工艺的石墨化加工企业。该工艺与坩埚装填方式相比，提高了负极材料装入、装出坩埚的效率，有效提升了负极材料的使用效率。2022 年经过技术改革，使用该技术后，公司山东兴丰和内蒙古兴丰两大基地产能将从 6.37 万吨/年提升至约 8.14 万吨/年①。

公司持续对锂电池行业上游关键材料和设备的产业链进行战略布局，目前实现了锂电池材料、隔膜材料、设备三大业务板块。三大业务板块之间互相联系，协同发展。璞泰来成立之初便专注于负极材料的研发，目前已经成为人造石墨行业龙头，在整合了东莞卓高、嘉拓进军隔膜以及设备产业之后，布局战略协同优势开始凸显。

从 2017 年开始，公司就开启了一体化产业布局战略，先后成立溧阳紫宸、山东兴丰等上游原材料公司，从上游原材料，到核心工艺石墨化均有所布局。向上布局原料涵盖负极材料的原石油焦、针状焦等，已经形成从原料针状焦的供应、造粒、石墨化加工、碳化包裹到成品的一体化负极材料产业链布局，提高了公司负极材料产品生产效率和品质，也发挥了产业链降本的优势。此外，公司还积极向下与各类主流电池厂商进行战略捆绑，如知名企业比亚迪、宁德时代、LG 等企业，随着公司负极材料和下游产业链的产能持续扩大，一体化产业链的优势将逐步显著。公司在高端人造石墨负极领域龙头效应明显，其产品单价及单吨毛利稳居行业之首。2021 年，璞泰来市占率为 15%，公司总营业收入为 89.96 亿元，同比增长 70.36%；毛利率为 35.65%，同比增长 4.07%②。

四、电解液生产

钠离子电池的电解液和锂离子电池差别不大，主要包括液体电解质、固体电解质、固液复合电解质。通常来说，液体电解质的离子电导率最高，主要有酯类

---

①② 张一弛. 璞泰来：负极龙头地位稳固，多业务协同效应凸显. [R/OL]. [2022-04-22]. https：//data. eastmoney. com/report/zw_ stock. jshtml？ encodeUrl = +cHIpx7uCsfqujvHXTYcK8F9B677xGFBeF3 EKUYPKLQ =.

和醛类。它们出色的热稳定性和电化学窗口，有助于实现钠离子的快速转移。

1. 多氟多新材料股份有限公司

多氟多新材料股份有限公司（简称"多氟多"）成立于1999年12月21日，于2010年5月18在深交所成功上市，产品涉及高性能无机氟化物、电子化学品、锂离子电池及相关材料生产研发等领域，是国内较早耕耘无机氟化工行业的公司之一。目前，公司已经成长为全球无机氟化工领域的龙头企业，同时公司近年来也快速布局新能源赛道，已经实现了氟化工领域到新能源领域的战略布局转换。

多氟多自成立20多年来，在氟化工领域持续耕耘，具有先进的氟化工技术和氟资源优势，形成了"萤石—高纯氢氟酸—氟化锂—六氟磷酸锂"一体化产业结构。其中，铝用氟化盐是公司的核心业务之一，处于行业龙头地位。公司采用氟气或无水氟化氢作为强氧剂进行氟化并实现闭路循环，生产过程中产生的副产品可以进行无害化梯级回收，可有效降低成本，且安全性能大幅提升。多氟多也是国内首个突破 UPSSS 级氢氟酸生产技术并具有相关生产线的企业，高技术壁垒是公司显著的护城河。该技术使多氟多成为国内领先的电子级氢氟酸生产商，同时也是全球领先的具有规模化生产高品质半导体级氢氟酸工艺的企业之一。目前，公司的氟化铝产能为33万吨/年，无水氢氟酸产能为20万吨/年，氟化工领域产能处于全球领先地位。六氟磷酸锂是目前综合性能优异且商业化应用最为广泛的电解质。公司独创双釜法技术，提高了原料的使用率，缩短了工艺流程的时间，成功构建了六氟磷酸锂产品的成本优势和产能优势，在国内外市场中获得了产品信任。公司在这一部分的国内占有率约为35%，国际市场占有率约为20%，居行业地位领先。

近几年来，公司一直积极布局新材料领域和新型锂盐板块，大力推动相关技术的研发和产品生产。目前，新材料业务已成为公司的主要收入来源之一，据公司2021年度财报，多氟多新材料业务营业收入为40.69亿元，占比高达52.18%。锂盐板块已拥有1600吨/年 LiFSI 产能，规划的4万吨/年 LiFSI 和1万吨/年二氟磷酸锂项目将于2025年投产，有望率先打开市场。

多氟多加大了对电子化学产品的布局战略，向精细氟化工进军。不断布局电子化学产品的研发、生产和销售，逐渐完成锂电化到智能化、传统氟化工向精细氟化工、电子级氟化工转变。据多氟多2021年财务报告，2021年公司全年营业收入为77.99亿元，年度同比增长85.29%，毛利率为32.05%。根据光大证券预测，多氟多 2023 年总营收有望超过 120 亿元。

2. 广州天赐高新材料股份有限公司

广州天赐高新材料股份有限公司（简称"天赐材料"）成立于 2000 年 6 月，于 2014 年 1 月在深交所上市。自成立以来，公司一直专注于精细化工新材料的研发、生产和销售，目前构建了日化材料及特种化学品、锂离子电池材料两大类业务板块。公司是国内领先的锂电池电解液，电化学储能材料研发、生产和销售一体化供应商，在国内外具有重要影响力和带头作用。

天赐材料在 2004 年开始卡位锂电池电解液赛道，并在 2007 年开始布局核心原材料 LiPF6 领域，2014 年开启液态六氟工艺的研发，如今液态六氟已实现自给自足，液态双氟工业也达到成熟，产能 6 万吨领跑行业。实现了电解液材料的研发、生产和销售，在高温安全、高倍率、高功率安全型及长寿命安全型电解液开发方面具有一定的研发优势，可以满足不同客户的差异化需求，增强与客户的黏性。同时，天赐材料也布局了锂盐领域，对比六氟磷酸锂，新型锂盐 LiFSI（双氟磺酰亚胺锂）的导电性和稳定性优势显著，但技术更为复杂，技术壁垒更高。LiFSI 赛道竞争对手较少，加上天赐材料前瞻性布局和长期投入双氟研发，目前已在行业中取得领先优势。通过多年研发投入、收购合作等方式，公司实现了锂盐（六氟、双氟）、溶剂、添加剂、电解液等产业链一体化布局。天赐材料还积极向下布局，深度绑定锂电池头部企业，成功进入 LG、松下、特斯拉、宁德时代等全球知名企业供应链体系。在垂直一体化布局结构优势下，天赐材料全球电解液龙头优势显著，市占率有望持续提升。此外，天赐材料也布局了钠离子电池材料赛道，目前公司已具有钠离子电池电解液量产技术，产品得到了客户的信任。

为了强化垂直一体化产业链的成本优势，持续打造循环回收利用业务，公司目前已建立了以酸为核心的循环体系，支持电解液原材料和副产品相互转化。该循环产业体系已在九江循环产业园投入使用，有效降低了生产成本，并且起到了显著循环减排效果。

天赐材料是锂电池电解液材料中游供应链中较具影响力的企业之一，2021 年共交付电解液超过 14.4 万吨，全球市占率超过 60%，同比增长超过 97.3%，市场份额进一步提升，全年公司实现营业收入 110.9 亿元，同比增长 169.26%①。

---

① 天赐材料：2021 年年度报告［EB/OL］.［2022 – 03 – 22］. https：// vip. stock. finance. sina. com. cn/corp/view/vCB_ AllBulletinDetail. php？ stockid = 002709&id = 7903949.

五、隔膜生产

钠离子电池和锂离子电池的隔膜基本上是可以通用的，主要为 PP 或者 PE 隔膜。该领域的代表企业为云南恩捷新材料股份有限公司。

云南恩捷新材料股份有限公司（简称"恩捷股份"）成立于 2006 年，于 2016 年 9 月在深交所上市，公司建立了以新能源与食品包装两大类为核心的业务体系，同时涵盖了膜类产品、包装印刷产品、纸制品包装三大产品板块，客户涉及全球知名锂电池供应商、食品饮料生产等企业。恩捷股份是全球较大的新能源锂电池原材料供应商，专注锂电池隔膜业务，公司湿法隔膜出货量全球领先。

公司于 2018 年收购了上海恩捷公司，正式进入隔膜领域。上海恩捷子公司主要从事锂电池隔膜的研发、生产和销售业务，自 2010 年成立后，持续专注湿法隔膜技术，目前湿法隔膜技术已达到全球领先水平。公司在上海、无锡、苏州等地都设立了隔膜生产基地，湿法隔膜出货量全球领先，截至 2021 年湿法隔膜产能 50 亿平方米，出货量为 30 亿平方米且全球领先，占国内市场份额约为 58%，占全球市场份额约为 30%。同时，公司国外收入占比不断增加，持续扩大产能提升市占率。截至 2021 年末，公司国外收入占比达到 11.3%，通过强势切入海外供应链体系，国外销售的比例持续提升。国外客户产品认证周期平均为 18~24 个月，上海恩捷目前是国内唯一一家全面进入海外动力电池供应链体系的湿法隔膜供应商，显著的竞争优势使公司海外毛利率保持较高的水平。2021 年湿法隔膜业务收入约为 62.94 亿元，同比增长 117%，占总营收之比达到 78.9%[①]。

经历涂覆多年研发投入，恩捷股份还掌握了多款陶瓷和有机涂覆隔膜，主要产品涉及无机陶瓷隔膜、AFL 涂布膜等。产品广泛应用于锂离子电池领域，公司凭借核心涂覆膜技术，满足了锂离子电池高能量密度的要求，提高了电池产品性能，获得了国内外锂电市场的信任。

结合当前政策风向和市场需求，公司也积极部署新能源产业链，开始布局铝塑膜封装材料业务。铝塑膜工艺应用于软包电池封装领域，是软包电池重要的材料来源之一。恩捷股份有望突破铝塑膜工艺，打破技术壁垒。此外，公司收购了苏州捷力和纽米科技，积极布局干法隔膜业务，力求扩张消费电子和储能电池领

---

① 陈晓霞. 恩捷股份：锂电池湿法隔膜行业龙头，未来增长可期. [R/OL]. [2022-05-12]. http://stock.finance.sina.com.cn/stock/go.php/vReport_ Show/kind/company/rptid/705690258549/index.phtml.

域，进一步强化隔膜行业领先优势。

锂离子电池隔膜材料发展已经较为饱和，市场集中度高，作为隔膜龙头企业，恩捷股份 2021 年隔膜出货量国内市占率达到 38.6%，全球市占率约为 29%，具有行业领先优势。公司 2021 年总营业收入为 79.82 亿元，同比增长 86.37%，整体毛利率达到 49.9%，较 2020 年提升了 7.2%；净利率达到 36.2%，同比增长 8.7%[①]。

第三节　液流储能

一、行业概述

2022 年 3 月 21 日，国家发展改革委和能源局联合印发了《"十四五"新型储能实施发展方案》，提出推动多元化技术开发，里面列举了一些储能关键技术，其中就有液流电池。

作为一种高效电化学储能技术，液流电池的正负极活性物质为电解质溶液，分别存储于单独的储液罐中，通过外接泵把电解液压入电堆产生反应。液流电池采用离子交换膜作为电池组的隔膜来隔绝正负极，在机械外力作用下循环流动的电解液流过电极表面时会发生电化学反应释放能量，由双极板收集后导出，从而实现化学能到电能的转换。这一过程是完全可逆的，所以液流电池可以实现多次充电、放点、再充电的循环过程。

根据电解液的不同，液流电池可分为很多类，如全钒、铁铬、锌溴、锌铁、锌空气等，其中全钒液流电池是目前市面的主流。液流电池具有充放电性能好、寿命长、安全、环保的特点，同时其输出功率和容量相互独立，可以通过改变模块大小、改变电解液浓度、增加电堆数量轻松实现扩容。不过，液流电池也存在一些短板。首先是能量密度不高导致其不适合作为动力电池，而是适用于固定式储能等对能量密度要求不高的场景，在对储能时长要求较高的电网规模储能方面，液流储能也具有极大优势（见图 6-34）。

---

① 陈晓霞. 恩捷股份：锂电池湿法隔膜行业龙头，未来增长可期. [R/OL]. [2022-05-12]. http://stock.finance.sina.com.cn/stock/go.php/vReport_Show/kind/company/rptid/705690258549/index.phtml.

		机械储能				化学储能				氢气储能
		抽水蓄能	压缩空气	飞轮储能	超级电容	铅酸	磷酸铁锂	钠离子	全钒液流	氢气储能
应用场景	能量密度	0.9Wh/kg	100Wh/L	32Wh/kg	10Wh/kg	约40Wh/kg	约150Wh/kg	50Wh/kg	15~25Wh/kg	约33000Wh/kg
	功率密度	-	-	4500W/kg	5000W/kg	100W/kg	200W/kg	100W/kg		500W/kg
	系统容量	GWh级别	10~300MWh	5kW~1.5MW	10kW~1MW	kWh级别	1~100MWh	MWh级别	MWh级别	kWh级别
场景宽度	放电时长	4~10h	1~2h	15s至15mins	1至30s	1min至3h	2h	2h	4~20h	–
经济性	系统成本*	3500元/kWh	2500元/kW	3500元/kW	3000元/kW	500元/kWh	1300~1800元/kWh	800~1000元/kWh	3500元/kWh	约600元/kWh
	能量转化效率	约65%	约65%	85%~90%	95%	85%~88%	85%~88%	85%~88%	77%~80%	40%~60%
	循环寿命	等同设备使用期, 50年	等同设备使用期, 40年	>2万次	>5万次	约500次	5000~8000次	约2000次	约20年	500~1500次

图 6-34 不同储能方式的特征（仅针对储能场景下的市场平均参数）

资料来源：华志刚《储能关键技术及商业运营模式》；行业访谈；清新资本。

液流电池目前供应链不成熟，成本较高，是同等容量锂电池的 3 倍左右。另外，它对温度的要求也比较严格，如全钒液流电池使用温度为 0℃~45℃，铁铬液流电池为 -20℃~70℃，这些都使液流电池的市占率较低。根据 CNESA 数据，2000~2021 年全球新型储能累计装机规模中，液流电池占比为 0.6%，而在国内，该比例也只有 0.9%（见图 6-35 和图 6-36）。

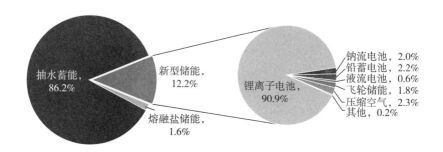

图 6-35　2000~2021 年全球电力储能市场累计装机规模

资料来源：中关村储能产业技术联盟（CNESA）；清新资本。

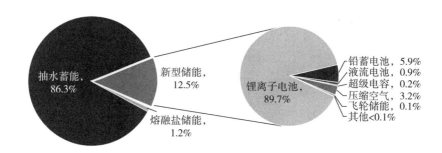

图 6-36　2000~2021 年我国电力储能市场累计装机规模

资料来源：中关村储能产业技术联盟（CNESA）；清新资本。

当前液流电池行业参与者不多，规模企业更少。相比锂电池，产业配套不完善，生产成本仍然比较高。另外，由于目前市场需求量小，有待持续开发。但由于液流电池适合储能领域，随着未来储能市场的发展壮大，液流电池渗透率有望快速提升。

二、全钒液流电池

（一）全钒液流电池概况

全钒液流电池是目前使用最广、产业链最完善的液流电池，其电解液是不同价态的钒离子硫酸电解液，循环次数可达到 2 万次以上，使用寿命长、安全可靠的优势格外突出，在电力调峰、大规模风光发电系统储能等领域潜力巨大。

目前成本问题仍然是全钒液流电池大规模商业化的主要阻碍。根据当前市场交付的集中箱价格测算，全钒液流电池的成本为 3~3.2 元/Wh，而同等容量的锂电池成本只有 1.2~1.5 元。全钒液流电池的成本主要来自两部分：电堆和电解液。电堆成本占比 37%，主要来自隔膜等材料成本，该部分随着技术的进步在近些年有所下降（见图 6-37）。例如，大连化物所开发的可焊接多孔离子传导膜，可以降低电堆膜材料使用面积 30%，使总成本下降 40%。

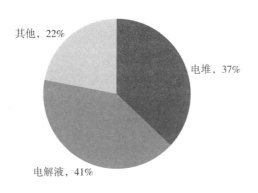

其他，22%

电堆，37%

电解液，41%

图 6-37　全钒液流电池成本构成

资料来源：华经产业研究院；清新资本。

电解液成本占全钒液流电池总成本的 41%，主要受上游钒价（主要是五氧化二钒）的影响。我国是世界上钒储量和产量都排名第一的国家。根据 USGS 数据，中国钒储量 950 万吨，占全球 43%，2020 年国内钒矿产量 5.3 万吨，占全球62%（见图 6-38 和图 6-39）。如此丰富的储量，完全可以保障需求的增长，随着技术的逐渐成熟，钒价也会随之下降，从而使电解液的成本降低，使其市场竞争力增强。

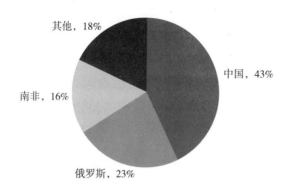

图 6-38　2020 年全球钒储量分布

资料来源：浙商证券研究院；清新资本。

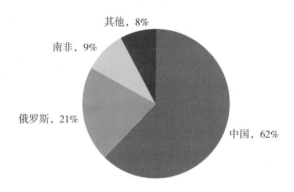

图 6-39　2020 年全球钒矿产量分布

资料来源：浙商证券研究院；清新资本。

此外，由于全钒液流电池在使用过程中几乎不会损耗电解液，电池生产企业可以与钒矿生产企业合作，进一步降低初始投资。具体来说，是采用电解液租赁模式，电池生产企业支付少量租赁费，待全钒液流电池寿命到期后，由钒矿生产企业回收到期的全钒液流电池电解液，处理后将其中的钒二次销售，这样不仅可以降低成本，还可以同时解决后期废液处理问题。

再加上政策的支持，产业链的逐步规模化、集群化，可以预期，全钒液流电池成本将大幅下降。根据 GGII 数据，预计 2022 年全钒液流电池成本有望下降至 2.2 元/Wh，"十四五"期末可以实现成本低于 1.8 元/Wh。

随着成本的降低，加之其循环次数高、寿命长、安全、环保等优势，全钒液流电池拥有巨大的发展前景。如果假设 2025 年电化学储能累计装机达到 30GW，预计到 2025 年，全钒液流电池新增装机规模将达到 1.7GW，新增渗透率为 20%；累计装机规模达到 4.3GW，渗透率为 14%；2020~2025 年年复合增长率达到 112%（见图 6-40 和图 6-41）。

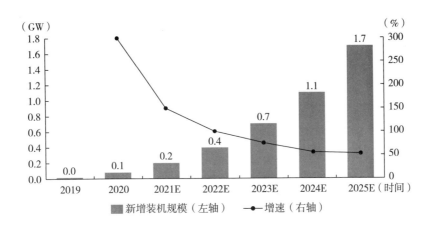

图 6-40 2019~2025 年我国钒液流电池新增装机规模

资料来源：华经产业研究院；清新资本。

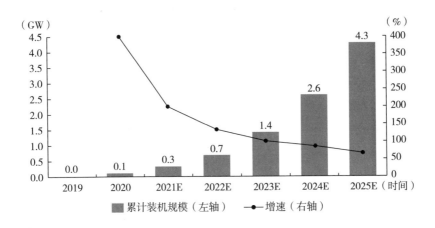

图 6-41 2019~2025 年我国钒液流电池累计装机规模

资料来源：华经产业研究院；清新资本。

（二）产业链上游

我国的钒矿资源主要集中在四川攀枝花和河北承德地区。攀枝花钒钛磁铁矿资源量达到 90.6 亿吨，占全国的 20%；河北承德地区钒钛磁铁矿资源量达到 83.72 亿吨，约占全国的 18%。钒的需求结构也比较稳定，目前 90% 集中在钢铁业，储能方面的应用只占 1% 左右。在全钒液流电池产业链上游原材料供应环节，企业格局较为成熟，主要有五大钒生产企业，分别是攀钢钒钛、河钢承钢、建龙特钢、川威集团和德胜钒钛，CR5 超过 80%。其中攀钢钒钛拥有全球最大的钒磁铁矿，钒制品市占率全球第一，是绝对的龙头企业。

1. 攀钢集团钒钛资源股份有限公司

攀钢集团钒钛资源股份有限公司（简称"攀钢钒钛"）成立于 1993 年 3 月 27 日，于 1996 年 11 月 15 日在深交所上市。2016 年，公司剥离铁矿石、钛精矿及海绵钛业务，专注于钒、钛、电三大板块，其中以钒、钛为核心板块，主要有以五氧化二钒、高钒铁、钒氮合金、钒铝合金为代表的钒系列产品，以钛白粉、钛渣等为代表的钛系列产品。目前，公司具备年经营钛精矿 100 万吨和年产钒制品（以五氧化二钒计）4.33 万吨、钛白粉 23.5 万吨的综合生产能力，是世界领先的产钒企业（见图 6-42）。

产品	产量（万吨）	产能（万吨）	产能利用率（%）
钛渣	21.24	24.00	88.49
钛白粉	24.44	23.50	104.00
钒产品（V_2O_5）	4.33	4.00	108.32

图 6-42　攀钢钒钛各产品产能及产量

资料来源：华经产业研究院；清新资本。

（1）全球钒制品龙头企业。钒制品是攀钢钒钛最大的主营产品。公司采用焙烧法进行钒渣提钒，包括钠化提钒和钙化提钒。其中，钠化提钒采用矿石中加入食盐或纯碱焙烧，这种方法成本低廉且操作简单，但在生产过程中会产生废水废气，造成污染。钙化提钒则是在矿石中加入碳酸钙，经过一系列流程后产生五氧化二钒，这种方法不会产生废气，排出的废水可以循环再利用，相比钠化提钒更加环保。在公司 2021 年生产的五氧化二钒中，有 2.2 万吨采用钠化提钒，1.8 万吨采用钙化提钒。2021 年 9 月，公司成功收购拥有 1.8 万吨产能的西昌钒制品，整合了公司钒资源的同时，也解决了同业竞争的问题。此次收购，使公司钒制品产能规模增加到 4 万吨，成为全球最大的钒制造商。与此同时，公司还与四川德胜集团合资计划建设产能达 2 万吨的五氧化二钒的加工生产线,届时总产能将达到 6 万吨,进一步凸显了其龙头地位。2021 年,公司钒产品产量达到 4.33 万吨,占国内市场的 31.86%,总营业收入为 45.15 亿元,同比增长 21.02%,占总营业收入的 32.11%。攀钢集团目前拥有四大矿区中的攀枝花和白马两大矿区,钒钛磁铁矿储量约为 13.04 亿吨,可采量约为 6.13 亿吨,原材料供应稳定,加上下游钢材对钒制品需求稳定和全钒电池对钒制品需求的增长,预计公司在钒制品部分的业绩将会稳步提升[①]。

(2)钛产品生产领先企业。公司生产的钛产品主要包括钛白粉和钛渣。在钛渣方面,公司是国内两家具有 10 万吨以上产能的企业之一(另外一家为龙佰集团),2021 年年产量为 21.24 万吨,占国内市场的 29.09%,总营业收入为 11.06 亿元,同比增长 41.16%,占总营业收入的 7.87%。在钛白粉方面,采用硫酸法和氯化法两种方式,是国内五家有能力采用氯化法生产钛白粉的企业之一。在 23.5 万吨钛白粉产能中,10 万吨来自重庆钛业,采用硫酸法,13.5 万吨来自东方钛业,其中的 12 万吨采用硫酸法、1.5 万吨采用氯化法。2021 年公司钛白粉产量为 24.44 万吨,占国内市场的 64.32%,总营业收入为 40.73 亿元,同比增长为 49.74%,占总营业收入的 28.97%。钛白粉需求结构整体比较稳定,其最大用户来自涂料行业,尤其是建筑涂料,在 2022 年以前,由于国内针对房地产行业的紧缩政策,钛白粉需求多有下滑,但随着最近政策的放宽,预计钛白粉的需求将随着房地产竣工面积的增加而回升。另外,海外对钛白粉的需求也开始增加,2021 年我国钛白粉出口量为 131.16 万吨,相比 2016 年增长 45.31%。综上,预期公司在钛产品业务方面将实现稳步增长[②]。

2. 河钢集团承钢公司

河钢集团承钢公司(简称"河钢承钢")是世界最大钢铁材料制造商河钢集团的一级骨干子公司,主要生产钒钛系列产品和含钒合金钢系列产品,具备 2.5 万吨产能(以五氧化二钒计)。公司依托承德地区丰富的钒钛磁铁矿资源,大力发展钒钛磁铁矿高炉冶炼和钒提取加工技术,是世界领先的钒铁资源综合开

---

① 赵丽明,赵宇天. 攀钢钒钛(000629):业绩符合预期 钒钛业务表现良好 [EB/OL].[2022-03-31]. https://stock.finance.sina.com.cn/stock/go.php/vReport_Show/kind/search/rptid/702029351041/index.phtml.

② 李帅华. 攀钢钒钛:乘储能东风,造千亿钒钛 [R/OL].[2021-09-22]. https://pdf.dfcfw.com/pdf/H3_AP202109241518260831_1.pdf.

发利用企业，拥有钒钛领域发明和授权专利200余项，主导制定了钒钛产品相关国家和行业标准10项。

在含钒合金钢产品方面，"燕山牌"钢筋是公司的明星产品，基于钒微合金化工艺，具有性能稳定、组织均匀、耐腐蚀、易加工等优点，广泛应用于三峡大坝、港珠澳大桥、迪拜帆船酒店、卡拉奇核电等世界级标志工程。

在钒钛系列产品方面，公司开发的"鸡冠山牌"钒系列产品广泛应用于航空航天、钢铁冶金、超导材料和陶瓷印染等领域，产量占国内的13%、世界的8%，销往20多个国家和地区，被评为"国际质量钻石星奖"。2022年前四个月，公司高创效钒产品销售量同比增加36.6%，其中钒铝合金销量增加最多，达到63.64%的超历史水平。单就储能方面而言，公司自主研发的离子置换法制备系列超纯氧化钒技术，可以实现高纯氧化钒和钒电解液的高效、低成本和清洁化生产。2022年3月底，河钢承钢实现了高纯氧化钒—电解液生产线的上下游贯通，产量提升50%的同时，已经开始批量生产3.5价商用电解液，并与国际顶尖钒电池制造企业建立了战略合作关系。当前，河钢承钢生产的高纯氧化钒类产品市场份额在40%以上，拥有钒电解液制造技术的知识产权，生产的电解液也已经成功应用于储能示范项目。在承建了承德首个液流电池储能项目，5kW/20kWh全钒液流电池储能系统后，公司积累了大量可靠数据和实践经验，预计"十四五"期间在公司的钒钛新材料产业园区建设完成2MW/16WMh全钒液流储能光热发电示范项目。河钢承钢计划到2035年建成完善的钒钛产业上下游链条，生产钒钛新材料产业规模达到120亿元以上，高端产品年产量达到1.2万吨，居国际领先地位。

（三）产业链中下游

相比锂电池，钒电池市场体量较小，国内生产企业龙头格局尚未形成，行业仍处于发展初期，上市企业主要包括国网英大和上海电气，这两家公司都由旗下子公司（分别是武汉南瑞、上海电气储能）负责各自的全钒电池业务。非上市公司主要包括大连融科、北京普能、湖南汇锋高新能源等。

国网英大的钒电池业务由其子公司武汉南瑞负责，其已经全面掌握钒电池改造选型技术，能够实现构建钒电池本体设计、材料研发制造、系统集成三位一体的格局，研发出了高功率钒电池堆和250kW/500kWh储能系统，拥有专利70余项，授权40余项。目前，该公司的钒电池相关项目只在国网内部应用，如已落地的"汉口火车站西侧充电塔新建工程综合能源项目"（含钒电池储能），暂无对外输出的计划。

上海电气在储能领域布局了锂电池、液流电池、燃料电池和退役电池四个部分，其钒电池业务由子公司上海电气储能公司负责，所用技术来自上海电气集团股份有限公司中央研究院。目前，该公司已发布兆瓦级全钒液流电池，可用于分布式、集中式全覆盖调峰调频。设计研发的项目有上海电气储能公司研发的国电投集团黄河上游水电公司液流电池储能项目、常德 10kW/60kWh 液流储能系统等。

大连融科储能技术发展有限公司成立于 2008 年，由中科院大连化学物理研究所和大连博融控股集团共同设立，专注全钒液流电池储能的研发和制造，是全球领先的全钒液流电池服务商。公司在钒电池材料、部件、集成及应用方面拥有业内领先技术，累计申报和获得授权国内外专利 300 余项，是该领域国内外标准的主导制定者，主导和参与制定国际电工委员会（IEC）标准 3 项、国家标准 10 余项、行业标准 20 余项。公司旗下子公司，即大连融科储能装备公司，拥有全球规模最大、最先进的储能电池装备生产基地，构建了集研发、材料、装备于一体的全产业链发展格局，为当前和未来的市场需求提供了产能保障。背靠中科院大连化物所，大连融科持续投入研发，不断完善产品性能和提升性价比，从而获得了市场认可。公司累计装机规模超过 550MWh，其产品主要用于电网调峰、可再生能源并网、分布式智能微电网三大场景，已在国内外实施 40 余项工程项目。比如：2012 年的沈阳法库国电龙源风电场 5MW/10MWh 全钒液流电池储能系统；大连 100MW/400MWh 液流电池储能调峰电站，该项目是首个国家级大型化学储能示范项目，也是目前全球最大的液流电池储能电站。

北京普能世纪科技有限公司（简称"普能"）成立于 2006 年，专注全钒液流电池储能系统的研发制造，同时可提供新能源并网、电网储能调峰等相关技术解决方案，拥有全钒液流电池行业的众多国内外专利，以独特的低成本离子交换膜、长寿命电解液配方以及创新电堆设计成为行业领军者。公司生产的全钒液流电池储能系统模块 VRB-ESS 系列适用于 200kW～100MW，其中 VRBGWh-ESS 和第三代 VRBMW-ESS 循环寿命高达 30 年，适用电压等级较低的一、二代 VRB-MW-ESS 循环寿命为 25 年。纵观普能的发展史，2009 年是一个关键节点。2009 年，普能收购了当时全球最大的钒电池生产企业，加拿大 VRB Power Systems，接收了其拥有或控制的所有专利、商标、技术秘密、设备材料、核心技术团队等。2020 年，公司便开发出了国内首个兆瓦级 200kW 全钒液流电池储能产品。随后，普能开始在中国、美国、韩国、西班牙等多个国家参与储能项目建设。截至 2021 年底，公司在国内完成或者正在开发的储能项目有 8 个，总累计容量 590MWh，在海外完成近 12 个储能项目，累计容量 10MWh，场景涉及可再生能源发电平滑与接入、峰荷与能源管理、削峰填谷、智能微网等。目前，普能已经接受了四轮融资，包括 ABC 轮及股权融资，累计获得投资超过 9000 万美元，最新一轮由 HPX 公司领投。

三、其他液流技术企业

（一）铁铬液流电池

作为第一代液流电池技术路线，铁铬液流电池正负极电解液采用铁离子和铬离子，这两种元素储藏量远高于钒且价格低廉，相比全钒液流电池，具有相当的成本优势。另外，铁离子和铬离子毒性较低，较为环保。同时，铁铬液流电池的运行温度在−20℃~70℃，比全钒液流电池范围更广。依托上述优点，铁铬液流电池可应用于风光发电以及智能微网、用户侧等多个领域。不过，它也存在一些技术瓶颈有待解决。铁铬液流电池的负极 Cr2+/Cr3+电对活性比较差，常温下，负极在充电末期会出现析氢现象，降低电池系统的库仑效率，而氢离子的减少又会降低电解液的电导率，使铁铬液流电池的稳定性变差，进而影响其充放电效率和循环寿命。为了解决上述问题，铁铬液流行业还需在电池、离子传导膜、电解液等关键材料，电池结构和运行模式等方面进一步投入研发。目前，国内铁铬液流行业装机规模较小，落地实施的项目也比较少，尚处在发展初期，只有少量企业布局，比如北京和瑞、坤厚储能科技、中国科学院金属研究所等。

北京和瑞储能科技有限公司（简称"北京和瑞"），成立于 2016 年 8 月 4 日，背靠国家电投，主要业务包括储能领域相关产品和技术的研发、制造和销售。北京和瑞经过长时间的研发投入和产业布局，打造了完整铁—铬液流电池产业链，并在 2019 年成功研发出首个 31.25kW 铁—铬液流电池电堆"容和一号"，成功下线并通过了检漏测试，该电堆是目前全球最大功率的铁—铬液流电池电堆。2020 年，公司开发的 250kW/1.5MWh 铁铬液流电池在河北省张家口市光储示范项目中正式投产运行，该项目由 8 台 31.25kW"容和一号"电池堆模块构成，有效延长了储能时长和能源利用效率，实现了中国首个千瓦级铁铬液流电池储能项目的应用。2022 年 1 月，"容和一号"电堆已开始量产，预示着北京和瑞的铁--铬液流电池储能技术已经步入商业化应用赛道。同时，北京和瑞在内蒙古霍林河建立了全球首个兆瓦级铁—铬液流电池储能示范项目，预计 2022 年底投产。

坤厚储能科技有限公司（简称"坤厚储能科技"）成立于2019年6月，公司专注储能赛道，主营业务涉及储能电池技术开发和应用、储能电池控制系统设计、储能电池与零部件生产等。公司专注液流电池储能业务的研发和产品生产，目前已有专利著作15例，涉及液流电池检测、铁铬液流电池电控、铁铬氧化还原液流储能等技术；软件著作权6例，涵盖储能能量管理、电堆控制等系统。

（二）锌溴液流电池

锌溴液流电池的正负极电解液采用 $ZnBr_2$ 溶液。充电时，锌沉积在负极上，正极生成的溴和溶液中的溴络合剂反应生成油状物质，并在循环过程中沉积在储罐底部；放电时，负极上的锌溶解，油性物质在机械外力的推动下进入回路，被打散后变成溴离子，电解液又重新变回 $ZnBr_2$，实现反应的可逆。相比主流的全钒液流电池，锌溴液流电池具有三个优点：①原材料锌和溴资源丰富，不存在供应不足的问题；②同等容量的电池，锌溴液流电池所需的电解液体积小；③锌溴电池使用的隔膜为微孔膜，比全钒液流电池的离子膜成本低。锌溴液流电池也存在需要解决的问题：一是溴具有腐蚀性和穿透性，所以需要选择合适的隔膜。目前常用的微孔膜虽然可以降低其穿透性，但也会增加电阻，对电压效率造成影响。二是锌枝晶问题。在电池充放电过程中，负极表面反复溶解和沉积的锌，很容易形成不同类型的枝晶，导致电池库仑效率和容量降低、使用寿命降低等，严重情况下甚至会刺穿隔膜，造成电池短路。目前在锌溴电池领域，主要的研发集中在美国和澳大利亚，其技术和产品都成熟度较高，但要达到规模商业化，还需要进行技术的持续创新。国内则起步较晚，还处于初期阶段，参与研究的企业也比较少，目前有陕西华银科技、安徽美能储能、北京百能等。

陕西华银科技股份有限公司（简称"陕西华银科技"），成立于2012年，是混合所有制高新技术企业。公司发展战略以液流储能系统业务为主，打造以生产、研发、供应为一体的产业链结构。公司产品主要涉及锌溴电池、锌镍电池、锌铁电池等锌基电池和材料；同时，公司也布局了全钒产业链，上游与陕西华地矿业有限公司合作，打通了钒资源供应，下游积极与陕西省液流储能创新中心合作，发展全钒液流技术。2017年，公司成功在陕西省安康市运行国内首套5kW/5kWh锌溴单液流电池储能示范系统，该系统由一套电解液循环系统、4个独立的千瓦级电堆以及与其配套的电力控制模块组成，该项目成功运营推动了锌溴液流电池在商业化的应用。

安徽美能储能系统有限公司（简称"安徽美能储能"），成立于 2011 年 11 月 10 日，公司股东为美国上市企业 ZBB 和 A 股上市公司鑫龙电器，业务以锌溴储能电池业务为核心，涵盖与储能行业相关的输配电设备电池项目和储能系统管理领域。2020 年安徽美能储能发布全球首个利用锌溴液流储能技术实现的移动电源系统，采用了自主研发的美能储能 V3 系列锌溴液流技术，产品应用于 6kWh 至 5MWh 的能源储能领域。

北京百能汇通科技股份有限责任公司（简称"北京百能"），成立于 2011 年 7 月 5 日，是致力于以电力储能为核心的新能源科技企业，也是我国较早从事大容量液流储能电池技术的企业之一和我国第一家通过自主研发能力生产锌溴液流储能系统的公司，其实现了从锌溴电池隔膜、极板、电解液等电池核心材料的一体化自主研发，填补了国内在该领域的空白，接轨了国际。公司已成功研发出锌溴电池储能模块、独立光储电站、百千瓦级储能系统等产品系列。其锌溴液流储能关键技术在保持电池性能的情况下，有效降低了生产成本，使公司锌溴电池产品在全球市场都具有较强竞争优势。公司长期耕耘大容量液流储能技术，目前在研发能力、知识产权、生产能力和项目经验上均在国内液流电池储能领域处于领先地位。

（三）锌铁液流电池

锌铁液流电池正极活性物质为铁氰化合物，负极为锌，按照电解液酸碱性的不同，可以分为碱性、酸性和中性三类。碱性锌铁电池放电时，正极的铁氰化合物会转化为亚铁氰化物，负极的锌会转为碱性锌酸盐，充电时则相反。根据电解液流速、电极厚度和电极孔隙率的高低，碱性锌铁电池性能会有所不同。相比碱性介质，负极的铁氰化合物在酸性介质中溶解性更好，因此理论上酸性锌铁液流电池具有更高的能量密度，但酸性溶液容易发生析氢反应，会对负极锌的沉积造成影响。中性锌铁液流电池电解液无腐蚀性，对隔膜及其他材料的要求较低，可以降低部分电池成本，但铁离子在中性条件下的水解问题会导致电池的循环性能下降。总的来说，目前锌铁液流电池主要面临两方面的技术难题：一是锌枝晶；二是负极面容量低，电池容量受到电极面积的限制。要解决以上两个难题，还需要从电池的关键材料及结构等方面进行改善和提升。目前，锌铁液流电池在技术和产业链上都不成熟，后续商业化情况还有待观察，布局的企业有纬景储能、重庆信合启越科技、金尚新能源科技等。

纬景储能科技有限公司（简称"纬景储能"）成立于 2018 年 7 月 12 日，其聚焦于化学电源和储能领域的技术开发、转让和技术咨询相关的服务，产品涉及电池、电池组件、电子产品、石墨及碳素制品等，是一家专注于新能源和储能赛道的技术和设备供应商。公司持续布局液流储能赛道，在锌铁液流电池储能技术中具有研发优势，且已获得美国 Vizn 公司建立的锌铁液流电池全球生产总部的授权。2022 年 5 月 14 日，纬景年产 3GW 锌铁液流电池生产项目备案通过，项目总投资为 80 亿元，地点位于宁都县工业园区，预计 2022 年开工，2024 年竣工。

重庆信合启越科技有限公司（简称"重庆信合启越科技"）成立于 2019 年 9 月 9 日，公司聚焦于立式石墨烯及其应用产品研发和生产领域，在国际具有领先地位，其曾研发出全球首创的立式石墨烯电催化电极、立式石墨烯场发射电极等新型功能材料。公司以立式石墨烯功能材料为核心，布局业务涵盖医疗、储能、环保、动力电池等领域。公司自成立初，便专注锌铁液流电池领域赛道，推进锌铁液流电池技术研发和商业化应用。2021 年 10 月，重庆信合启越科技与国家电投研究院签署了战略合作协议，双方将围绕石墨烯材料应用、液流电池制造等方面，进行深度战略合作和技术交流，共同发展锌铁液流电池的工艺和产品商业化制造。

金尚新能源科技股份有限公司（简称"金尚新能源科技"）于 2011 年 6 月成立，2015 年在新三板成功上市，公司以晶硅电池组件生产为基础，形成了光伏产品和光伏应用工程为主营业务的发展布局，是一家新能源设备与服务一体化供应商。2018 年 3 月，中国科学院大连化学物理研究所和金尚新能源科技合作，成立了技术联合研发中心，以锌铁液流电池项目的开发及产业化为目标，推出了 10kW 级碱性锌铁液流电池储能示范系统，并于 2020 年在金尚新能源科技投入运行。该项目的落地，推动了碱性锌铁液流电池的行业发展，具有示范效应。

（四）锌镍单液流电池

前文所述的液流技术均为双液流电池体系，储能活性物质与电极完全分开，正负极电解液储存于不同储罐内。锌镍单液流电池属于单液流电池体系，正负极共用电解液，其正极为氢氧化镍和羟基氧化镍，负极为氧化锌和锌，电解液为氧化锌饱和的氢氧化钾水溶液。充电时，负极电解质中的锌离子被还原成单质锌沉淀在负极材料上，正极的氢氧化镍被氧化成羟基氧化镍；放电时，则发生逆向反应。锌镍单液流电池具有原材料储量丰富、低温性能良好（可低至-40℃）、大电流性能优越（可在 1~5C 的大电流条件下充放）、安全等优点。同时，伴随的锌枝晶、锌积累、极化以及气体副反应等问题，也会影响电池使用效率和循环寿命，需要持续研发解决。目前，国外的企业已经布局锌镍电池领域，比如美国 PowerGenix 公司已经投入 3 亿美元进行技术研发，国内也有一些公司在开展研发工作，但尚未出现大规模储能领域的装机以及大批量生产情况，代表的企业有超威集团。

超威集团成立于 1998 年，2010 年在香港主板上市，是一家从事动力电池和储能电池研发、生产、销售于一体的新能源技术和产品供应商。公司综合实力位居中国企业 500 强的 179 位，产品布局全球 100 多个国家和地区。公司铅酸动力电池是核心业务，经历多年科技创新研发投入和高质量发展，其在铅酸动力电池行业取得领先地位。超威集团已布局锂离子电池、铅碳动力电池、液流电池、锌镍电池等多个类型，储能核心技术在行业中处于领先地位。此外，超威集团在锌镍电池领域也取得了突破，通过自主研发技术，掌握了锌镍单液流电池结构优化和核心技术，成功研发了锌动力液流电池系列产品，性能在全球行业领先，并获得了全球市场的信赖。

（五）锌空气液流电池

锌空气液流电池的正极为空气中的氧、负极为锌，电解液常见为氢氧化钾强碱溶液。锌空气液流电池主要有三个特点：①利用空气中的氧作为反应物，因此电池空仓内可以放置大量的活性反应物质锌粉，比传统碱性电池拥有更高的容量；②没有高可燃性的金属单质和电解液，不会爆炸起火；③每年的容量消耗保持在 5% 以内。不过，因为需要接触空气，锌空气液流电池通常设计为开放性结构，一旦发生氢氧化钾强碱溶液泄漏，将腐蚀电池部件，对电池造成损害。另外，早期由于缺乏合适的双功能氧催化剂、优良的电池电极结构设计以及先进的电解液方案，锌空气液流电池无法进行充电。近几年，随着技术的发展，开始逐渐出现可充电的锌空气燃料电池。目前，锌空气液流电池已经进入一定的商业化应用阶段，国内也开始有企业进行布局，如北京中航长力能源科技有限公司。但从整体来看，由于仍存在需要解决的技术问题，行业仍处于初始阶段。

北京中航长力能源科技有限公司成立于 2010 年 4 月，公司业务涵盖锌空气金属燃料电池及锂电池技术的研发、电池技术咨询，核心产品涉及锌空气液流电池、锂电池、电子设备等。公司自成立之初，持续专注锌空气技术研发，截至

2022年已累计50余项包括锌空气电池、空气电池等相关专利。公司致力于低成本大规模锌离子液流电池及其相关技术的研发和产品生产，以电化学、新能源和新材料为研发重点，液流电池研究领域在全球处于领先水平。公司的"车用锌—空气电池研发"项目被列入国家863计划。中航长力开发的锌空气电池可用在电动大巴上，且已经在2008年北京奥运会期间投入使用。

参考文献

［1］ China Energy Storage Alliance. Energy Storage Industry White Paper 2022（Summary Version）［R/OL］. ［2022-04-20］. https：// static1. squarespace. com/static/55826ab6e4b0a6d2b0f53e3d/t/62821561e7f0424662ca7f9d/1652692323469/Energy＋Storage＋Industry＋White＋Paper＋2022＋% EF% BC% 88Summary＋Version% EF%BC%89. pdf.

［2］ Electricity Price Germany：What Households Pay For Power ［EB/OL］. ［2021-07-15］. https：//strom-report. de/electricity-price-germany/.

［3］ Jason Hall. Stem Inc. and the Future of Battery Storage. ［EB/OL］. ［2021-12-01］. https：//www. fool. com/investing/2021/12/01/stem-inc-and-the-future-of-battery-storage/.

［4］ RES. Overview ［EB/OL］. ［2022］. https：//www. res-group. com/en/about-us/our-company/.

［5］ Sun H B, Wang W, Yu Z J, et al. A new aluminium-ion battery with high voltage，high safety and low cost ［J］. Chemical Communications, 2015, 51（59）：11892-11895.

［6］ Top Energy Storage Companies ［Z］. https：//list. solar/storage/top-energy-storage-companies/.

［7］ William Hughes，Neil Strother. Guidehouse Insights Leaderboard：Home Energy Management Providers ［M］. Guidehouse Insights, 2021. https：//guidehouseinsights. com/reports/guidehouse-insights-leaderboard-utility-scale-energy-storage-systems-integrators.

［8］ 2021 年底新型储能装机将超 4GW！如何体现储能价值是关键！［EB/OL］.

［2021-12-16］. https：//news. bjx. com. cn/html/20211216/1194108. shtml.

［9］2030年全球公用事业规储能系统市场将达2150亿美元以上．［EB/OL］．［2021-06-23］. https：//www. energytrend. cn/news/20210623-96558. html.

［10］22省光伏、风电配置储能要求汇总［EB/OL］．［2021-11-17］. https：//new. qq. com/rain/a/20211117A04MB300.

［11］艾欣，董春发．储能技术在新能源电力系统中的研究综述［J］．现代电力，2015，32（5）：1-7.

［12］北京4·16储能电站爆炸调查：磷酸铁锂电池内短路所致［EB/OL］．［2021-11-22］. https：//new. qq. com/rain/a/20211124 A01DKG00.

［13］贝特瑞新材料集团股份有限公司2021年年度报［R/OL］．［2022-07-01］. https：//www. sgpjbg. com/baogao/68461. html.

［14］便携储能吹来投资新风口，难逃消费电子速生速死魔咒｜36氪深度［R/OL］．［2022-04-23］. https：//zhuanlan. zhihu. com/p/503297534.

［15］曹旭特．前驱体驱动业绩向前　电池回收期待绽放．［EB/OL］.［2022-05-18］. http：//stock. finance. sina. com. cn/stock/go. php/vReport_ Show/kind/lastest/rptid/706180848830/index. phtml.

［16］长远锂科拟33.39亿元扩产正极材料［EB/OL］．［2021-09-15］. https：//www. energytrend. cn/news/20210915-98499. html.

［17］陈传红，陈屹，王明辉．天赐材料：一体化＆新材料加持，龙头有望穿越周期［R/OL］．［2022-04-09］. https：//pdf. dfcfw. com/pdf/H3_ AP202204 111558549597_ 1. pdf? 1649670258000. pdf.

［18］陈海生，李泓，马文涛，等.2021年中国储能技术研究进展［J］．储能科学与技术，2022，11（3）：1054-106.

［19］陈康．转债深度：储能行业转债怎么看？［R/OL］．［2022-03-29］. https：//stock. finance. sina. com. cn/stock/go. php/vReport_ Show/kind/10/rptid/700 152207614/index. phtml.

［20］陈闷雷．锂电池的葬礼［R/OL］．［2021-11-25］. http：//www. cb-cu. com. cn/wenshuo/sc/2021112537748. html.

［21］陈晓霞．恩捷股份：锂电池湿法隔膜行业龙头，未来增长可期［R/OL］．［2022-05-12］. http：//stock. finance. sina. com. cn/stock/go. php/vReport_ Show/kind/company/rptid/705690258549/index. phtml.

［22］陈仪方．储能政策 2021：从分散支持到全面管理［N］．南方能源观察，2021-10-15.

［23］德邦证券．储能产业深度研究报告：能源革命下的超级赛道［R/OL］．［2021-12-25］．https：//zhuanlan. zhihu. com/p/44974320.

［24］邓伟，马金龙．储能发展新机遇，钒电池产业腾飞［R/OL］．［2021-09-24］．https：//stock. finance. sina. com. cn/stock/go. php/vReport_ Show/kind/search/rptid/685786112491/index. phtml.

［25］邓伟．"光储"并济，赋能全球能源转型［R/OL］．［2021-11-19］．https：//data. eastmoney. com/report/zw_ stock. jshtml? encodeUrl = 2UCO/V4Ecs/KocqsGXC5VHY+d2Mxsk7Ls15WKPJkeFw =.

［26］丁青青，刘孝伟，徐学良，朱军平，王江林，赵磊，马永泉．锌镍电池在储能技术领域中的应用及展望［J］．储能科学与技术，2019，3（6）：506-511.

［27］多氟多新材料股份有限公司 2021 年年度报告［R/OL］．［2022-03-22］．http：//static. cninfo. com. cn/finalpage/2022-03-22/1212631035. PDF.

［28］房茂霖，张英，乔琳，刘淑敏，曹中琦，张华民，马相坤．铁铬液流电池技术的研究进展［J］．储能科学与技术，2022，11（5）：1358-1367.

［29］冯胜．熔盐储能先锋，打开广阔物理储能市场［R］．2021-12-21.

［30］傅昊．液控压缩空气储能系统原理及运行策略研究［D］．北京：华北电力大学，2019.

［31］格林美股份有限公司．格林美股份有限公司 2021 年年度报告［R/OL］．［2022-04-28］．http：//static. cninfo. com. cn/finalpage/2022-04-28/1213176561. PDF.

［32］郭强．混合储能在新能源一次调频工程应用［N］．中关村储能产业技术联盟，2021-10-20.

［33］韩国第 34 起储能火灾事故！累计财产损失达 466 亿韩元！（附项目详情表）［EB/OL］．［2022-01-20］．https：//news. bjx. com. cn/html/20220120/1200562. shtml.

［34］韩联社．IEA：韩国应开放电力市场［EB/OL］．［2020-11-27］．ht-tp：//www. mofcom. gov. cn/article/i/jyjl/j/202011/20201103018762. shtml.

［35］行业深度！一文带你了解 2021 年中国储能电池行业市场规模、竞争格

局及发展趋势 [EB/OL] . [2021-12-27] . https：//bg. qianzhan. com/trends/detail/506/211227-a9532006. html.

[36] 贺朝晖. 储能：踏上未来电力系统主角之路——电气设备行业深度报告 [EB/OL] . [2021-04-01] . https：//max. book118. com/html/2021/0401/7006025004003110. shtm.

[37] 胡铭昌，周雪晴，陈锦军，黄雪妍，陈玮，薛建军. 实用大容量三电极方形锌空气电池 [J] . 储能科学与技术，2022，2（8）：434-441.

[38] 华志刚. 储能关键技术及商业运营模式 [M] . 北京：中国电力出版社，2019.

[39] 黄秀瑜. 抽水蓄能正当时，乘势而上千帆竞 [R] . 2022-04-28.

[40] 黄一帆. 1300 亿元估值震动 IPO 市场锂电龙头宁德时代冲刺创业板 [EB/OL] . [2017-11-15] . http：//www. eeo. com. cn/2017/1115/316852. shtml.

[41] 惠东. 电力储能技术发展现状及趋势 [EB/OL] . [2017-04] . https：//max. book118. com/html/2019/1014/5112142131002140. shtm.

[42] 几何级增长！阳光电源储能系统发货量连续 5 年中国第一！[EB/OL] . [2022-04-20] . https：//chuneng. ofweek. com/news/2022-04/ART-180220-8120-30558196. html.

[43] 技术活！深圳 10 亿大卖亚马逊站内推广费率仅 6.82%！[EB/OL] . [2022-03-21] . https：//zhuanlan. zhihu. com/p/484490449.

[44] 江苏中天科技股份有限公司. 江苏中天科技股份有限公司 2021 年年度报告. [R/OL] . http：//notice. 10jqka. com. cn/api/pdf/15c259d83b3a906f. pdf.

[45] 焦点分析 | 出货量约 1500MWh，「海博思创」如何做到 2021 年储能系统集成商冠军？[EB/OL] . [2022-04-20] . https：//cj. sina. com. cn/articles/view/1750070171/684ff39b020014rcz.

[46] 玖行能源：掌握核心技术，致力于成为换电行业领跑者 [EB/OL] . [2022-04-21] . https：//www. chinatruck. org/news/202204/33_ 103736. html.

[47] 聚焦储能安全，护航产业发展 [EB/OL] . [2021-11-23] . https：//newenergy. in-en. com/html/newenergy-2395991. shtml.

[48] 李建林，李雅欣，周喜超，等. 电网侧储能技术研究综述 [J] . 电力建设，2020，41（6）：77-82.

[49] 李开宇. 贝特瑞（835185. BJ）：硅基+高镍，打开负极龙头新空间

［R/OL］．［2022-06-16］．http：//pg. jrj. com. cn/acc/Res/CN_ RES/STOCK/
2022/6/16/04aa4c76-6bc1-4270-908c-a34c6ff4afd9. pdf.

　　［50］李敏，阮晓莉．锂电池衰减机制与健康状态评估方法概述［J］．东方
电气评论，2020，34（4）：18-23.

　　［51］李帅华．攀钢钒钛：乘储能东风，造千亿钒钛［R/OL］．［2021-09-
22］．https：//pdf. dfcfw. com/pdf/H3_ AP202109241518260831_ 1. pdf.

　　［52］李子卓．磷酸铁锂持续景气、原油价格大幅上涨［EB/OL］．［2022-
03-07］．https：//stock. finance. sina. com. cn/stock/go. php/vReport_ Show/kind/
search/rptid/699958912713/index. phtml.

　　［53］立足三元龙头优势，再塑铁锂增长曲线［EB/OL］．［2022-06-20］．
http：//121. 5. 8. 105/report/detail_ m. php？id＝2239332.

　　［54］梁敏．-40℃极寒考验！年产5000台！全球最大功率"容和一号"
铁—铬液流电池首条量产线建成投产！［EB/OL］．［2022-01-30］．https：//
view. inews. qq. com/a/20220130A0A2BH00.

　　［55］林竑皓，唐海清，王奕红，姜佳汛，孙潇雅．科华数据研究：数据中
心与UPS业务齐发展，新能源业务未来可期［EB/OL］．［2021-07-02］．ht-
tps：//baijiahao. baidu. com/s？id＝1720631003882266069.

　　［56］林荣运．恩捷股份：扩产进度快于预期，湿法龙头格局稳固［EB/
OL］．［2022-04-13］．https：//stock. finance. sina. com. cn/stock/go. php/vReport_
Show/kind/company/rptid/703154487785/index. phtml.

　　［57］刘伯．高特电子决定重点支持第十届中国国际储能大会召开［EB/
OL］．［2020-09-15］．http：//cesa. escn. com. cn/news/show-1098106. html.

　　［58］刘杰．六类储能的发展情况及其经济性评估［R/OL］．［2022-05-
09］．https：//pdf. dfcfw. com/pdf/H3_ AP202205101564746581_ 1. pdf？1652221
508000. pdf.

　　［59］刘凯．贝特瑞：负极龙头，正极新贵［EB/OL］．［2018-03-06］．ht-
tps：//vip. stock. finance. sina. com. cn/q/go. php/vReport_ Show/kind/company/rp-
tid/4114315/index. phtml.

　　［60］刘强．储能放量时代新势力，钠离子电池产业化提速——行业深度报
告［EB/OL］．［2021-06-07］．https：//pdf. dfcfw. com/pdf/H3_ AP2021060714
96538281_ 1. pd.

［61］刘强．储能行业专题报告：产业链龙头乘风起航［EB/OL］．［2022-03-16］．https：//finance. sina. com. cn/stock/stockzmt/2022-04-06/doc-imcwipii2725373. shtml.

［62］卢日鑫，顾高臣，施静．储能行业专题报告5：电价政策组合拳，引燃工商业储能市场．［EB/OL］．［2021-12-07］．https：//data. eastmoney. com/report/zw_ industry. jshtml？infocode＝AP202112081533502765.

［63］卢日鑫，李梦强，顾高臣，林煜，施静．宁德时代：锂电龙头，两翼齐飞［EB/OL］．［2022-04-02］．https：//www. vzkoo. com/read/202204024d094a8ba7c1a1338515c2bc. html.

［64］卢日鑫，李梦强．换电站运营，下一个千亿蓝海［R/OL］．［2021-09-02］．https：//stock. tianyancha. com/qmp/report/2/20348f5f9b8a545a19461c71e34b71ff. pdf.

［65］罗政．如何看待储能消防投资机会［R/OL］．［2021-11-06］．https：//stock. tianyancha. com/qmp/report/2/b89066658f26c85d57026b0c4b6eb742. pdf.

［66］孟琳．锌溴液流电池储能技术研究和应用进展［J］．储能科学与技术，2013，1（7）：35-41.

［67］钠离子电池产业调研：中科海钠为何备受关注？［EB/OL］．http：//www. escn. com. cn/news/show-1379224. html.

［68］宁德时代的最后一块拼图［EB/OL］．［2022-02-18］．https：//wallstreetcn. com/articles/3652265.

［69］宁德时代公布定增结果：高瓴资本百亿入股，本田认购37亿元［EB/OL］．［2020-07-17］．https：//baijiahao. baidu. com/s？id=1672473243520254460&wfr＝spider&for＝pc.

［70］宁德时代新能源科技股份有限公司首次公开发行股票并在创业板上市招股说明书［R/OL］．［2018］．http：//pdf. dfcfw. com/pdf/H2_ AN201803121102413717_ 1. pdf.

［71］邱祖学．攀钢钒钛：行业景气度上升＋收购西昌钒制品，公司业绩快速释［R/OL］．［2022-03-29］．https：//pdf. dfcfw. com/pdf/H3_ AP202203301555949419_ 1. pdf？1648629400000. pdf.

［72］让动力电池"安全下岗"碳中和之路才能走得更远［EB/OL］．［2021-08-13］．http：//www. news. cn/auto/20210813/afaf7c9b5f5842a2b7fb44 eea4912c82/c. html.

[73] 饶宇飞，司学振，谷青发，等. 储能技术发展趋势及技术现状分析术 [J]. 电器与能效管理技术，2020（10）：7-14.

[74] 任丽彬，许寒，宗军，等. 大规模储能技术及应用的研究进展 [J]. 电源技术，2018，42（1）：139-141.

[75] 任志强. 储能：能源革命下的超级赛道 [R]. 2021-12-24.

[76] STEM 公司创新商业应用服务评析 [EB/OL]. [2021-08-18]. https：//www. find. org. tw/index/knowledge/browse/97857c11aac007d974ff0d87bfeb01eb/.

[77] 上海璞泰来新能源科技股份有限公司 2021 年年度报告 [R/OL]. [2022-03-29]. http：//static. sse. com. cn/disclosure/listedinfo/announcement/c/new/2022-03-29/603659_ 20220329_ 3_ r AEkmimY. pdf.

[78] 上能电气股份有限公司 2021 年年度报告 [R/OL]. [2022-03-30]. http：//static. cninfo. com. cn/finalpage/2022-03-30/1212725479. PDF.

[79] 佘炜超. 蓄势待发，即将快速成长——钠离子电池行业深度报告 [R/OL]. [2022-09-24]. https：//pdf. dfcfw. com/pdf/H3_ AP202209251578656742_ 1. pdf? 1664115242000. pdf.

[80] 申建国. 电气设备与新能源行业储能深度报告：风光普及必由之路，爆发将至群雄逐鹿 [EB/OL]. [2021-05-12]. https：//max. book118. com/html/2021/0512/5010132123003230. shtm.

[81] 深圳市华宝新能源股份有限公司首次公开发行股票并在创业板上市招股说明书 [R/OL]. [2022-04-11]. http：//file. finance. sina. com. cn/211. 154. 219. 97：9494/MRGG/CNSESZ_ STOCK/2022/2022-4/2022-04-11/7971880. PDF.

[82] 深圳市翔丰华科技股份有限公司. 深圳市翔丰华科技股份有限公司 2021 年年度报告 [R/OL]. [2022-03]. http：//static. cninfo. com. cn/finalpage/2022-03-03/1212493802. PDF.

[83] 沈成，张咪. 翔丰华：负极材料新贵，逐鹿全球市场 [EB/OL]. [2021-01-15]. http：//stock. finance. sina. com. cn/stock/go. php/vReport_ Show/kind/lastest/rptid/663162802578/index. phtml.

[84] 盛佳莘. 为何发电厂"不愿"增加储能? [N]. 环球老虎财经，2021-10-23.

［85］首个网地一体虚拟电厂落地！9 个案例看懂什么是虚拟电厂［EB/OL］．［2021-11-29］．https：//new. qq. com/rain/a/20211129A0461T00.

［86］受益于储能产业发展 30 家上市企业角逐 PCS 市场［EB/OL］．［2022-05-06］．http：//www. escn. com. cn/news/show-1391784. html.

［87］宋嘉吉，黄瀚．温故知新之二：中天的突围征程［EB/OL］．［2022-05-06］．https：//www. hangyan. co/reports/2832153359014691890.

［88］苏晨，陈传红．恩捷股份：行业特性决定竞争格局，龙头优势保障超额收益［R/OL］．［2022-04-17］．https：//pdf. dfcfw. com/pdf/H3_ AP202204181560027778_ 1. pdf？1650298804000. pdf.

［89］天赐材料：2021 年年度报告［EB/OL］．［2022-03-22］．https：//vip. stock. finance. sina. com. cn/corp/view/vCB_ AllBulletinDetail. php？stockid=002709&id=7903949.

［90］田海霞．做足钒钛文章创造"绿色"价值——河钢承钢推进钒钛材料提档升级纪实［EB/OL］．［2022-03-31］．https：//guoqi. hebnews. cn/2022-03/31/content_ 8761008. htm.

［91］汪磊．全球及国内储能装机规模快速增长，新型储能项目大型化趋势明显［R］. 2022-04-30.

［92］王德安．宁德时代 VS 比亚迪，电池双雄的进击之路［EB/OL］．［2022-05-15］．https：//new. qq. com/rain/a/20220515A03CBJ00.

［93］王皓，张舒淳，李维展，等．储能参与电力系统应用研究综述［J］．电工技术，2020（3）：21-27.

［94］王宏为．天赐材料：全球电解液龙头，持续深化产业链纵向布局．［EB/OL］．［2022-02-15］．http：//121. 5. 8. 105/report/detail_ m. php？id=2206427.

［95］王锐．新型电力系统携手新型储能，全面支撑"双碳"目标达成［R］. 2022-02-28.

［96］未来 10 年液流电池有望进入高速增长阶段［EB/OL］．［2022-05-09］．https：//news. bjx. com. cn/html/20220509/1223303. shtml.

［97］文军，刘楠，裴杰，等．储能技术全生命周期度电成本分析［J］．热力发电，2021，50（8）：24-29.

［98］稳扎稳打，稳中求进——储能匠人专访　库博能源徐斌［EB/OL］．

［2019-03-14］．https：//mp. ofweek. com/chuneng/a245673429786.

　　［99］吴皓文，王军，龚迎莉，等．储能技术发展现状及应用前景分析［J］．电力学报，2021，36（5）：435-442.

　　［100］武浩、张鹏．三元龙头，铁锂新贵［EB/OL］．［2022-03-28］．https：//data. eastmoney. com/report/info/AP202203281555485496. html.

　　［101］西门子携手AES组建国际化新储能技术公司．［EB/OL］．［2017-07-13］．https：//www. businesswire. com/news/home/2017071300 5553/zh-CN/.

　　［102］肖洁，鲍雁辛．钠离子电池系列报告（一）：钠离子电池蓄势待发［EB/OL］．［2022-03-18］．https：//www. sgpjbg. com/baogao/65035. html.

　　［103］肖洁，鲍雁辛．一文看懂储能产业链［EB/OL］．［2021-12-25］．https：//www. zhitongcaijing. com/content/detail/629108. html.

　　［104］肖霞．邦普循环：站稳新能源风口，打造百亿级龙头［EB/OL］．［2022-05-10］．https：//new. qq. com/rain/a/20220510A013I800.

　　［105］新能源汽车市场火热，动力电池亟待实现"绿色回收"［EB/OL］．［2022-09-21］．https：//www. dongchedi. com/article/7145704446251729423.

　　［106］阳光电源股份有限公司2021年年度报告［EB/OL］．http：//money. finance. sina. com. cn/corp/view/vCB_ AllBulletinDetail. php？stockid=300274&id=8012904.

　　［107］杨敬梅，胡珊心．海缆行业领军企业，新能源业务高增长可期［EB/OL］．［2022-04-01］．https：//www. fxbaogao. com/detail/3097915.

　　［108］姚祯，王锐，阳雪，张琦，刘庆华，王保国，缪平．锌铁液流电池研究现状及展望［J］．储能科学与技术，2022，1（11）：78-88.

　　［109］殷中枢，马瑞山，郝骞．三星SDI：资深锂电池供应商，消费动力齐头并进——海外电动车行业专题系列三［R/OL］．［2021-03-06］．https：//pdf. dfcfw. com/pdf/H3_ AP202103081469573191_ 1. pdf？1615197788000. pdf.

　　［110］殷中枢，郝骞，黄帅斌．户用储能市场崛起，全球家用储能龙头起航［EB/OL］．［2021-12-21］．https：//data. eastmoney. com/report/zw_ stock. jshtml？infocode=AP202112211535853555.

　　［111］殷中枢，郝骞，黄帅斌．降本与突破锂约束，构成锂电循环闭环［EB/OL］．［2022-04-12］．https：//chem. vogel. com. cn/c1172504. shtml.

　　［112］引领1500V芯片级主动均衡BMS技术！高特电子联合主办第十二届

中国国际储能大会〔EB/OL〕.〔2022-03-02〕.http：//www.escn.com.cn/news/show-1350059.html.

〔113〕曾朵红.聚势前行，如日方升，开启万亿蓝海新篇章——储能行业深度报告〔R/OL〕.〔2021-08-11〕.https：//pdf.dfcfw.com/pdf/H3_ AP2021 08111509423700_ 1.pdf？1628699589000.pdf.

〔114〕张华民.20210108全钒液流电池储能技术的最新进展与展望〔EB/OL〕.〔2021-01-08〕.https：//www.bilibili.com/video/BV1aX4y1M7UC/？vd_source=4c9cd7a4f89e057dcb4ea16d76684c47.

〔115〕张军，戴炜轶.国际储能技术路线图研究综述〔J〕.储能科学与技术，2015，4（3）：260-266.

〔116〕张麟.「乐驾能源」完成A轮融资，通过AI算法+储能系统一体化交付为用户提供智慧能源解决方案〔EB/OL〕.〔2022-03-31〕.https：//36kr.com/p/1677354833175808.

〔117〕张鑫.2021年中国液流电池行业市场现状分析，全钒液流电池规模化逐渐形成〔EB/OL〕.〔2022-05-14〕.https：//www.huaon.com/channel/trend/802163.html.

〔118〕张一弛.公司深度：负极龙头地位稳固，多业务协同效应凸显〔EB/OL〕.〔2022-04-22〕.https：//data.eastmoney.com/report/zw_ stock.jshtml？encodeUrl=+cHIpx7uCsfqujvHXTYcK8F9B677xGFBeF3EKUYPKLQ=.

〔119〕张真桢.科华数据：数据中心与UPS业务齐发展，新能源业务未来可期〔EB/OL〕.〔2021-12-28〕.https：//baijiahao.baidu.com/s？id=1720 631003882266069.

〔120〕张之栋.借力邦普，开启电池回收新"赌局"，宁德时代股价还会涨吗？〔EB/OL〕.〔2021-12-21〕.https：//libattery.ofweek.com/2021-12/ART-36007-8500-30541590.html.

〔121〕张志刚.锂电储能行业深度报告：行业格局初显，龙头迎来新机遇〔EB/OL〕.〔2020-12-24〕.https：//finance.sina.com.cn/stock/stockzmt/2020-12-14/doc-iiznctke6486799.shtml.

〔122〕赵丽明，赵宇天.攀钢钒钛（000629）：业绩符合预期 钒钛业务表现良好〔EB/OL〕.〔2022-03-31〕.https：//stock.finance.sina.com.cn/stock/go.php/vReport_ Show/kind/search/rptid/702029351041/index.phtml.

［123］赵丽明．钒钛高景气度，攀钢钒钛未来可期［EB/OL］．［2022-03-23］．http：//stock. finance. sina. com. cn/stock/go. php/vReport_ Show/kind/company/rptid/701342006949/index. phtml.

［124］赵乃迪．多氟多：氟系新材料龙头，双轨驱动大有可为［EB/OL］．［2021-11-30］．https：//www. hangyan. co/reports/2718997814712469450.

［125］中国能源研究会储能专委会，中关村储能产业技术联盟．储能产业研究白皮书2021［M］．北京：CNESA，2021.

［126］中核战略规划研究总院．储能产业万亿级蓝海，核能企业能占几成？［EB/OL］．［2022-05-19］．https：//www. atominfo. com. cn/zhzlghyjzy/yjbg/1221990/index. html.

［127］中金公司研究部．全球储能深度系列一：储能，锂电的第二成长曲线已来临［EB/OL］．［2022-03-16］．https：//finance. sina. com. cn/stock/stock-zmt/2022-03-16/doc-imcwiwss6262836. shtml.

［128］周然．"双碳"大周期开启，新能源独领风骚［R］．2021-12-15.

［129］诸海滨，赵昊．贝特瑞（835185）：夯实负极材料领先地位，聚焦高镍三元正极迎来新增长级［R/OL］．［2022-01-05］．https：//pdf. dfcfw. com/pdf/H3_ AP202201051538659365_ 1. pdf？1641416157000. pdf.